盲信号处理技术及工程应用

栗科峰　著

黄 河 水 利 出 版 社
· 郑 州 ·

内 容 提 要

本书主要介绍了盲信号处理领域的研究现状以及盲源分离主流方法,并结合科研成果给出盲信号处理技术在多个领域的工程应用,主要包括盲信号处理理论基础、主流盲源分离算法介绍、混合语音信号提取应用、图像恢复与增强应用、生物医学信号应用、通信信号分析应用等。

本书适用于电子、通信、电气工程本科高年级学生和信号处理方向研究生专业课教材或教学参考书。

图书在版编目(CIP)数据

盲信号处理技术及工程应用/栗科峰著.—郑州:黄河水利出版社,2017.11

ISBN 978-7-5509-1887-0

Ⅰ.①盲… Ⅱ.①栗… Ⅲ.①盲信号处理 Ⅳ.①TN911.7

中国版本图书馆 CIP 数据核字(2017)第 277506 号

组稿编辑:李洪良 电话:0371-66026352 E-mail:hongliang0013@163.com

出 版 社:黄河水利出版社 网址:www.yrcp.com

地址:河南省郑州市顺河路黄委会综合楼 14 层 邮政编码:450003

发行单位:黄河水利出版社

发行部电话:0371-66026940、66020550、66028024、66022620(传真)

E-mail:hhslcbs@126.com

承印单位:虎彩印艺股份有限公司

开本:787 mm×1 092 mm 1/16

印张:10.5

字数:243 千字 印数:1—1 000

版次:2017 年 11 月第 1 版 印次:2017 年 11 月第 1 次印刷

定价:38.00 元

前　言

盲信号处理(Blind Signal Process,BSP)技术,是20世纪90年代末期提出的一种新的信号处理方法。现在,盲源分离(Blind Source Separation,BSS)已经成为信号处理领域重要的前沿研究课题之一,是信号处理领域的一个重要分支学科,也是国际公认信息领域的难点技术之一,在语音信号处理、图像信号处理、生物医学信号处理、无线通信信号处理等领域有着广泛的应用潜力。

盲源分离的目标是在缺乏源信号和混合系统先验知识的前提下,从混合观测信号中恢复或估计出原始信号。这样一个看似不可能解决的难题,在一定的假设条件下取得了巨大的成功,很多新颖而有效的解决方案层出不穷,为盲信号处理技术的广泛应用奠定了理论基础。

本书共6章,主要围绕盲信号处理技术的基础理论和盲源分离方法在多个专业领域的最新应用展开讨论,具体各章内容如下:第1章简要介绍了盲信号处理的研究现状及在各个领域的应用前景;第2章主要介绍了盲信号处理的基础理论,围绕盲源分离的数学模型和主流盲源分离算法的实现步骤,重点介绍了基于负熵极大化的FastICA算法、基于非高斯性极大化的盲源分离算法、基于信息极大化的Informax算法和基于特征矩阵联合近似对角化的JADE算法;第3章主要介绍了语音信号的分析处理方法,并对语音信号的盲源分离进行了实验验证;第4章首先介绍了常规的图像去噪方法,并重点阐述了基于盲源分离的图像去噪方法,然后对独立分量分析在图像盲分离中的应用进行了介绍;第5章针对盲源分离在生物医学信号处理中的应用进行了介绍,包括三个应用方向:胎儿心电信号提取、人体脑电信号提取和人体肌电信号分解;第6章针对盲信号处理在信息时代无线通信中的最新应用展开讨论,重点介绍了MIMO-OFDM系统的盲信道估计方法,并进行了仿真实验。

此外,在本书的撰写过程中参考了大量的文献,在此对相关作者表示衷心的感谢!限于作者水平,书中难免存在疏漏之处,恳请读者在阅读本书过程中批评指正。

作　者

2017年9月

前　言

目　录

第1章 绪 论

1.1 引 言

通信中的基本问题是要在一端精确或近似地有选择地再现另一端的信息(Claude Shannon,1948)[1]。盲信号处理是在缺乏混合系统和源信号先验知识的条件下,仅通过观测信号来恢复出源信号,从而再现另一端的信息。盲源分离(Blind Source Separation,简称 BSS)是一种新兴的研究方法,已经成为盲信号处理的一个重要的研究方向,并在语音信号处理、图像的特征提取与处理、无线通信的信号处理、生物医学信号处理(脑电图 EEG、脑磁图 MEG、心电图 ECG、肌电图 EMG)等领域得到了广泛的关注。

事实上,在缺乏混合系统和源信号先验知识的条件下,是不可能唯一地确定源信号的,然而,允许一定程度上的不确定性存在,对源信号加以估计则通常是可能的。这种不确定性可以看作是对被估计的源信号的任意比例的伸缩、排序和时滞,但依然保留了源信号的波形信息。尽管这种不确定性使盲源分离具有一定的局限性,但在许多实际应用中它并非关键问题,因为源信号的大量相关信息蕴含在波形中而不是信号的振幅或者系统输出的排列顺序中,在这种情况下我们允许提取的信号是源信号波形的某种失真形式。

盲源分离起源于对"鸡尾酒会问题"(Cocktail Party Problem)的研究,即人耳可以在多人声嘈杂环境中专注于某个人的声音,从而提取出我们感兴趣的目标话音信息,而我们通过现代仪器却很难模拟人耳的这一功能。如果没有任何假设条件和先验信息,仅由观测信号来确定源信号,从数学原理上讲是不可能的。但是出人意料的是,在一个非常宽松的假设条件下,即假定源信号矢量的各个分量是彼此独立的,同时允许一定的模糊性存在(信号幅度的不确定性和信号分量顺序的不确定性),这一问题通过盲源分离算法是可解的。

在语音信号处理领域,目前的语音识别与降噪增强算法仅能够识别和处理混有环境噪声的语音信号,而对于人声作为背景噪声的混叠语音信号就无能为力了,而盲源分离算法不受话音信号基音和谐波等声音特征的影响,在没有目标语音信号的先验信息条件下,通过利用麦克风阵列来模仿人类的耳朵,将采集到的混叠话音信号进行分离,从而提取出我们感兴趣的目标语音。尤其在数字移动通信高速发展的今天,如何从比较嘈杂的话音环境中分离出我们感兴趣的话音信号,提高输入信号的可懂度将具有广阔的应用前景。

基础理论研究的成熟会促进其在实际应用中的推广,盲源分离已经不再是离我们普通大众遥不可及的东西,随着国民经济的发展,它已经被悄无声息地应用到各行各业。盲源分离在无源声呐雷达探测、地震波探测、图像信号处理以及生物医学信号处理(脑电图(EEG)、脑磁图(MEG)、心电图(ECG)、肌电图(EMG))等领域都具有非常重要的理论价值和实际意义。表 1-1 所示为盲源分离技术的应用领域情况统计。

表 1-1　盲源分离技术的应用领域

语音信号分离	文档文字处理	无线信号和阵列天线
语音信号的分离 说话人的检测 汽车环境中的语音增强 乐器信号的分离 鼓声的抽取	扫描文档的识别及归类 多媒体数据独立分量分析 扫描文本中主题词的抽取 网页图像修补	自适应波束形成的独立分量分析 CDMA 移动通信中的信号分离 多用户检测 干扰抵消 远程辨识系统的盲源分离
图像处理	**生物医学信号处理**	**工业应用**
图像滤波增强及处理 图像无损编码中的独立分量分析 图像纹理的分类 天文图像的盲分离 宇宙背景微波分析 多普勒卫星图像地形分类 视频人脸的检测 数字图像水印技术 图像中反射分离	EEG(脑电图)消噪及源信号抽取 MEG(脑磁图)盲源分离 ECG(心电图)盲源分离 MCG(心磁图)盲源分离 EGG(胃电图)盲源分离 EMG(胃磁图)盲源分离 心室颤抖分析 FMRI 图像的时空分析 脑扫描图像处理	旋转机器的振动分析及故障诊断 机器的声学监测 NMR 光谱和其他谱中各分量的辨识 红外图像独立分量分析 化学反应独立分量分析
环境应用	**金融时序分析**	**生物信息**
地震信号分析 地球气流数据分析 火山爆发分析 天气和气候形成分析 气味的独立分量分析	交易率时序预测的预处理 寻找独立股票利润 金融中的独立因素分析	基因分类 DNA 子链中的独立分量分析

1.1.1　语音信号处理领域的应用

盲源分离研究的最初动机便是“鸡尾酒会问题”,在一大堆不和谐的谈话和背景噪声中,集中人的听力于某个谈话者的能力长期以来被认为是一个有趣但又具有挑战性的问题。人们能够在众多的谈话声和噪声中集中听力于某个人的声音,但是通过现代仪器却很难模拟实现这一过程。这种特殊的辨别能力也许是由人类的发声系统、听觉系统或者更为高级的知觉和语言处理特性决定的。

现在考虑在一个典型房间内通过麦克风阵列采集信号并进行语音分离的应用问题。存在 N 个发声源,每个麦克风接收到的信号可以是声源直接传来的信号,也可以是声源发出的信号经过墙壁或房间中的物体几次反射或者衰减延时信号的混合。实际上,经常只有个别信号是我们感兴趣的,如某人对着麦克风讲话,而其他的信号源可视为噪声,这种情况就是一个噪声消除的问题。如果只有一个麦克风,可以尝试采用普通的去噪方法,如线性滤波,或者更为复杂的技术,如小波和稀疏编码压缩。不过这样的去噪效果是无法令人满意的,而且仅在噪声有明显不同于那些语音信号的频谱特征时,上述方法才能适用。于是,人们提出了采用多个麦克风采集更多的数据,以提高去噪效率。在现实环境中,麦克风相对于信号源的位置是相当随意的,因此混合过程是未知的,只有通过盲估计得到。由此可以知道,这种情况正好符合所谓的盲源分离模型,而该问题就是一种盲源分离问题,我们的目的是设计智能自适应系统及相应的学习算法,这种算法应与人脑具有相似的能力,即能在众多的谈话声中识别出某个人的声音。

盲源分离在语音信号处理中的应用主要表现在以下几个方面:

(1)混叠语音信号盲分离及基频检测。混叠语音信号可以看作是多路语音信号的线性混合,而每一路语音信号均可视为独立分量,这正好符合盲源分离的假设,故可用盲源分离方法将多路语音信号分离出来,对此传统的单通道处理方法几乎是无能为力的。

(2)语音增强与消噪。语音在传输的过程中不可避免地会受到周围噪声的干扰,这些干扰使最终接收到的语音并非纯净语音,而是携噪语音,语音中的噪声一般为加性噪声,而且噪声的产生独立于语音的产生。如果将语音和噪声分别看作由独立的信号源产生,然后线性地叠加成携噪语音,则完全可以应用线性盲源分离方法分离语音和噪声,从而达到语音增强的目的。

(3)助听器。在有两个或两个以上的说话者存在的条件下,有听力障碍的人往往很烦躁,很难把注意力集中到某个人的讲话内容上。可以利用盲源分离技术选择出特定的源信号,使得他们可以清楚地听到想要与之交流的说话人的声音,而不会受到其他外来声音的干扰。传统的助听器仅具有单纯的放大功能和简单的语音滤波器,在噪声环境中,将所有接收到的信号一同放大,导致助听器的功能下降,而将盲源分离技术应用到助听器中,将大大提高这一产品的实用性和市场竞争力。

1.1.2 生物医学信号处理领域的应用

生物医学上的源信号通常都很微弱、不稳定,容易被各种噪声和干扰污染,并且通常还相互叠加在一起。除经典信号处理方法(如自适应滤波、参数或非参数谱估计、时频分析和高阶统计量)外,还可以用智能盲信号处理方法(IBSP)进行信号的预处理、噪声和人工干扰的消除,以及根据信号的时空相关性和相互统计相关性来增强、检测、估计生物医学信号。

随着盲源分离在医学信号处理方面的成熟应用,尤其是在大脑、心脏等方面疾病的诊断和治疗方面提供了重要的帮助,也使得常规治疗手段向非侵入式转变,不仅减少了病人治疗过程中的痛苦,也改进了疾病诊治的方法,例如通过仪器采集孕妇的混合心电信号,采用盲源分离将母亲的心电信号和婴儿的心电信号分离,从而为医生的诊治提供帮助。此外,盲源分离方法已经成功应用到核磁共振成像的图像信号处理领域,由此可见其发展的速度。基于盲源分离的胎儿心电信号(FECG)的提取结果如图1-1所示。

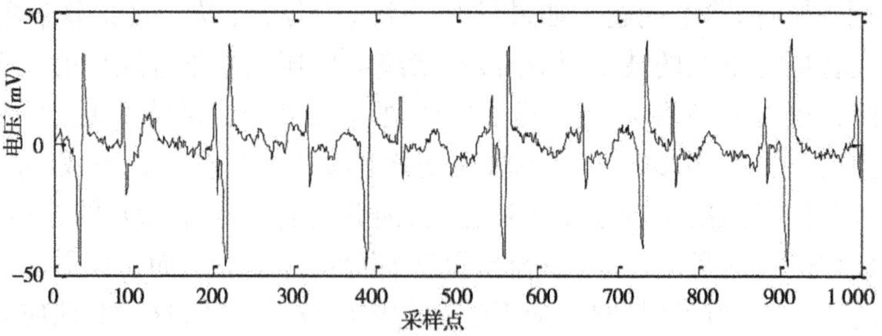

(a) 母体腹部混合信号

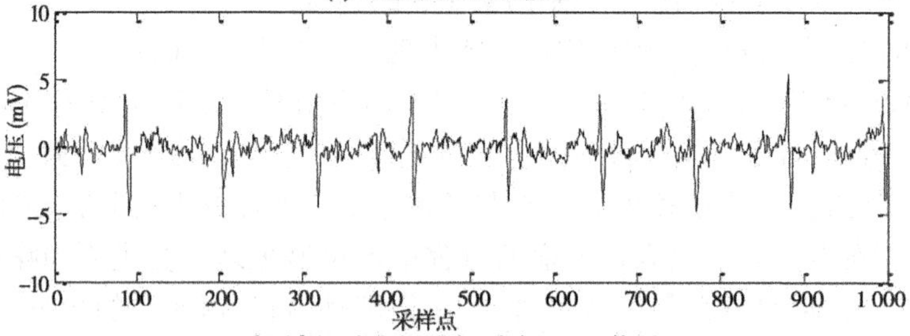

(b) 采用盲源分离提取得到胎儿心电信号

图 1-1 基于盲源分离胎儿心电信号的提取结果

1.1.3 通信领域的应用

盲信号处理模型及其算法在数字通信领域中具有广泛的应用前景，例如高速数字用户线、多通道数字式磁记录和多用户无线通信等，很有可能产生更有效并且计算效率更高的算法。盲源分离算法对于 MIMO 均衡器 - 滤波器 - 组合器的统一和优化设计是一种很有前途的工具，它们主要用于抑制诸如符号间干扰(ISI)、同波段或相邻波段间干扰(CCI/ACI)以及多接口干扰(MAI)等。

在数字移动通信系统中，盲源分离技术之所以很有应用潜力，是因为它在进行信道均衡时既不需要天线阵列响应的先验知识，也不需要任何训练信号，甚至在很恶劣的多途衰减环境中，这些算法通常也是稳健的，可以大大提高数字移动通信系统的通信质量。

盲源分离在军事通信领域的应用也极其广泛，如图 1-2 所示，几乎涵盖了军事通信领域的方方面面，包括 GPS 信号分析、无人机侦查、雷达、海军声呐控制等。

在无源声呐和雷达系统的阵列信号处理中，传感器从各个信号源处接收到信号，而源信号完全未知。在军事领域，雷达的作用越来越重要，但是随着现代电子侦察技术的发展，传统的主动雷达为了探测目标必须发出电波信号，很容易因暴露自己而遭到攻击，所以使用受到很大限制。近年来发展起来的无源雷达则不用发射机发射照射信号，而靠接收被探测目标自身辐射源(如机载雷达、通信、应答机、有源干扰机、敌我识别、GPS 导航等电子设备)或反射外辐射信号(如空中已存在的电视信号、通信信号和调频无线电广播信号等)的微波能量来探测目标。无源雷达自身不发射能量，使反辐射导弹等武器失去了引导媒介，不能利用电磁波信号对无源雷达进行捕捉、跟踪和攻击，因此无源雷达的主要优势是保密性能好、生存能力强，并可以探测隐身目标。

无源雷达一般需要多站协同定位，由于几个位置不在同一点的站将收到多个目标的

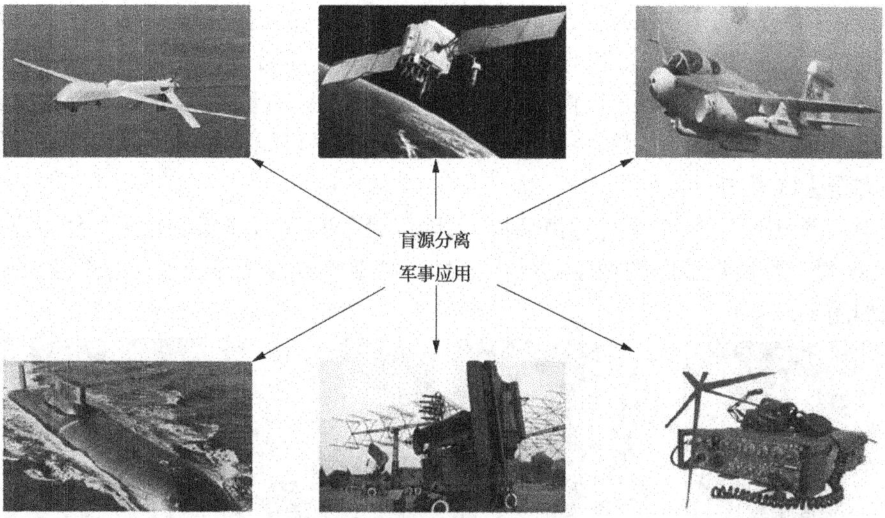

图 1-2　盲源分离的军事应用

信号,系统需要经过复杂的计算才能获取目标的位置,因此下一步是将多个传感器所接收的多个混叠信号进行盲源分离和比对,然后提取感兴趣的目标信息,并消除无用信息和干扰,完成对目标的探测、定位和跟踪。目前,美国、英国、法国和德国等都在开展无源雷达探测方面的研究,其中尤为突出的代表系统是美国洛克希德·马丁公司经过 15 年潜心研究的利用商业电视信号和调频广播信号进行探测和定位的"沉默的哨兵"系统。

2000 年以来,在 DS－CDMA(Direct Sequence－Code Division Multiple Access)信号处理中,芬兰的一些学者利用伪码周期等参数已知的条件,通过盲源分离算法有效地估计出了 DS－CDMA 信号的信息序列和伪码序列。2003 年,意大利学者将盲源分离技术应用于合成孔径雷达(Synthetic Aperture Radar, SAR)中,有效抑制了所获得图像信号中的干扰噪声,使得目标图像的质量得到增强,并装备在美军的"捕食者"无人机上。近年,在认知无线电技术的研究领域里也可以发现盲源分离的身影,例如 2010 年美国国防部启动了认知无线电低能量信号分析传感器集成电路(Cognitive Radio Low－energy Signal Analysis Sensor ICs, CLASIC)项目,就是利用了盲源分离中对复杂混合信号的特征提取方面的功能。

1.1.4　数字图像处理领域的应用

数字图像处理的主要任务是将模拟图像信号转换成数字信号,再通过计算机对其进行处理。数字图像处理包含的内容非常丰富,如图像增强、图像识别、图像压缩、图像降噪、图像特征提取、图像复原、图像编码等。计算机和数学理论的发展以及各行各业的应用需求大大推动了数字图像处理技术的发展和进步。

在图像采集和传输等过程中,由于某些特定的原因引入了噪声信号,使图像失真、模糊,夹带各类噪声。例如,卫星接收到的遥感图像会因大气影响变得模糊。为了获得更高质量和清晰度的图像,可以使用图像降噪技术来恢复图像的真实面目,图像降噪技术的关键是根据实际情况建立一个合适的降噪模型。如果将图像的退化过程(图像被噪声信号污染的过程)看成一个正向的过程,那图像降噪就是对应的逆过程,利用各种逆退化的方法尽可能地复原图像的质量。图像降噪技术的任务是在尽可能不丢失图像大致信息的同时,去除图像中夹带的噪声信号,恢复图像原貌。然而,完全滤除噪声和保留图像细节信息往往难以兼顾。因此,利用图像降噪技术,只能做到尽可能抑制噪声,提高图像质量,很难保证完全去除噪声。

采用盲源分离方法,在多种噪声环境下,降噪性能稳定且良好,保留了大部分图像原始信息,能最大程度地滤除图像中的噪声信号。高斯噪声环境下三种方法得到的降噪后的图像如图 1-3 所示。

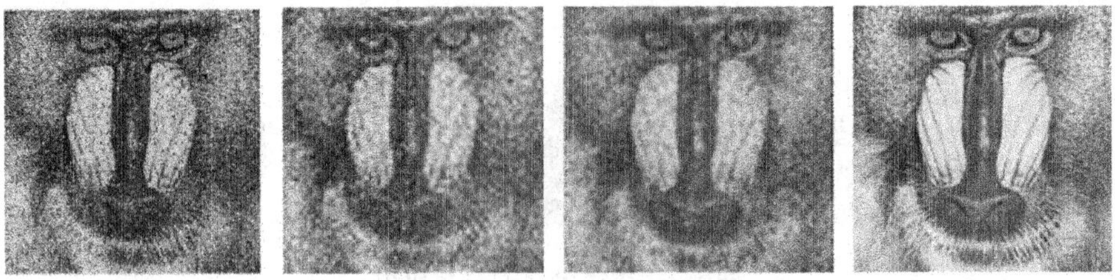

(a) 原始带噪图像　(b) 小波分解法　(c) 维纳滤波法　(d) 盲源分离法

图 1-3　高斯噪声环境下三种方法降噪效果对比

1.2　盲信号处理的研究现状

盲信号处理的发展历程大致可以归为理论的建立、算法的提出、算法的完善以及算法性能分析等几个过程。

法国学者 Herault 和 Jutten 于 1986 年 4 月在美国犹他州举行的 Neural Network for Computing 会议中,提出了一种基于反馈网络结构的递推算法[2],可以实现对相互独立的两个未知混合信号的分离,但是这种方法仅仅利用了信号的二阶统计特性,算法的收敛性不尽人意。虽然如此,两位学者的工作却揭开了一个全新的信号处理研究领域,这被公认是对盲源分离问题最早的实质性研究工作。

随后,1987 年 Giannakis 等引入了三阶统计量[3],分析并讨论了盲分离的可辨识性问题,这也是首次将高阶统计量与盲信号的分离问题相结合。1988 年,学者 Linsker[4] 提出了最大互信息准则的分离方法。1989 年,J. F. Cardoso[5] 和 P. Common[6] 于高阶谱分析会议上发表了两篇关于 ICA (Independent Components Analysis)方面的论文,这为独立分量分析研究奠定了理论框架基础。之后,他们又提出了著名的 JADE(Joint Approximative Diagonalization of Eigenmatrix)算法[7],即矩阵联合对角化(JADE),使得混合信号得到很好地分离,验证了算法的可行性。1991 年被认为是盲源分离研究取得重大进展的一年,基于C. Jutten[8]、Sorouchyari[9] 和 P. Common[10] 等的深入研究,使得盲分离与人工神经网络算法相结合,获得了著名的 H－J 算法。同时,L. Tong 和 R. W. Li 从数学角度出发,讨论了盲分离的不确定性和可分离性,将盲分离问题转化为利用矩阵求解特征值的问题。1994 年,学者 P. Common[11] 在主分量分析的基础上建立了独立分量分析的理论架构,提出了可分离的假设条件,指出在满足一定条件下,盲信号混合可以通过对某个目标函数进行动态优化从而达到分离,使得ICA技术成为日后盲源分离问题的一种主要方法。基于ICA思想[12],学者们提出不同的目标函数使用各种优化算法达到了信号分离的目的,主要包括基于非高斯性度量、高阶统计量(High Order Statistics,简称HOS)、极大似然、信息极大化(Informax)、最小互信息等,采用自然梯度、相对梯度、矩阵联合对角化等一系列的优化方法求得分离矩阵,从而达到盲源分离的目的,这些算法的提出,不仅推动了盲分离算法的研究,还使盲源分离算法的研究向统计信号处理、人工神经网络和信息论等领域延伸,研究范围更加广阔[13-15]。

目前,世界上盲源分离算法的研究团队主要包括:美国加利福尼亚大学Sulk Tnstitutes神经生物学计算实验室,Bell和Sejnowski于1995年提出的信息极大化算法,揭开了基于神经网络的思想研究盲源分离的序幕;芬兰赫尔辛基大学计算机科学系神经信息研究组,Hyvarinen等提出的基于负熵极大化的快速独立分量分析方法算法(Fast ICA),由于其高效的运算效率而被广为使用;一直活跃在研究前沿的日本Riken脑科学研究所脑信息研究室的Amari团队。

国内对盲源分离的研究始于20世纪90年代中后期,相对较晚,但是起点较高,包括清华大学、浙江大学、东南大学、大连理工大学、上海交通大学等著名高校,都加入到盲源信号处理的研究中。

2001年,张贤达、保铮教授等通过发表学术论文的形式,对国外学者在盲源信号分离领域的研究成果进行了综述,提出了一些具有创新性的思路和方向,为国内学者在这一领域的研究奠定了一定的基础[16-17]。

基于此,2002年,吴军彪教授、陈进教授等通过盲源分离算法采用联合近似对角化二阶特征矩阵分离出具有故障特征的源信号。2004年,游荣义教授等提出一种可以分离任意分布的非高斯信号的快速学习算法,依据独立成分分析原则采用混合信号的四阶累积量[18]。2005年,李良敏教授采用遗传算法从信号样本序列中估计信号概率分布,使得信号的互信息最小化,从而实现了对线性混合信号的分离[19]。

近年,由于通信行业的飞速发展,盲信号分离在通信中的应用也日渐广泛,例如重庆邮电大学研究了多用户的DS-CDMA信号的盲分离问题,在非协作条件下,有效实现了对信息序列和伪码序列的估计[20]。值得提出的是,梅铁民博士在他的论文中系统地研究了二阶矩理论在盲分离中的应用[21-23],证明了在盲分离中源信号的非白性与非平稳性具有等价性,进而推广到高阶统计量理论,证明了以上结论在高阶统计量理论中同样适用。此外,还较为系统地阐述了基于累积量的卷积盲分离算法的理论研究。随着算法理论的稳定,目前提出的一些新算法主要集中在放宽模型的假设前提上[24-25]。

盲源分离在MIMO-OFDM系统方面的研究,具有代表性的是英国利物浦大学的学者J. B. Gao、Teng Ma、Xu Zhu和A. K. Nandi,他们共同研究了基于ICA的MIMO-OFDM盲接收问题,降低峰均比(PAPR),实现盲均衡。同时,他们在OFDMA和OFDM方面也有重要的研究成果[26-29]。2014年,他们研究了基于ICA的OFDMA系统频偏估计与纠正算法[30],验证了基于ICA的OFDM半盲均衡绿色通信的性能[31]。近期,芬兰学者M. G. S. Sriyananda发表了多篇结合盲源分离原理的OFDM抗色噪声和干扰的研究文章,文中通过过采样的方式,建立了OFDM盲源分离的模型,用梯度最优化方法,实现了信号的分离检测并仿真分析了其性能[32-35]。结合无线通信系统的发展现状,盲源分离在MIMO - OFDM 和 OFDM 系统中的研究仍然是热门,还有众多的关键技术问题需要解决。

随着国内学者的研究日渐深入,一些系统介绍盲源分离的书籍也相继出版,主要包括张贤达教授的《时间序列分析——高阶统计量方法》(书的结尾部分,介绍了一些盲源分离的基础理论知识)、马建仓教授等的《盲信号处理》、杨行峻教授的《人工神经网络与盲信号处理》、余先川教授等的《盲源分离理论与应用》、张发启教授的《盲信号处理与应用》、杨福生教授等的《独立分量分析的原理与应用》、史习智教授等的《盲信号处理——理论与实践》、周宗潭教授等的《独立成分分析》、孙守宇教授的《盲信号处理基础及其应用》[36]、梅铁民教授的《盲源分离理论与算法》等。

经过近 30 年的发展,线性瞬时混合模型的盲分离算法研究基本完善,算法框架趋于成熟。因此,近年来,学者们围绕卷积混合和非线性混合信号的盲源信号分离问题进行了较多研究[37-39],以及欠定盲信号和相关源信号的盲源分离研究也成为一个热点[40-41]。这些研究不仅使得对混合信号盲源分离的理论研究更加贴近信号的实际混合情况,而且更具有实际的应用意义。

第 2 章　盲信号处理基础理论

盲源分离技术是 20 世纪 90 年代发展起来的一种新的信号处理技术，它是从多维统计数据中找出隐含因子或分量的方法。从线性变换和线性空间角度，源信号为相互独立的非高斯信号，可以看作线性空间的基信号，而观测信号则为源信号的线性组合，盲源分离就是在源信号和线性变换均不可知的情况下，从观测的混合信号中估计出数据空间的基本结构或者说源信号。目前，盲源分离的研究工作大致可分为两大类，一类工作是盲源分离的基本理论和算法的研究，基本理论的研究有基本线性盲源分离模型的研究以及非线性盲源分离、信号有时间延时的混合、卷积和的情况、带噪声的盲源分离、源的不稳定问题等的研究。算法的研究可分为基于信息论准则的迭代估计方法和基于统计学的代数方法两大类，从原理上来说，它们都是利用了源信号的独立性和非高斯性。各国学者提出了一系列估计算法。如 FastICA 算法、Informax 算法、最大似然估计算法、二阶累积量、四阶累积量等高阶累积量方法。另一类工作则集中在盲源分离的实际应用方面，已经广泛应用在特征提取、生物医学信号处理、通信系统、金融领域、图像处理、语音信号处理等领域，并取得了一些成绩。这些应用充分展示了盲源分离的特点和价值。

2.1　盲源分离问题的由来

盲源分离的研究起源于著名的"鸡尾酒会问题"，即在一个鸡尾酒会上，很多人彼此交谈，音乐声、谈笑声混杂在一起，但作为谈话的双方却能从嘈杂的声音中提取对方的话语信息。人耳的这种可以从混合声音中选取自己感兴趣的声音而忽视其他掩蔽声音的现象就是"鸡尾酒会效应"(Cocktail Party Effect)。"鸡尾酒会问题"简单来说就是当很多人同时在一个房间内说话时，混叠声音信号由一组麦克风记录下来，如何从得到的观测信号中成功分离出我们感兴趣的某个话音的问题。这就是 ICA 分离算法所需要解决的问题，如图 2-1 所示。

作为一个直观的示例，可以考虑图 2-2 中的波形。这四个波形是由麦克风采集到的混叠话音信号 $\boldsymbol{X}$，它们看起来很像纯粹的噪声，但事实上这些观测信号里隐藏着一些具有相当结构化特性的源信号。

盲源分离算法需要做的就是利用这四个混合矢量，在混合矩阵和源信号 $\boldsymbol{S}$ 均未知的情况下，仅根据源信号间是统计独立的这一假设，只利用观测信号 $\boldsymbol{X}$ 确定一个线性变换矩阵 $\boldsymbol{W}$，使变换后的输出信号 $\boldsymbol{Y}=\boldsymbol{W}\cdot\boldsymbol{X}$ 是源信号 $\boldsymbol{S}$ 的最优估计 $\boldsymbol{S}'$，如图 2-3 所示，便实现了对混叠信号的分离。

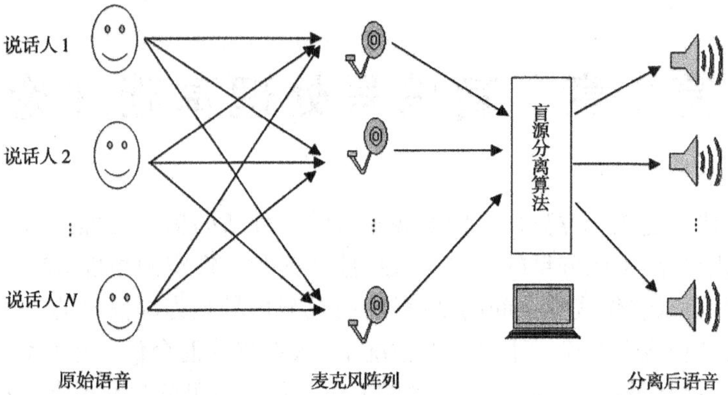

图 2-1　“鸡尾酒会问题”示意图

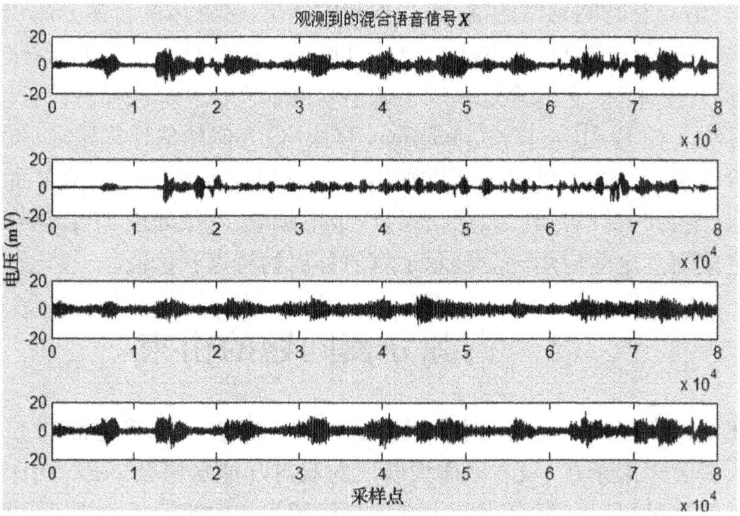

图 2-2　麦克风采集到的混合信号

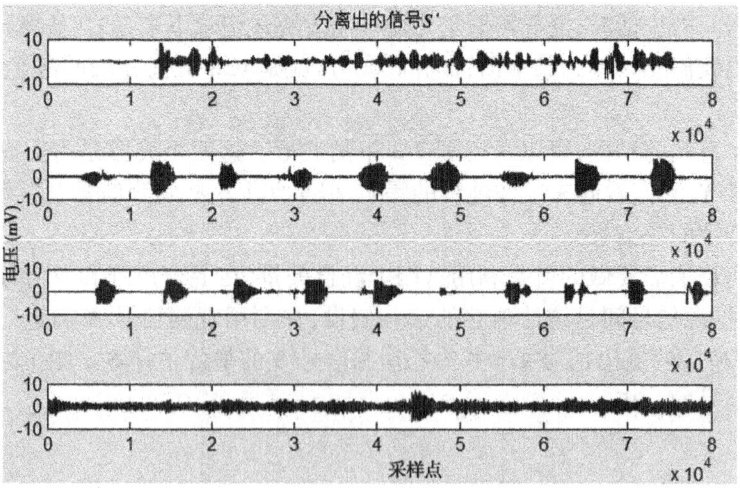

图 2-3　盲源分离算法分离出的信号

2.2　盲源分离的数学模型

盲源分离问题涉及很多数学知识,为更好地理解盲源分离的原理及算法,本节主要介绍了盲源分离的基本线性数学模型,然后对噪声模型和非线性模型进行了简要阐述,最后通过一个实验演示了 BSS 问题的解决过程。

2.2.1　盲源分离的线性模型

BSS 问题是信号处理中一个传统而又极具挑战性的课题。BSS 是指仅从观测的混合信号(通常是多个传感器的输出)中恢复独立的源信号,这里的“盲”是指:①源信号是不可观测的;②混合系统是事先未知的。在科学研究和工程应用中,很多观测信号都可以假设成是不可见的源信号的混合。所谓的“鸡尾酒会问题”就是一个典型的例子,简单说就是当很多人(作为不同的声音源)同时在一个房间里说话时,声音信号由一组麦克风记录下来,这样每个麦克风记录的信号是所有人声音的一个混合,也就是通常所说的观测信号。问题是:如何从这组观测信号中提取每个说话者的声音信号,即源信号。如果混合系统是已知的,则以上问题就退化成简单的求混合矩阵的逆矩阵。但是在更多的情况下,人们无法获取有关混合系统的先验知识,这就要求人们根据观测信号来推断这个混合矩阵,实现盲源分离。

盲源分离的线性数学模型如下:

设有 N 个未知的源信号 $\boldsymbol{S}_i(t)$ $(i=1,2,\cdots,N)$ 构成一个列向量 $\boldsymbol{S}(t)=[\boldsymbol{S}_1(t),\boldsymbol{S}_2(t),\cdots,\boldsymbol{S}_N(t)]^{\mathrm{T}}$,其中 t 是离散时刻,取值为 0,1,2,…。设 $\boldsymbol{A}$ 是一个 $M\times N$ 维矩阵,一般称为混合矩阵(mixing matrix)。设 $\boldsymbol{X}(t)=[\boldsymbol{X}_1(t),\boldsymbol{X}_2(t),\cdots,\boldsymbol{X}_M(t)]^{\mathrm{T}}$ 是由 M 个可观察信号 $\boldsymbol{X}_i(t)$ $(i=1,2,\cdots,M)$ 构成的列向量,且满足下列方程:

$$\boldsymbol{X}(t)=\boldsymbol{AS}(\mathrm{t})\quad(\mathrm{M}\geqslant\mathrm{N})\tag{2-1}$$

BSS 的问题是,对任意 t,根据已知的 $\boldsymbol{X}(t)$ 在 A 未知的条件下求未知的 $\boldsymbol{S}(t)$。这构成一个无噪声的盲分离问题。设 $\boldsymbol{N}(t)=[\boldsymbol{N}_1(t),\boldsymbol{N}_2(t),\cdots,\boldsymbol{N}_M(t)]^{\mathrm{T}}$ 是由 M 个白色、高斯、统计独立噪声信号 $\boldsymbol{N}_i(t)$ 构成的列向量,且 $\boldsymbol{X}(t)$ 满足下列方程:

$$\boldsymbol{X}(t)=\boldsymbol{AS}(t)+\boldsymbol{N}(t)\quad(M\geqslant N)\tag{2-2}$$

则由已知的 $\boldsymbol{X}(t)$ 在 $\boldsymbol{A}$ 未知时求 $\boldsymbol{S}(t)$ 的问题是一个有噪声盲源分离问题。

一般根据以下几个基本假设条件来解决 BSS 问题:

(1)各信号源 $\boldsymbol{S}_i(t)$ 均为 0 均值、实随机变量,各源信号之间统计独立。

(2)源信号数 M 与观察信号数 N 相同,即 $N=M$,这时混合阵 $\boldsymbol{A}$ 是一个确定且未知的 $N\times N$ 维方阵。假设 $\boldsymbol{A}$ 是满秩的,逆矩阵 $\boldsymbol{A}^{-1}$ 存在。

(3)各个 $\boldsymbol{S}_i(t)$ 的 pdf(概率分布函数)中最多只允许有一个具有高斯分布。

(4)各观察器引入的噪声很小,可以忽略不计。这时可以用式(2-3)描述源信号与观察信号之间的关系且 $N=M$。

(5)关于各源信号的 pdf $-p_i(\boldsymbol{S}_i)$,要略有一些先验知识。

这称为基本 BSS。BSS 的目的是对任何 t,根据已知的 $\boldsymbol{X}(t)$ 在 $\boldsymbol{A}$ 未知的情况下求未

知的 $\boldsymbol{S}(t)$，BSS 的思路是设置一个 $N \times N$ 维反混合阵 $\boldsymbol{W}=(w_{ij})$，$\boldsymbol{X}(t)$ 经过 $\boldsymbol{W}$ 变换后得到 N 维输出列向量 $\boldsymbol{Y}(t)=[\boldsymbol{Y}_1(t),\cdots,\boldsymbol{Y}_N(t)]^{\mathrm{T}}$，即有

$$\boldsymbol{Y}(t)=\boldsymbol{WX}(t)=\boldsymbol{WAS}(t) \tag{2-3}$$

整个过程可以表示成如图 2-4 所示。

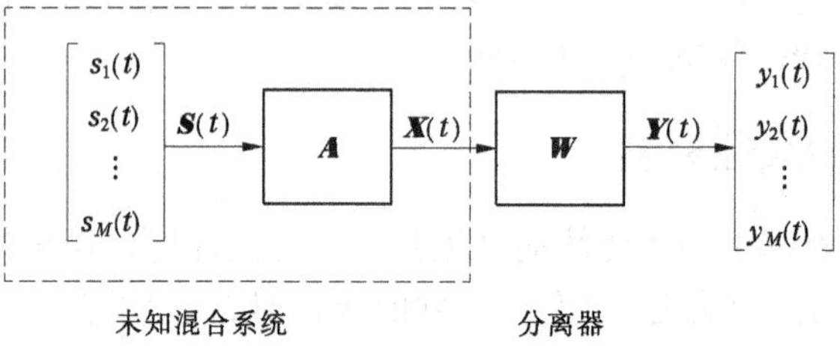

图 2-4　BSS 的线性模型

如果通过学习可以实现 $\boldsymbol{WA}=\boldsymbol{I}$（$\boldsymbol{I}$ 是 $N \times N$ 维单位阵），则 $\boldsymbol{Y}(t)=\boldsymbol{S}(t)$，从而达到了源信号分离目标。

2.2.2　盲源分离的其他模型

实际中往往不能同时满足基本 BSS 的这些假设条件。因此，近几年很多学者都涉及了减弱这几个假设条件的 BSS 研究，提出了一些新的理论，如非线性 BSS、噪声 BSS、信号有时间延时的混合、卷积和的情况、源的不稳定问题等，但这些理论还不够完善，许多问题还有待进一步研究解决。下面简单介绍一下噪声 BSS 和非线性 BSS。

2.2.2.1　盲源分离的噪声模型

现实生活中，观察信号中往往包含噪声信号，因此在解决问题的时候应该把噪声考虑进去，以求使得问题的结果更加精确。噪声 BSS 模型的定义如下：

$$\boldsymbol{X}(t)=\boldsymbol{AS}(t)+\boldsymbol{N}(t)\quad (M \geqslant N) \tag{2-4}$$

这里，$\boldsymbol{S}(t)$、$\boldsymbol{X}(t)$ 和 $\boldsymbol{A}$ 与基本 ICA 中定义的 $\boldsymbol{S}(t)$、$\boldsymbol{X}(t)$ 和 $\boldsymbol{A}$ 相同，其中 $\boldsymbol{N}(t)=[\boldsymbol{N}_1(t),\boldsymbol{N}_2(t),\cdots,\boldsymbol{N}_M(t)]^{\mathrm{T}}$ 是由 M 个白色、高斯、统计独立噪声信号 $\boldsymbol{N}_i(t)$ 构成的列向量。

这里要求如下假设成立：

（1）这个噪声是加性的，并且独立于独立分量。

（2）噪声是高斯的。

2.2.2.2　盲源分离的非线性模型

在某些情况下，基本线性的 BSS 太简单，不能对观察向量 $\boldsymbol{X}(t)$ 予以充分的描述。非线性BSS 混合模型定义如下：

$$\boldsymbol{X}(t)=f(\boldsymbol{S}(t)) \tag{2-5}$$

这里，$\boldsymbol{X}(t)$、$\boldsymbol{S}(t)$ 与基本 ICA 中定义的 $\boldsymbol{X}(t)$、$\boldsymbol{S}(t)$ 相同，其中 $f(\cdot)$ 是非线性混合函数。

为了更好地理解 BSS 问题，下面我们做了一个仿真实验演示：

实验中先选定三个 128×256 像素的图像信号作为源信号，如图 2-5 所示，图中的横坐标和纵坐标代表图像的像素。然后对三个源图像逐行扫描成一维信号，组成源信号矩阵，源信号矩阵乘以一个 3×3 维的随机混合矩阵，得到混合信号，如图 2-6 所示。再对混合信号采用 FastICA 算法进行分离，得到分离后的图像信号，如图 2-7 所示。

图 2-5　源图像

图 2-6　混合后的图像

从实验中我们可以看出：分离出来的图像和源图像比较，虽然图像的次序发生了变换，但很好地接近了源图像。这个结果说明，BSS 方法是一种非常有效的信号处理方法。

图 2-7　分离后的图像

2.3　盲源分离的相关数学知识

因为 BSS 的理论涉及很多相关的数学知识,因此在这里简单介绍一下与 BSS 密切相关的一些概率、统计、信息论、矩阵微分理论等方面的数学知识,有助于对 BSS 的原理及算法的理解。

2.3.1　概率论知识

2.3.1.1　线性变换下两个 pdf 之间的关系

设 $\boldsymbol{X}$ 为 N 维随机向量,其 pdf 为 $p_X(\boldsymbol{X})$。$\boldsymbol{Y}=\boldsymbol{W}\boldsymbol{X}$,$\boldsymbol{W}$ 为满秩 $N\times N$ 维矩阵。这样,$\boldsymbol{Y}$ 也是 N 维随机向量,其 pdf 为 $p_Y(\boldsymbol{Y})$。这两个随机向量的 pdf 之间满足下列关系:

$$p_X(\boldsymbol{X}) = |\det\boldsymbol{W}|\, p_Y(\boldsymbol{Y})|_{\boldsymbol{Y}=\boldsymbol{W}\boldsymbol{X}} \tag{2-6}$$

或者

$$p_Y(\boldsymbol{Y}) = |\det\boldsymbol{W}|^{-1}\, p_X(\boldsymbol{X})|_{\boldsymbol{X}=\boldsymbol{W}^{-1}\boldsymbol{Y}} \tag{2-7}$$

其中,$\det\boldsymbol{W}$ 是 $\boldsymbol{W}$ 的行列式,注意下式成立:

$$|\det\boldsymbol{W}| = |\det(\boldsymbol{W}\boldsymbol{W}^{\mathrm{T}})|^{\frac{1}{2}} \tag{2-8}$$

有些文献即用此式右侧代入式(2-6)或式(2-7)中。

2.3.1.2　非线性变换下两个 pdf 之间的关系

设两个 N 维随机向量 $\boldsymbol{Y}$ 和 $\boldsymbol{X}$ 之间具有非线性变换关系 $\boldsymbol{Y}=g(\boldsymbol{X})$ 或写成 $\boldsymbol{Y}_i=g_i(\boldsymbol{X})$,$i=1\sim N$,其中各 $g_i(\cdot)$ 为非线性函数,则二者的 pdf,即 $p_Y(\boldsymbol{Y})$ 与 $p_X(\boldsymbol{X})$ 之间具有下列关系:

$$p_X(\boldsymbol{X}) = |\det\boldsymbol{J}(g)|\,|\,\boldsymbol{X}\cdot p_Y(\boldsymbol{Y})|_{\boldsymbol{Y}=g(\boldsymbol{X})} \tag{2-9}$$

$\boldsymbol{J}(g)$ 表示 $g(\boldsymbol{X})$ 的雅可比(Jacobian)阵,其第 i 行 j 列元素 $\boldsymbol{J}_{ij}$ 按下式计算:

$$J_{ij} = \frac{\partial Y_i}{\partial X_i} = \frac{\partial g_i(X)}{\partial X_j} \quad (i = 1,2,\cdots,N;j = 1,2,\cdots,N) \tag{2-10}$$

如果 $J(g)$ 为满秩,则有

$$p_Y(Y) = |\det J(g)|^{-1} |Y \cdot p_X(X)|_{X=g^{-1}(Y)} \tag{2-11}$$

一种简单的非线性变换是设有一个中间 N 维列向量 $Z=[Z_1,Z_2,\cdots,Z_N]^{\mathrm{T}}=WX$ 且 $Y_i=g_i(Z_i),i=1,2,\cdots,N$,其中 $g_i(\cdot)$ 是非线性函数。这时式(2-10)将具有下列形式(注意 $W=(W_{ij}),Z_i=\sum_{j=1}^{N}W_{ij}X_j$):

$$J_{ij} = \frac{\partial Y_i}{\partial X_j} = \frac{\mathrm{d}g_i(Z_i)}{\mathrm{d}Z_i} \cdot \frac{\partial Z_i}{\partial X_j} = \frac{\mathrm{d}g_i(Z_i)}{\mathrm{d}Z_i}W_{ij} \quad (i = 1,2,\cdots,N;j = 1,2,\cdots,N) \tag{2-12}$$

若各 $g_i(\cdot)$ 为线性函数,则 $J(g)$ 退化为 W。

2.3.2 统计知识

众所周知,高斯信号可由其一、二阶统计量(均值和方差)唯一确定,而传统的信号处理方法是把信号假设为高斯分布。但是在实际中,纯粹的高斯信号很少见,所以这种假设在很多情况下并不满足。随着一些新的分析工具的出现,非高斯信号处理逐步引起人们的广泛关注,已经成为信号处理的一个新的研究领域。传统信号处理方法中常用的分析工具是相关和功率谱这些二阶统计量,而与之相对应,非高斯信号处理则以诸如累积量这样的高阶(阶数大于2)统计量为主要的分析工具。众多非高斯信号处理方法的不断涌现可以帮助我们解决许多过去不能解决的问题。下面简单介绍一下与 ICA 方法联系密切的高阶统计量方面的基本知识,包括高阶矩和高阶累积量。

2.3.2.1 矩

对于单个随机变量 x,所谓矩是描述随机变量性质的一种统计量,它是一系列依赖于概率密度函数的描述性的离散参数。

$$\mu_x(k) = E\{x^k\} = \int_{-\infty}^{+\infty} x^k p(x)\mathrm{d}x \tag{2-13}$$

式中,$\mu_x(k)$ 为第 k 阶(原点)矩。

很显然,一阶矩 $\mu_x(1) = m_x = E\{x\}$ 是 x 的均值。而 x 的中心矩则是用来描述对均值 m_x 而言的分布特性的一系列参数。

$$m_x(k) = E\{(x-m_x)^k\} = \int_{-\infty}^{+\infty} (x-m_x)^k p(x)\mathrm{d}x \tag{2-14}$$

当均值为零时,k 阶中心矩和 k 阶原点矩是等价的。对实际的样本数据而言,矩的估计方法非常简单,所以具有很高的实用性。二阶中心矩 $\sigma_x^2 = m_x(2)$ 是指方差,反映了信号的能量;三阶中心矩度量了概率密度函数关于均值处的不对称程度。具有对称分布的概率密度函数,其三阶中心矩为零。四阶中心矩被用来度量概率分布的峭度(kurtosis)。$m_x(k)$ 通常简记为 m_k。

2.3.2.2 高阶累积量

对于随机变量 x,其特征函数的定义为

$$\psi(w) = \int_{-\infty}^{+\infty} e^{jwx} p(x) \mathrm{d}x = E\{e^{jwx}\} \tag{2-15}$$

可见,特征函数其实是概率密度函数 $p(x)$ 的傅里叶变换。如果随机变量 x 的前 n 阶矩存在,那么特征函数 $\psi(w)$ 可根据泰勒级数展开:

$$\psi(w) = 1 + \sum_{k=1}^{n} \frac{m_k}{k!}(jw)^k + 0(w^n) \tag{2-16}$$

并且 x 的 k 阶矩与特征函数 $\psi(w)$ 的 k 阶导数有如下关系:

$$\mu_x(k) = (-j)^k \left.\frac{\mathrm{d}^k \psi(w)}{\mathrm{d}w^k}\right|_{w=0} = (-j)^k \psi^k(0) \tag{2-17}$$

因此,又称特征函数 $\psi(w)$ 为矩生成函数。式(2-17)隐含了 $\psi(w)$ 的前 n 阶导数在 $w = 0$ 处存在。

定义随机变量 x 的第二特征函数为

$$\Phi(w) = \ln[\psi(w)] = \ln[E\{e^{jwx}\}] \tag{2-18}$$

第二特征函数 $\Phi(w)$ 是矩生成函数的自然对数,又叫作累积量生成函数。$\Phi(w)$ 同样可以按泰勒级数展开:

$$\Phi(w) = \sum_{k=1}^{n} \frac{c_k}{k!}(jw)^k + 0(w^n) \tag{2-19}$$

式中的 c_k 就称作随机变量 x 的 k 阶累积量,它与 $\Phi(w)$ 的 k 阶导数有如下关系:

$$c_k = (-j)^k \left.\frac{\mathrm{d}^k \Phi(w)}{\mathrm{d}w^k}\right|_{w=0} \tag{2-20}$$

累积生成函数 $\Phi(w)$ 由此得名。式(2-20)成立同样要求 $\Phi(w)$ 的前 n 阶导数在 $w=0$ 处存在。

累积量是用来表征随机变量的一个相当重要的统计量。由式(2-20)不难看出,阶数比较高的累积量的计算十分烦琐,下面给出单个随机变量的前四阶累积量:

$$c_1 = m_1 = E\{x\}$$

$$c_2 = m_2 - m_1^2$$

$$c_3 = m_3 - 3m_2 m_1 + 2\,m_1{}^3$$

$$c_4 = m_4 - 3\,m_2{}^2 - 4m_3 m_1 + 12 m_2\,m_1{}^2 - 6\,m_1{}^4$$

对于零均值的随机变量,通过矩来计算累积量变得相当简单。此时一阶累积量是 x 的均值;二阶累积量 m_2 就是 x 的方差;三阶累积量 m_3 就是三阶中心矩。四阶累积量 $c_4(= m_4 - 3\,m_2{}^2)$ 称为峭度,是随机变量非高斯性衡量的指标。对于高斯随机变量峭度为零,超高斯分布的峭度为正,亚高斯分布的峭度为负。

2.3.2.3　多个随机变量的联合高阶统计量

以上的讨论仅限于单个(一维)随机变量,通过它可以推广到随机矢量(N 维随机变量)的情况。对 N 维随机变量 $[x_1, x_2, \cdots, x_N]^{\mathrm{T}}$,其联合特征函数定义为其联合密度函数 $p(x_1, x_2, \cdots, x_N)$ 的 N 维傅里叶变换:

$$\psi(w_1, w_2, \cdots, w_N) = E\{\exp(\sum_{i=1}^{N} jw_i x_i)\} \tag{2-21}$$

联合特征函数也可类似式(2-19)进行泰勒级数展开：

$$\psi(w_1,w_2,\cdots,w_N) = \sum_{k_1,k_2,\cdots,k_N=0}^{\infty} j^{(k_1+k_2+\cdots+k_N)} \frac{m^{(k_1+k_2+\cdots+k_N)}}{k_1!k_2!\cdots k_N!} w_1^{k_1} w_2^{k_2}\cdots w_N^{k_N} \tag{2-22}$$

其中的系数 $m^{(k_1+k_2+\cdots+k_N)}$ 称为 k 阶联合矩，这里的阶数 $k=k_1+k_2+\cdots+k_N$。根据泰勒级数的性质，$m^{(k_1+k_2+\cdots+k_N)}$ 可以表示为

$$m^{(k_1+k_2+\cdots+k_N)} = (-j)^k \frac{\partial^k \psi(w_1,w_2,\cdots,w_N)}{\partial w_1^{k_1}\partial w_2^{k_2}\cdots\partial w_N^{k_N}} \mid w_1=\cdots=w_N=0 \tag{2-23}$$

第二特征函数同样定义为第一特征函数的自然对数：

$$\Phi(w_1,w_2,\cdots,w_N) = \ln[\psi(w_1,w_2,\cdots,w_N)] = \ln[E\{\exp(\sum_{i=1}^{N} jw_i x_i)\}] \tag{2-24}$$

并按泰勒级数展开为

$$\Phi(w_1,w_2,\cdots,w_N) = \sum_{k_1k_2\cdots k_N=0}^{\infty} j^{(k_1+k_2+\cdots+k_N)} \frac{c^{(k_1+k_2+\cdots+k_N)}}{k_1!k_2!\cdots k_N!} w_1^{k_1} k_2\cdots w_N^{k_N} \tag{2-25}$$

其中的系数 $c^{(k_1+k_2+\cdots+k_N)}$ 称为 N 维随机变量的 k 阶联合累积量，$k=k_1+k_2+\cdots+k_N$。根据式(2-25)，$c^{(k_1+k_2+\cdots+k_N)}$ 可以表示为

$$c^{(k_1+\cdots+k_N)} = (-j)^k \frac{\partial^k \Phi(w_1,w_2,\cdots,w_N)}{\partial w_1^{k_1}\partial w_2^{k_2}\cdots\partial w_N^{k_N}} \mid w_1=\cdots=w_N=0 \tag{2-26}$$

在多维情况下，累积量的表达式比单变量要复杂得多。但是累积量和矩之间仍然存在着显式关系。为了便于说明，下面给出二维零均值随机变量 $x=[x_1,x_2]^{\mathrm{T}}$ 的所有四阶累积量表达式：

$$cum(x_1,x_1,x_1,x_1) = E\{x_1^4\} - 3E\{x_1^2\} \tag{2-27}$$

$$cum(x_1,x_2,x_2,x_2) = E\{x_1x_2^2\} - 3E\{x_1^2\}E\{x_1x_2\} \tag{2-28}$$

$$cum(x_1,x_1,x_2,x_2) = E\{x_1^2x_2^2\} - E\{x_1^2\}E\{x_2^2\} - 2E\{x_1x_2\}^2 \tag{2-29}$$

$$cum(x_1,x_1,x_1,x_2) = E\{x_1^3x_2\} - 3E\{x_2^2\}E\{x_1x_2\} \tag{2-30}$$

$$cum(x_2,x_2,x_2,x_2) = E\{x_2^4\} - 3E\{x_2^2\} \tag{2-31}$$

其中形如式(2-28)~式(2-30)这样的累积量，其元素包含两个以上随机变量，称作交叉累积量。交叉累积量可以描述多个随机变量之间的统计相关性。

2.3.2.4　累积量的基本性质

性质 1：累积量关于其变元是对称的。

$cum(x_1,x_2,\cdots,x_N) = cum(x_{i_1},x_{i_2},\cdots,x_{i_N})$，其中 $(i_1,i_2,\cdots,i_N)$ 是 $(1,2,\cdots,N)$ 的一种排列。

性质 2：累积量相对于其每个变元是线性的。

$$cum(x_1,\cdots,x_i+y_i,\cdots,x_N) = cum(x_1,\cdots,x_i,\cdots,x_N) + cum(x_1,\cdots,y_i,\cdots,x_N)$$

$$cum(x_1,\cdots,\lambda x_i,\cdots,x_N) = \lambda cum(x_1,\cdots,x_i,\cdots,x_N)$$

性质 3：若 $[x_1,x_2,\cdots,x_N]^{\mathrm{T}}$ 中的一个子集与其余部分独立，则有 $cum(x_1,x_2,\cdots,x_N)=0$。

性质 4：若随机变量 $\{x_i\}$ 和随机变量 $\{y_i\}$ 独立，则 $cum(x_1+y_1,x_2+y_2,\cdots,x_N+y_N) = cum(x_1,x_2,\cdots,x_N) + cum(y_1,y_2,\cdots,y_N)$，更具有一般性，如果 $[x_1,x_2,\cdots,x_N]^{\mathrm{T}}$ 各分量相互独立，那么所有的交叉累积量为零。

性质 5：$x_1, x_2, \cdots, x_N$ 是高斯随机变量，如果 $N \geqslant 3$，则有 $cum(x_1, x_2, \cdots, x_N) = 0$。

2.3.3　信息论知识

BSS 中的一个基本问题是对分离结果相互独立性的度量问题。目前所提出的 BSS 算法，如 Informax 算法、FastICA 算法、最大似然估计算法等都要建立一个目标函数，用于 BSS 分离结果之间的独立性度量。这些目标函数都与随机变量的信息熵、互信息等密切相关，现主要介绍与 BSS 理论和算法密切相关的信息论基础和一些重要结论。

2.3.3.1　熵

信息论中，熵通常是用来衡量信源发出每一个消息的平均不确定度，概率愈小的消息带来的信息量愈大，熵也就愈大。连续情况下，对于一个随机变量 x，如果它的密度函数为 $p(x)$，则 x 的熵定义为

$$H = -\int_{-\infty}^{+\infty} p(x) \ln p(x) \mathrm{d}x \tag{2-32}$$

用数学期望的形式来表示，则为 $H = E[\ln(1/p)] = -E[\ln p]$。值得指出的是，在所有的连续概率密度函数中，如果均值 μ 和方差 σ^2 都取已知的固定值，则使熵达到最大值的将是高斯分布，此时的最大熵为 $H = 0.5 + \log_2(\sqrt{2\pi}\sigma)$（比特）。如果让均方差 σ 趋近于 0，也就是降低 x 的散布程度，则高斯函数将趋向于狄拉克 δ 函数 $\delta(x - a) = \begin{cases} 0 & (x \neq a) \\ \infty & (x = a) \end{cases}$ 和 $\int_{-\infty}^{\infty} \delta(x) \mathrm{d}x = 1$。此时，熵达到最小值，为负无穷大（$H = -\infty$ 比特）。对于 δ 函数形式的概率分布，几乎能够确定每次出现的 x 的值就是 a。

可以把定义推广到随机矢量的联合微分熵：

$$H = -\int_{-\infty}^{+\infty} p(\boldsymbol{X}) \ln p(\boldsymbol{X}) \mathrm{d}\boldsymbol{X} \tag{2-33}$$

其中，$\boldsymbol{X} = [\boldsymbol{X}_1, \boldsymbol{X}_2, \cdots, \boldsymbol{X}_N]^{\mathrm{T}}$。

为了将熵应用在 ICA 算法中，下面考虑可逆的线性变换对联合熵的影响。对于具有联合密度函数 $p_X(\boldsymbol{X})$ 的 N 维随机变量 $\boldsymbol{X} = [\boldsymbol{X}_1, \boldsymbol{X}_2, \cdots, \boldsymbol{X}_N]^{\mathrm{T}}$，以及一个 $N \times N$ 非奇异矩阵 $\boldsymbol{W}$，得到联合密度函数 $p_Y(\boldsymbol{Y})$ 的 N 维随机变量 $\boldsymbol{Y} = \boldsymbol{W}\boldsymbol{X}$。由概率论可知：

$$p_Y(\boldsymbol{Y}) = \frac{p_X(\boldsymbol{X})}{|\det(\boldsymbol{W})|} \tag{2-34}$$

根据熵的定义，于是可得：

$$\begin{aligned} -E\{\ln p_Y(\boldsymbol{Y})\} &= -E\left\{\ln\left(\frac{p_X(\boldsymbol{X})}{|\det(\boldsymbol{W})|}\right)\right\} \Rightarrow \\ -\int p_Y(\boldsymbol{Y}) \ln p_Y(\boldsymbol{Y}) \mathrm{d}\boldsymbol{Y} &= -\int p_X(\boldsymbol{X}) \ln\left(\frac{p_X(\boldsymbol{X})}{|\det(\boldsymbol{W})|}\right) \mathrm{d}\boldsymbol{X} \end{aligned} \tag{2-35}$$

进一步写成：

$$H(\boldsymbol{Y}) = H(\boldsymbol{X}) + \ln|\det(\boldsymbol{W})| \tag{2-36}$$

式(2-36)意味着可逆的线性变换对随机矢量联合熵的影响是增加了一个常数项，如果这个线性变换是一个正交变换，满足 $\det(\boldsymbol{W}) = 1$，则有

$$H(\boldsymbol{Y}) = H(\boldsymbol{X}) \tag{2-37}$$

所以得到一个更加重要的结论是：多维分布经过坐标系的旋转后联合微分熵保持不变。

2.3.3.2　相对熵

假设对同一个随机矢量 $\boldsymbol{X}$，有两种可能形式的概率分布 $p(\boldsymbol{X})$ 和 $q(\boldsymbol{X})$。为了衡量这两个分布之间的距离，定义相对熵（或称作“Kullback-Leibler 距离”，是一个与“交叉熵”，“信息散度”和“判别信息量”的概念密切相关的量）。连续情况下的相对熵定义为：

$$D_{\mathrm{KL}}(p(x),q(x)) = \int_{-\infty}^{\infty} q(x)\ln\frac{q(x)}{p(x)}\mathrm{d}x \tag{2-38}$$

虽然 $D_{\mathrm{KL}}(p(\cdot),q(\cdot)) \geqslant 0$ 和 $D_{\mathrm{KL}}(p(\cdot),q(\cdot)) = 0$ 当且仅当 $p(\cdot) = q(\cdot)$ 时成立，但是相对熵不是一个真正的度量，因为在把 $p \leftrightarrow q$ 互相交换时，我们会发现 D_{KL} 并不具有对称性。

2.3.3.3　负熵

概率论中的中心极限定理这一经典理论告诉我们：在一定条件下，多个独立分布的和的分布趋向于高斯分布。将该理论应用到 BSS 问题里可以得出这样的结论：观测信号是多个独立源信号的线性组合，所以其高斯性比源信号的高斯性强，换句话说，源信号的非高斯性比观测信号的非高斯性要强。粗略地讲就是，非高斯性愈强就愈独立。这就启示我们将非高斯性作为 BSS 的一个判据。除峭度可以用来表征非高斯性外，负熵是度量非高斯性的一个更加稳健的判据。

在定义负熵之前先给出信息论中的一个结论，即所谓的熵极大定理：在所有具有相同协方差矩阵的分布中，高斯分布的熵最大，简单运用 KL 散度的性质便可以证明这个定理。

设 $p_G(\boldsymbol{X})$ 是一高斯分布的联合概率密度函数，$p(\boldsymbol{X})$ 是任一其他分布的联合概率密度函数，且 $p(\boldsymbol{X})$ 和 $p_G(\boldsymbol{X})$ 具有相同的协方差矩阵，则两者之间的 KL 散度为

$$D(p(\boldsymbol{X}) \,\|\, p_G(\boldsymbol{X})) = \int p(\boldsymbol{X})\ln\frac{p(\boldsymbol{X})}{p_G(\boldsymbol{X})}\mathrm{d}\boldsymbol{X}$$

$$\Rightarrow D(p(\boldsymbol{X}) \,\|\, p_G(\boldsymbol{X})) = -\int p(\boldsymbol{X})\ln p_G(\boldsymbol{X})\,\mathrm{d}\boldsymbol{X} + \int p(\boldsymbol{X})\ln p(\boldsymbol{X})\,\mathrm{d}\boldsymbol{X} \tag{2-39}$$

并注意到 $\int p(\boldsymbol{X})\ln p_G(\boldsymbol{X})\,\mathrm{d}\boldsymbol{X} = \int p_G(\boldsymbol{X})\ln p_G(\boldsymbol{X})\,\mathrm{d}\boldsymbol{X}$。将该式代入式(2-39)可得：

$$D(p(\boldsymbol{X}) \,\|\, p_G(\boldsymbol{X})) = -\int p_G(\boldsymbol{X})\ln p_G(\boldsymbol{X})\,\mathrm{d}\boldsymbol{X} + \int p(\boldsymbol{X})\ln p(\boldsymbol{X})\,\mathrm{d}\boldsymbol{X}$$

$$\Rightarrow D(p(\boldsymbol{X}) \,\|\, p_G(\boldsymbol{X})) = H_G(\boldsymbol{X}) - H(\boldsymbol{X}) \tag{2-40}$$

再利用 KL 散度的非负性可得：

$$H_G(\boldsymbol{X}) - H(\boldsymbol{X}) \geqslant 0 \Rightarrow H_G(\boldsymbol{X}) \geqslant H(\boldsymbol{X}) \tag{2-41}$$

证明完毕。

这个定理说明：在一定的限制条件下，可以找到一个特定的分布具有最大的信息熵。而上述定理中的这个特定的分布恰好是高斯分布。那么，以这样一个特定分布作为参考，就可以用信息熵来描述一个分布与高斯分布之间的偏离程度，也即非高斯性。负熵的概念因此产生。负熵 $J(\boldsymbol{X})$ 定义为

$$J(\boldsymbol{X}) = H_G(\boldsymbol{X}) - H(\boldsymbol{X}) = D(p(\boldsymbol{X}) \parallel p_G(\boldsymbol{X})) \tag{2-42}$$

其中,$p_G(\boldsymbol{X})$是一个与$p(\boldsymbol{X})$具有相同协方差阵的高斯联合概率密度。有上述定理可以得出负熵$J(\boldsymbol{X})$具有这样的性质:$J(\boldsymbol{X}) \geqslant 0$,当且仅当$p(\boldsymbol{X})$也是高斯分布时等号成立。

负熵的一个重要性质是:对于可逆的线性变换保持不变。显然,与熵对于正交变换保持不变相比,负熵需要的条件更加宽松。在 BSS 中,该性质使得可以将边缘负熵$J(Y_i)$作为代价函数,然后寻找线性变换W使其最大化。这就导致了 BSS 算法中负熵判据的有效性。

2.3.3.4 互信息量

互信息(Mutual Information,简称 MI)是用来度量随机变量之间独立性的基本准则,互信息可以表示成 KL 散度的形式。多个随机变量之间的互信息定义为其联合概率密度函数与各边缘密度函数乘积之间的 KL 散度,即

$$I(\boldsymbol{X}) = D\left(p(\boldsymbol{X}) \,||\, \prod_{i=1}^{N} p_i(\boldsymbol{X}_i)\right) = \int p(\boldsymbol{X}) \ln \frac{p(\boldsymbol{X})}{\prod_{i=1}^{N} p_i(\boldsymbol{X}_i)} \mathrm{d}\boldsymbol{X} \tag{2-43}$$

将上式右边继续展开:

$$I(\boldsymbol{X}) = \int p(\boldsymbol{X}) \ln p(\boldsymbol{X}) \mathrm{d}\boldsymbol{X} - \int p(\boldsymbol{X}) \ln \prod_{i=1}^{N} p_i(\boldsymbol{X}_i) \mathrm{d}\boldsymbol{X} = \sum_{i=1}^{N} H_i(\boldsymbol{X}_i) - H(\boldsymbol{X}) \tag{2-44}$$

由于 KL 散度的非负性可知:

$$I(\boldsymbol{X}) = \sum_{i=1}^{N} H_i(\boldsymbol{X}_i) - H(\boldsymbol{X}) \geqslant 0 \Rightarrow H(\boldsymbol{X}) \leqslant \sum_{i=1}^{N} H_i(\boldsymbol{X}_\mathrm{i}) \tag{2-45}$$

由式(2-42)容易看出,当$\boldsymbol{X} = [\boldsymbol{X}_{1,}, \boldsymbol{X}_2, \cdots, \boldsymbol{X}_N]^{\mathrm{T}}$的各个分量相互独立时,即有$p(\boldsymbol{X}) = \prod_{i=1}^{N} p_i(\boldsymbol{X}_i)$时,互信息$I(\boldsymbol{X}) = 0$。再结合式(2-45)得出一个重要结论:$I(\boldsymbol{X}) \geqslant 0$。当且仅当各个分量相互独立时等号成立。进一步观察式(2-45),各分量边缘熵的和总是大于或等于所有分量的联合熵,而多出的那部分恰好是各分量的互信息。那么互信息可以描述为由于各个分量之间的相互依赖关系带来的信息的冗余。

2.3.4 矩阵微分理论

矩阵微分是实函数微分对矩阵函数的推广,将标量推广到向量即可引出矩阵的微分,本节将介绍有关矩阵微分的几个重要结论。令$\boldsymbol{A}$、$\boldsymbol{B}$为常数矩阵,$\boldsymbol{U}$、$\boldsymbol{V}$、$\boldsymbol{W}$、$\boldsymbol{X}$为矩阵函数,则:

(1)常数矩阵的微分矩阵为零矩阵,即

$$\mathrm{d}\boldsymbol{A} = 0$$

(2)常数α与矩阵函数U的乘积的微分矩阵,即

$$\mathrm{d}(\alpha \boldsymbol{U}) = \alpha(\mathrm{d}\boldsymbol{U})$$

(3)矩阵转置的微分矩阵等于原矩阵的微分矩阵的转置,即

$$\mathrm{d}(\boldsymbol{U}^{\mathrm{T}}) = (\mathrm{d}\boldsymbol{U})^{\mathrm{T}}$$

(4)两个矩阵函数的和(差)的微分矩阵为

$$\mathrm{d}(\boldsymbol{U} \pm \boldsymbol{V}) = \mathrm{d}\boldsymbol{U} \pm \mathrm{d}\boldsymbol{V}$$

(5)常数矩阵与矩阵函数乘积的微分矩阵为

$$\mathrm{d}(\boldsymbol{AXB}) = \boldsymbol{A}(\mathrm{d}\boldsymbol{X})\boldsymbol{B}$$

(6)矩阵函数乘积的微分矩阵为

$$\mathrm{d}(\boldsymbol{UV}) = (\mathrm{d}\boldsymbol{U})\boldsymbol{V} + \boldsymbol{U}(\mathrm{d}\boldsymbol{V})$$

$$\mathrm{d}(\boldsymbol{UVW}) = (\mathrm{d}\boldsymbol{U})\boldsymbol{VW} + \boldsymbol{U}(\mathrm{d}\boldsymbol{V})\boldsymbol{W} + \boldsymbol{UV}(\mathrm{d}\boldsymbol{W})$$

(7)逆矩阵的微分矩阵为

$$\mathrm{d}(\boldsymbol{X}^{-1}) = -\boldsymbol{X}^{-1}(\mathrm{d}\boldsymbol{X})\boldsymbol{X}^{-1}$$

以上有关矩阵微分的重要结论在 BSS 算法的推导过程中具有广泛的应用。

综上所述,多种与 BSS 相关的概率、统计、信息论、矩阵微分理论等方面的数学知识是我们解决盲源分离问题的理论基础,在算法的推导和实践应用中起到至关重要的作用,在学习和设计盲源分离算法之前应对该部分相关数学理论进行广泛、扎实、系统的学习。

2.4　盲源分离的不确定性

在盲源分离中,通过随机矩阵来模拟混合的未知性,使得源信号的混合情况变得多种多样,要想获得混合矩阵的完全估计就变得困难重重。

需要指出的是,对瞬时混合信号盲源分离,当源信号可以精确恢复的情况下应有 $\boldsymbol{W} = \boldsymbol{A}^{-1}$,在假设条件的约束下,盲源分离问题是有解的,只不过存在两个不确定性,即恢复的源信号的幅度不确定性和源信号各分量次序的不确定性。

2.4.1　分离结果的幅度存在不确定性

由于在 $\boldsymbol{X} = \boldsymbol{AS}$ 中,$\boldsymbol{A}$ 和 $\boldsymbol{S}$ 均未知,如果将 $\boldsymbol{S}$ 中任一分量 $\boldsymbol{S}_i$ 扩大 a 倍,只需将 $\boldsymbol{A}$ 中相应的混合系数乘以 $1/a$,上式仍成立。在观测信号幅度不变的前提下,源信号的幅度存在不确定性。因此,在求解独立分量时,往往事先假设 $\boldsymbol{S}$ 具有单位方差 $E\{\boldsymbol{S}_i^2\} = 1$,且各分量均值为零。

2.4.2　分离结果的排序存在不确定性

由于 $\boldsymbol{A}$ 和 $\boldsymbol{S}$ 的未知,公式 $\boldsymbol{X} = \boldsymbol{AS}$ 中独立分量的顺序可能会被调换,在 $\boldsymbol{X} = \boldsymbol{AS}$ 中插入一个置换矩阵 $\boldsymbol{P}$ 和它的逆矩阵 $\boldsymbol{P}^{-1}$,得到 $\boldsymbol{X} = \boldsymbol{APP}^{-1}\boldsymbol{S}$,将 $\boldsymbol{AP}^{-1}$ 看成新的混合矩阵,则 $\boldsymbol{PS}$ 中的各分量便成为新的已调换顺序的独立源 $\boldsymbol{S}_i$。这表明 BSS 分离结果存在排序上的不确定性。由于混合的未知性使得我们对源信号中各个分量是怎样排列得难以确定,但是只要按照可分离条件能够使得混合信号分离,其分离结果在排列顺序上的多解性对分离结果影响不大。这是因为信号提供的有价值信息大多是通过其波形来表现的,所以上述提到的不确定性对解决盲源分离问题并没有很大的影响。

由于在许多应用背景下,绝大多数信息是包含在信号的波形而不是幅度和次序中的,因此这两种不确定性是可以接受的。所以,在信号盲源分离问题中,如果得到一个“源信号的拷贝”,则可以说完成了信号盲源分离的工作,因为在没有先验知识的情况下,我们不可能获得比“源信号的拷贝”更好的结果。但在有些应用中,需要对不同观测信号的独立分量进行比较,BSS 的不确定性会给后续工作带来麻烦。

2.5　信号的预处理

2.5.1　信号零均值化

目前,大多数盲源分离算法中要求观测信号是均值为零的随机变量,因此就必须在进行分离之前去掉信号的均值。零均值化的过程比较简单,一个随机变量 $\boldsymbol{x}$,只需用 $\bar{\boldsymbol{x}} = \boldsymbol{x} - E(\boldsymbol{x})$ 来代替 $\boldsymbol{x}$ 即可实现对观测信号的零均值化。

实际计算中,可以用时间平均代替统计平均,即用算术平均值代替数学期望值。设 $\boldsymbol{x} = [\boldsymbol{x}_1, \boldsymbol{x}_2, \cdots, \boldsymbol{x}_n]^{\mathrm{T}}$ $(t=1,2,\cdots,N)$ 是随机矢量 $\boldsymbol{X}$ 的 N 个样本,则以下操作可以去均值:

$$\overline{\boldsymbol{x}_i}(t) = \boldsymbol{x}_i(t) - \frac{1}{N}\sum_{t=1}^{N}\boldsymbol{x}_i(t) \quad (t = 1,2,\cdots,n) \tag{2-46}$$

2.5.2　PCA 降维预白化

主成分分析(PCA)法是一个典型的统计学分析方法。在高斯分布情况下,进行主成分分析等价于使输出信号中的信息量最大,通过 PCA 可以将观测信号分成两个子空间:信号子空间和噪声子空间。信号子空间对应于观测信号的主分量,它与主特征值对应的特征向量有关;噪声子空间对应于观测信号的次分量,它与次特征值对应的特征向量有关。

主成分分析法以其理论和实践的简洁性,所得的结果与客观实际相符合等特点,广泛应用于经济、社会、工程等领域中众多对象的综合评价,如数据压缩、特征提取、噪声滤波和信号提取等。PCA 提供了一个简洁的方法使我们可以在丢失尽可能少的信息的同时更方便地解决问题:一方面,通过对数据进行降维来简化对数据的处理;另一方面,可以尽可能多地保留原始数据信息。主成分分析的主要目的如下:

(1)降低待处理数据的维数。

(2)确定变量的不相关线性组合。

(3)特征选取:选取最有用的变量。

(4)潜在变量的识别。

(5)多维数据的可视化处理。

在进行 PCA 转换之前,首先要对观测向量 $\boldsymbol{X}$ 进行零均值化,即 $E\{\boldsymbol{x}\}=0$,得到的 $\boldsymbol{X} = [\boldsymbol{x}_1, \boldsymbol{x}_2, \cdots, \boldsymbol{x}_p]^{\mathrm{T}}$ 为一个 N 维向量,其均值为 0,协方差矩阵为 $\boldsymbol{C}_X$,主成分分析法就是要把这 N 个变量混合成 $m(m \leqslant N)$ 个新变量 $\boldsymbol{y}_1, \boldsymbol{y}_2, \cdots, \boldsymbol{y}_m$,即

$$\begin{cases} \boldsymbol{y}_1 = a_{11}\boldsymbol{x}_1 + a_{12}\boldsymbol{x}_2 + \cdots + a_{1p}\boldsymbol{x}_p \\ \boldsymbol{y}_2 = a_{21}\boldsymbol{x}_1 + a_{22}\boldsymbol{x}_2 + \cdots + a_{2p}\boldsymbol{x}_p \\ \qquad \vdots \\ \boldsymbol{y}_m = a_{m1}\boldsymbol{x}_1 + a_{m2}\boldsymbol{x}_2 + \cdots + a_{mp}\boldsymbol{x}_p \end{cases} \tag{2-47}$$

式(2-47)记为 $\boldsymbol{Y}=\boldsymbol{AX}$,其中:

$$A = \begin{bmatrix} a_{11} & a_{12} & \cdots & a_{1p} \\ a_{21} & a_{22} & \cdots & a_{2p} \\ & & \vdots & \\ a_{m1} & a_{m2} & \cdots & a_{mp} \end{bmatrix} = \begin{bmatrix} a'_1 \\ a'_2 \\ \vdots \\ a'_m \end{bmatrix} \tag{2-48}$$

在主成分分析过程中,变换矩阵 $\boldsymbol{A}$ 的系数选择原则为:

(1) $\boldsymbol{y}_1$ 和 $\boldsymbol{y}_2$ ($i \neq j; i,j = 1,2,\cdots$) 互不相关。

(2) $\boldsymbol{y}_1$ 是 $\boldsymbol{x}_1, \boldsymbol{x}_2, \cdots, \boldsymbol{x}_p$ 的一切线性组合中方差最大的,即使得 $a'_1\boldsymbol{X}$ 具有最大能量; $\boldsymbol{y}_2$ 是与 $\boldsymbol{y}_1$ 不相关的,在 $\boldsymbol{x}_1, \boldsymbol{x}_2, \cdots, \boldsymbol{x}_p$ 的一切线性组合中方差第二大者;以此类推, $\boldsymbol{y}_m$ 是与 $\boldsymbol{y}_1, \boldsymbol{y}_2, \cdots, \boldsymbol{y}_{m-1}$ 都不相关的、在 $\boldsymbol{x}_1, \boldsymbol{x}_2, \cdots, \boldsymbol{x}_p$ 的一切线性组合中方差第 m 个大者。$\boldsymbol{y}_1, \boldsymbol{y}_2, \cdots, \boldsymbol{y}_m$ 称为原始随机变量 $\boldsymbol{x}_1, \boldsymbol{x}_2, \cdots, \boldsymbol{x}_p$ 的第 m 个主成分。

我们应该寻找一个线性变换,使观测信号 $\boldsymbol{X}$ 投影到新的子空间后变成互不相关的白化向量,即

$$\boldsymbol{Z} = \boldsymbol{W}_0\boldsymbol{X} \tag{2-49}$$

式中, $\boldsymbol{W}_0$ 为 PCA 白化矩阵; $\boldsymbol{Z}$ 为新的白化向量。

利用主成分分析,通过计算样本向量得到一个变换:

$$\boldsymbol{W}_0 = \boldsymbol{\Lambda}^{-1/2}\boldsymbol{U}^{\mathrm{T}}$$

式中, $\boldsymbol{U}$ 和 $\boldsymbol{\Lambda}$ 分别为 $\boldsymbol{C}_X$ 的特征向量矩阵和特征值矩阵。

可以证明,线性变换 $\boldsymbol{W}_0$ 可以满足 PCA 白化处理的要求:

$$E\{\boldsymbol{Z}\boldsymbol{Z}^{\mathrm{T}}\} = E\{\boldsymbol{\Lambda}^{-1/2}\boldsymbol{U}^{\mathrm{T}}\boldsymbol{X}\boldsymbol{X}^{\mathrm{T}}\boldsymbol{U}\boldsymbol{\Lambda}^{-1/2}\} = \boldsymbol{\Lambda}^{-1/2}\boldsymbol{U}^{\mathrm{T}}E\{\boldsymbol{X}\boldsymbol{X}^{\mathrm{T}}\}\boldsymbol{U}\boldsymbol{\Lambda}^{-1/2} = \boldsymbol{\Lambda}^{-1/2}\boldsymbol{\Lambda}\boldsymbol{\Lambda}^{-1/2} = \boldsymbol{I} \tag{2-50}$$

再将式 $\boldsymbol{X} = \boldsymbol{A}\boldsymbol{S}$ 代入式 $\boldsymbol{Z} = \boldsymbol{W}_0\boldsymbol{X}$,令 $\boldsymbol{W}_0\boldsymbol{A} = \widetilde{\boldsymbol{A}}$,得

$$\boldsymbol{Z} = \boldsymbol{W}_0\boldsymbol{A}\boldsymbol{S} = \widetilde{\boldsymbol{A}}\boldsymbol{S} \tag{2-51}$$

如果把 $\boldsymbol{Z}$ 看作是新的观测信号,则通过 PCA 白化处理使原来的混合矩阵 $\boldsymbol{A}$ 简化为一个正交矩阵 $\widetilde{\boldsymbol{A}}$。证明:

$$E\{\boldsymbol{Z}\boldsymbol{Z}^{\mathrm{T}}\} = E\{\widetilde{\boldsymbol{A}}\boldsymbol{S}\boldsymbol{S}^{\mathrm{T}}\widetilde{\boldsymbol{A}}^{\mathrm{T}}\} = \widetilde{\boldsymbol{A}}E\{\boldsymbol{S}\boldsymbol{S}^{\mathrm{T}}\}\widetilde{\boldsymbol{A}}^{\mathrm{T}} = \widetilde{\boldsymbol{A}}\widetilde{\boldsymbol{A}}^{\mathrm{T}} = \boldsymbol{I} \tag{2-52}$$

PCA 预白化使得由求混合矩阵 $\boldsymbol{A}$ 变成了求正交矩阵 $\widetilde{\boldsymbol{A}}$,BSS 算法的工作量几乎减少了一半。此外,当观测信号的个数大于源信号个数时,经过 PCA 降维白化处理可以将观测信号数降到与源信号数相同,这就满足了基本的 BSS 模型。

比如,在带噪混叠语音信号分离过程中,噪声分量和其他独立性较弱的源信号是我们不感兴趣的,所以没有必要完全分离出带噪混叠话音中所有的成分,仅提取 1 ~ 2 个主成分就已经满足了实际应用的要求,这一点也表明了使用主成分分析(PCA)的白化方法有很强的实用性。

2.6　盲源分离算法的分类及介绍

2.6.1　盲源分离算法分类

在近几十年的盲信号处理发展进程中,各位学者孜孜不倦地进行了大量的分析探索和研究,涌现出了许多高质量的分离算法。在此,对这些算法的思想作一个简单的归类分析。

2.6.1.1　基于源信号的统计信息分类

基于源信号统计特性,一些经典的算法可以归为以下几方面。

1. 基于统计独立性的盲源分离算法

这类算法主要以信息论和高阶累积量为基础,使得通过分离系统后的输出信号的统计独立性最大,或者互信息最小、非高斯性最强等,来作为分离准则。其基本要求除要使源信号相互独立外,还对源信号中高斯信号的个数做了限制,最多只能包含一个。常见的经典算法包括基于神经网络的自然梯度算法、Informax 算法、JADE 算法、EASI 算法、FastICA算法等。

值得一提的是,有些学者会将基于 HOS 的算法单独归为一类,这是因为 HOS 算法在盲信号分离中占据重要的席位。盲分离早期算法研究就是始于高阶累积量的 H－J 算法,而且由于高阶累积量算法对高斯噪声的天然抑制效果,使得其在算法研究中被广泛应用。高阶累积量的引入分为两种:一种是显性的引入,例如直接采用三阶累积量、四阶累积量等作为分离准则;另一种是隐性引入,通过引入非线性函数来间接地引入。

2. 基于二阶统计量(SOS)的盲源分离算法

采用二阶统计量的盲源分离算法主要是利用源信号相关函数矩阵为对角阵的已知条件,通过联合对角化对接收信号的相关函数矩阵进行处理,进而估计出分离矩阵。这类算法要求源信号具有不相关和非平稳性或者非白性,因此也被称作去相关算法。

常见的算法包括 AMUSE 算法、广义特征值分解(GED)算法、SOBI 算法、Matusoka算法等。

2.6.1.2　根据矩阵论原理等数学知识分类

在盲源分离中,对混合信号采取的预处理过程,包括单位化、预白化、去相关等,以及在后续的分离过程中都会用到一些矩阵论的数学知识,比如通过矩阵对角化达到去相关的目的,因此可以把盲源分离算法分为以下几类。

1. 完全基于特征值分解算法

这类算法完全通过矩阵特征值分解来确定分离矩阵,其优点是计算量较小,其是分离性能较低。

比较经典的算法包括 AMUSE 算法、GED 算法,它们都是基于特征值分解的去相关算法,因此对源信号的限制为要满足不相关的特性,而在应用的过程中接收到的信号往往不能满足这一要求,限制了算法的应用。

2. 基于特征值分解与优化算法相结合的盲源分离算法

前面介绍的基于 ICA 思想的盲源分离算法大多基于这种思想，即在分离前采用预白化等预处理手段，例如结合 PCA 方法通过对混合信号的特征值进行分解，以达到去相关的目的，然后采用优化算法求分离矩阵。

常见的算法包括 SOBI 算法、JADE 算法、Comon 算法。

3. 完全基于优化算法

这类算法只需要使用优化算法转化为求最优问题，避免了白化过程，因此不需要进行求解特征值的步骤。这类的算法比前两类算法的分离性能更好。

2.6.1.3　盲源分离与独立分量分析(ICA)

盲源分离包含了线性瞬时混合和卷积混合两种盲源分离问题。解决盲源分离问题的重要方法——独立分量分析(ICA)法，通常以线性瞬时混合为模型，而盲解卷积则是一种更为实际的盲源分离问题，其混合模型是一种卷积混合，线性卷积混合模型比较接近实际，这是因为：

(1)实际中每一个源信号不会同时到达所有的传感器，每一个传感器对不同的源延时不同，延时值的大小取决于传感器与源信号间的相对位置以及信号的传播速度。

(2)源信号到达传感器是经过多途径传播的，即多径效应。假设信号是线性组合的，则从传感器观测到的信号是源信号各种延时值的线性组合。解决此类问题的盲信号处理方法就是盲解卷积。特别地，ICA 方法也可被用于盲解卷积或盲均衡。此外，盲信号处理还包括许多重要内容，例如非线性 BSS 或非线性 ICA 问题、盲多用户检测，以及盲波束形成等。

尽管有许多不同的盲源分离算法可用，但它们的原理都可以归纳为以下四种方法，如图 2-8 所示。

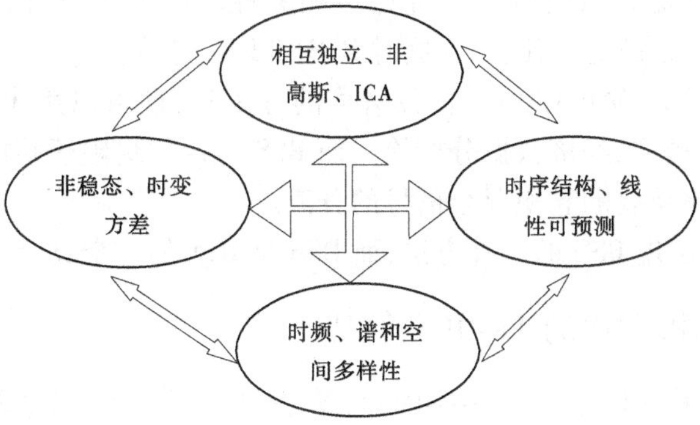

图 2-8　盲源分离算法种类

(1)最普遍的方法就是使用代价函数来衡量信号独立性和非高斯性或者稀疏性。当源信号具有统计独立性，且没有时间结构时，基于高阶统计量的方法是求解盲源分离问题的基本手段，这种方法对多于一个高斯分布的源信号不适用。

(2)如果源信号具有时序结构，则其有非零的时序相关数，从而可以降低对统计独立性的限制条件，用二阶统计量方法(SOS)就足以估计混合矩阵和源信号。这种方法

(SOS)不允许分离功率谱形状相同或独立同分布(IID)的源信号。

(3)第三种方法即采用非平稳性方法(NS)和二阶统计量方法(SOS)。由于源信号主要随时间有不同的变化,就可以考虑利用二阶非平稳性。Matsuoka 等首先考虑了非平稳性,并证明在盲源分离中可以应用简单的解相关技术。与其他方法相比,基于非平稳性信息的方法能够分离具有相同功率谱形状的有色高斯源,然而,却不能够分离具有相同非平稳特性的源信号。

(4)第四种方法运用了信号的多样性,典型的是时域多样性、频域多样性(谱或时间相干性)或者时频域多样性,更一般的,即联合空间—时间—频率(STF)多样性。

自从 BSS 和 ICA 的概念产生以来,人们几乎是不加区分地使用这两个概念。但是,如果深入研究 BSS 和 ICA 的基本原理和作用对象,两者之间的区别和联系是显而易见的。

Comon 对 ICA 给出了较严格的定义:对于观测信号矢量,存在一个线性变换,使得观测信号在线性变换下各分量的统计独立性最大化。这一过程称为 ICA 过程。

与此对应,可以给出 BSS 的如下定义:对于观测信号矢量,存在线性变换 $\boldsymbol{W}$,使得全局矩阵 $\boldsymbol{G}$ 的各行及各列中只有一个非零元素(不妨称为广义对角矩阵),即 $\boldsymbol{G}=\boldsymbol{PD}$。其中,$\boldsymbol{P}$ 为置换阵;$\boldsymbol{D}$ 为对角阵,从而实现信号分离。

ICA 的目的是通过线性变换使得观测信号的各个分量的统计独立性最大化。通常用输出信号的互信息、熵等作为统计独立性的量度,如基于信息论的 Informax 算法、Amari 的自然梯度算法等。如果源信号之间具有统计独立性,那么可以通过 ICA 实现信号的分离。

BSS 考察的是在什么条件下可以使全局矩阵实现广义对角化,而不去衡量输出信号的统计独立性是否达到最大化。因此,BSS 并不一定要求源信号是统计独立的。例如,AMUSE、GED 算法只要求源信号具有统计不相关性。如果源信号是统计独立的,那么 BSS 的输出信号也一定是统计独立的,这时 BSS 和 ICA 等价。

从作用对象看,ICA 除可以用于多源信号的分离外,还可以用于其他多维数据的分析,例如图像的特征提取、经济数据分析等。而 BSS 不仅仅局限于瞬时混合信号的分离,还包括实际应用中更重要的卷积混合信号的分离。

可以说,ICA 是实现 BSS 的一种方法,而 BSS 是 ICA 的一个具体的应用。

2.6.2　基于负熵极大化的 FastICA 算法

FastICA 算法又称为固定点(Fixed-Point)算法,是由芬兰赫尔辛基大学 Hyvärinen 等提出来的,是一种快速寻优迭代算法。与普通的神经网络算法不同的是,这种算法采用了批处理的方式,即在每一步迭代中有大量的样本数据参与运算。但是,从分布式并行处理的观点看,该算法仍可称为一种神经网络算法。FastICA 算法有基于峭度、基于似然最大、基于负熵最大等形式,这里,我们介绍基于负熵最大的 FastICA 算法。它以负熵最大作为一个搜寻方向,可以实现顺序地提取独立源,充分体现了投影追踪(Projection Pursuit)这种传统线性变换的思想。此外,该算法采用了定点迭代的优化算法,使得收敛更加快速、稳健。

因为 FastICA 算法以负熵最大作为一个搜寻方向，因此先讨论一下负熵判决准则。由信息论理论可知：在所有等方差的随机变量中，高斯变量的熵最大，因而我们可以利用熵来度量非高斯性，常用熵的修正形式即负熵。根据中心极限定理，若一随机变量 X 由许多相互独立的随机变量 $\boldsymbol{S}_i(i=1,2,\cdots,N)$ 之和组成，只要 $\boldsymbol{S}_i$ 具有有限的均值和方差，则不论其为何种分布，随机变量 X 较 $\boldsymbol{S}_i$ 更接近高斯分布。换言之，$\boldsymbol{S}_i$ 较 $\boldsymbol{X}$ 的非高斯性更强。因此，在分离过程中，可通过对分离结果的非高斯性度量来表示分离结果间的相互独立性，当非高斯性度量达到最大时，则表明已完成对各独立分量的分离。

负熵的定义：

$$N_g(\boldsymbol{Y}) = H(\boldsymbol{Y}_{\text{Gauss}}) - H(\boldsymbol{Y}) \tag{2-53}$$

式中，$\boldsymbol{Y}_{\text{Gauss}}$ 为一与 $\boldsymbol{Y}$ 具有相同方差的高斯随机变量；$H(\cdot)$ 为随机变量的微分熵。

$$H(\boldsymbol{Y}) = -\int p_Y(\xi)\lg p_Y(\xi)\mathrm{d}\xi \tag{2-54}$$

根据信息理论，在具有相同方差的随机变量中，高斯分布的随机变量具有最大的微分熵。当 $\boldsymbol{Y}$ 具有高斯分布时，$N_g(\boldsymbol{Y})=0$；$\boldsymbol{Y}$ 的非高斯性越强，其微分熵越小，$N_g(\boldsymbol{Y})$ 值越大，所以负熵可以作为随机变量 $\boldsymbol{Y}$ 非高斯性的测度。由于根据式(2-54)计算微分熵需要知道 $\boldsymbol{Y}$ 的概率密度分布函数，这显然不切实际，于是采用如下近似公式：

$$N_g(\boldsymbol{Y}) = \{E[g(\boldsymbol{Y})] - E[g(\boldsymbol{Y}_{\text{Gauss}})]\}^2 \tag{2-55}$$

其中，$E[\cdot]$ 为均值运算；$g(\cdot)$ 为非线性函数，可取 $g_1(y)=\tanh(a_1 y)$，或 $g_2(y)=y\exp(-y^2/2)$ 或 $g_3(y)=y^3$ 等非线性函数，这里，$1 \leqslant a_1 \leqslant 2$，通常我们取 $a_1=1$。快速 ICA 学习规则是找一个方向以使 $\boldsymbol{W}^{\mathrm{T}}\boldsymbol{X}(\boldsymbol{Y}=\boldsymbol{W}^{\mathrm{T}}\boldsymbol{X})$ 具有最大的非高斯性。这里，非高斯性用式(2-55)给出的负熵 $N_g(\boldsymbol{W}^{\mathrm{T}}\boldsymbol{X})$ 的近似值来度量，$\boldsymbol{W}^{\mathrm{T}}\boldsymbol{X}$ 的方差约束为 1，对于白化数据而言，这等于约束 $\boldsymbol{W}$ 的范数为 1。

FastICA 算法的推导如下：

首先，$\boldsymbol{W}^{\mathrm{T}}\boldsymbol{X}$ 的负熵的最大近似值能通过对 $E\{G(\boldsymbol{W}^{\mathrm{T}}\boldsymbol{X})\}$ 进行优化来获得。根据 Kuhn-Tucker条件，在 $E\{(\boldsymbol{W}^{\mathrm{T}}\boldsymbol{X})^2\}=\|\boldsymbol{W}\|^2=1$ 的约束下，$E\{G(\boldsymbol{W}^{\mathrm{T}}\boldsymbol{X})\}$ 的最优值能在满足下式的点上获得：

$$E\{\boldsymbol{X}g(\boldsymbol{W}^{\mathrm{T}}\boldsymbol{X})\} + \beta\boldsymbol{W} = 0 \tag{2-56}$$

这里，β 是一个恒定值，$\beta = E\{\boldsymbol{W}_0{}^{\mathrm{T}}\boldsymbol{X}g(\boldsymbol{W}_0{}^{\mathrm{T}}\boldsymbol{X})\}$，$\boldsymbol{W}_0$ 是优化后的 $\boldsymbol{W}$ 值。下面我们利用牛顿迭代法解式(2-56)。用 F 表示式(2-56)左边的函数，可得 F 的雅可比矩阵 $JF(\boldsymbol{W})$ 如下：

$$JF(\boldsymbol{W}) = E\{\boldsymbol{X}\boldsymbol{X}^{\mathrm{T}}g'(\boldsymbol{W}^{\mathrm{T}}\boldsymbol{X})\} - \beta\boldsymbol{I} \tag{2-57}$$

为了简化矩阵的求逆，可以近似为式(2-57)的第一项。由于数据被球化，$E\{\boldsymbol{X}\boldsymbol{X}^{\mathrm{T}}\}=\boldsymbol{I}$，所以 $E\{\boldsymbol{X}\boldsymbol{X}^{\mathrm{T}}g'(\boldsymbol{W}^{\mathrm{T}}\boldsymbol{X})\} \approx E\{\boldsymbol{X}\boldsymbol{X}^{\mathrm{T}}\}\cdot E\{g'(\boldsymbol{W}^{\mathrm{T}}\boldsymbol{X})\} = E\{g'(\boldsymbol{W}^{\mathrm{T}}\boldsymbol{X})\}\boldsymbol{I}$。因而，雅可比矩阵变成了对角阵，并且能比较容易地求逆。因而可以得到下面的近似牛顿迭代公式：

$$\begin{cases} \boldsymbol{W}^* = \boldsymbol{W} - [E\{\boldsymbol{X}g(\boldsymbol{W}^{\mathrm{T}}\boldsymbol{X})\} - \beta\boldsymbol{W}]/[E\{g'(\boldsymbol{W}^{\mathrm{T}}\boldsymbol{X})\} - \beta] \\ \boldsymbol{W} = \boldsymbol{W}^*/\|\boldsymbol{W}^*\| \end{cases} \tag{2-58}$$

这里，$\boldsymbol{W}^*$ 是 $\boldsymbol{W}$ 的新值，$\beta = E\{\boldsymbol{W}^{\mathrm{T}}\boldsymbol{X}g(\boldsymbol{W}^{\mathrm{T}}\boldsymbol{X})\}$，规格化能提高解的稳定性。简化后就可以得到 FastICA 算法的迭代公式：

$$\begin{cases} \boldsymbol{W}^{*} = E\{\boldsymbol{X}g(\boldsymbol{W}^{\mathrm{T}}\boldsymbol{X})\} - E\{g'(\boldsymbol{W}^{\mathrm{T}}\boldsymbol{X})\}\boldsymbol{W} \\ \boldsymbol{W} = \boldsymbol{W}^{*}/\|\boldsymbol{W}^{*}\| \end{cases} \tag{2-59}$$

实践中,FastICA算法中用的期望必须用它们的估计值代替。当然最好的估计是相应的样本平均。理想情况下,所有的有效数据都应该参与计算,但这会降低计算速度。所以,通常用一部分样本的平均值来估计,样本数目的多少对最后估计的精确度有很大影响。迭代中的样本点应该分别选取,假如收敛不理想,可以增加样本的数量。

一元FastICA算法的基本步骤如下:

(1)对观测数据$\boldsymbol{X}$进行中心化,使它的均值为0。

(2)对数据进行白化,$\boldsymbol{X} \to \boldsymbol{Z}$。

(3)选择一个初始权矢量(随机的)$\boldsymbol{W}$。

(4)令$\boldsymbol{W}^{*} = E\{\boldsymbol{Z}g(\boldsymbol{W}^{\mathrm{T}}\boldsymbol{Z})\} - E\{g'(\boldsymbol{W}^{\mathrm{T}}\boldsymbol{Z})\}\boldsymbol{W}$,非线性函数$g$的选取参照非线性函数的选取。

(5)令$\boldsymbol{W} = \boldsymbol{W}^{*}/\|\boldsymbol{W}^{*}\|$。

(6)假如不收敛,返回第(4)步。

收敛意味着$\boldsymbol{W}$的新值和老值指向同一方向,即它们的点积为1。没有必要使向量收敛到一点,因为$\boldsymbol{W}$和$-\boldsymbol{W}$指的是同一方向。

如果要估计多个分量,可以按如下步骤计算:

(1)对观测数据$\boldsymbol{X}$进行中心化,使它的均值为0。

(2)对数据进行白化,$\boldsymbol{X} \to \boldsymbol{Z}$。

(3)选择需要估计的分量的个数m,设迭代次数$p \leftarrow 1$。

(4)选择一个初始权矢量(随机的)$\boldsymbol{W}_p$。

(5)令$\boldsymbol{W}_p = E\{\boldsymbol{Z}g(\boldsymbol{W}_p^{\mathrm{T}}\boldsymbol{Z})\} - E\{g'(\boldsymbol{W}_p^{\mathrm{T}}\boldsymbol{Z})\}\boldsymbol{W}$。

(6)$\boldsymbol{W}_p = \boldsymbol{W}_p - \sum_{j=1}^{p-1}(\boldsymbol{W}_p^{\mathrm{T}}\boldsymbol{W}_j)\boldsymbol{W}_j$。

(7)令$\boldsymbol{W}_p = \boldsymbol{W}_p/\|\boldsymbol{W}_p\|$。

(8)假如$\boldsymbol{W}_p$不收敛,返回第(5)步。

(9)令$p = p + 1$,如果$p \leqslant m$,返回第(4)步。

FastICA算法和其他的盲源分离算法相比,有以下特性:

(1)收敛速度快。

(2)和梯度算法不同,无须选步长参数,易于使用。

(3)能利用任何的非线性函数g直接找出任何非高斯分布的独立分量。而对于其他的算法来说,概率密度函数的估计不得不首先进行,因而必须选择非线性。

(4)它的性能能够通过选择适当的非线性函数g来最佳化。

(5)独立分量可被逐个估计出来,类似于做投影追踪,这在仅需要估计几个(不是全部)独立分量的情况下,能减小计算量。

(6)FastICA算法有许多神经算法的优点:它是并行的、分布式的且计算简单,内存要求很少。

2.6.3　基于非高斯性极大化的盲源分离算法

非高斯性在盲源分离模型的估计中扮演着极为重要的角色,根据中心极限定理,多个独立分量和的分布趋向于高斯分布,如使输出非高斯性越强,其分布便离高斯分布越远,则极大化非高斯性可获得独立分量。

2.6.3.1　中心极限定理

令 $\boldsymbol{x}_k = \sum_{i=1}^{k} z_i$ 为某独立同分布随机变量 $\{z_i\}$ 的部分和序列。由于当 $k \to \infty$ 时,$\boldsymbol{x}_k$ 可能无限地增长,因此考虑标准化后的变量:

$$\boldsymbol{y}_k = \frac{\boldsymbol{x}_k - \boldsymbol{m}_{x_k}}{\boldsymbol{\sigma}_{x_k}} \tag{2-60}$$

式中,$\boldsymbol{m}_{x_k}$ 和 $\boldsymbol{\sigma}_{x_k}$ 是 $\boldsymbol{x}_k$ 的均值和方差。

当 $k \to \infty$ 时,$\boldsymbol{y}_k$ 的分布收敛于某个具有零均值和单位方差的高斯分布。这就是中心极限定理。

在独立成分分析和盲信号分离理论中,中心极限定理有很多重要的推论。混合数据矢量 $\boldsymbol{x}$ 的一个典型形式是

$$\boldsymbol{x}_i = \sum_{i=1}^{m} \boldsymbol{a}_{ij} \boldsymbol{s}_j \tag{2-61}$$

式中,$\boldsymbol{a}_{ij}(j = 1,2,\cdots,m)$ 是 m 个未知的源信号。即使源信号的数目很少,混合数据矢量 $\boldsymbol{x}_k$ 的分布也通常非常接近于高斯分布。因此,在独立成分分析中,对于采集到的混叠观测数据中,离高斯分布最远的信号一定是最接近于源信号的独立成分。

2.6.3.2　极大化非高斯性原理

根据中心极限定理的重要推论,在一定条件下,彼此相互统计独立的随机向量和的分布趋向于正态(高斯)分布。换句话说,两个相互统计独立的随机向量的和比其中任何一个参与求和的随机向量更加接近高斯分布。考虑标准的盲源分离数学模型,独立成分的估计可以通过对混合向量进行准确的线性变换来实现,我们可以下式来进行逆运算:

$$\boldsymbol{s} = \boldsymbol{A}^{-1}\boldsymbol{x} \tag{2-62}$$

这样,为了估计一个独立成分,我们考虑 $\boldsymbol{x}_i(i = 1,2,\cdots,N)$ 的线性变换:

$$\boldsymbol{y} = \boldsymbol{w}^{\mathrm{T}}\boldsymbol{x} = \sum_{i=1}^{N} \boldsymbol{w}_i \boldsymbol{x}_i \tag{2-63}$$

式中,$\boldsymbol{w}$ 是要估计的分离矩阵。同时可知 $\boldsymbol{y} = \boldsymbol{w}^{\mathrm{T}}\boldsymbol{A}\boldsymbol{s}$,说明 $\boldsymbol{y}$ 是 $\boldsymbol{s}_i$ 的某个线性变换。令 $\boldsymbol{q}^{\mathrm{T}} = \boldsymbol{w}^{\mathrm{T}}\boldsymbol{A}$,则式(2-63)可以表示为

$$\boldsymbol{y} = \boldsymbol{w}^{\mathrm{T}}\boldsymbol{x} = \boldsymbol{w}^{\mathrm{T}}\boldsymbol{A}\boldsymbol{s} = \boldsymbol{q}^{\mathrm{T}}\boldsymbol{s} = \sum_{i=1}^{N} \boldsymbol{q}_i \boldsymbol{s}_i \tag{2-64}$$

由式(2-64)我们可以看出,如果 $\boldsymbol{w}^{\mathrm{T}}$ 是混合矩阵 $\boldsymbol{A}$ 的逆的其中一行时,则线性变换 $\boldsymbol{w}^{\mathrm{T}}\boldsymbol{x}$ 刚好就是我们想要的一个独立成分。

我们可以通过改变系数向量 $\boldsymbol{q}$ 来使得 $\boldsymbol{y} = \boldsymbol{q}^{\mathrm{T}}\boldsymbol{s}$ 的分布情况相应产生变化。由中心极限定理,两个独立随机向量的和比其中任何一个随机向量的高斯性要强,因此可知 $\boldsymbol{y} =$

$\boldsymbol{q}^{\mathrm{T}}\boldsymbol{s}$ 要比任何一个独立成分 $\boldsymbol{s}_i$ 更加接近于高斯分布，只有该随机向量恰好是其中一个独立成分时，$\boldsymbol{y}$ 离高斯分布最远，非高斯性最强。此时，很显然，向量 $\boldsymbol{q}$ 中仅有一个元素非零。这样，由于 $\boldsymbol{q}^{\mathrm{T}}\boldsymbol{s} = \boldsymbol{w}^{\mathrm{T}}\boldsymbol{x}$，我们可以通过寻找最优分离矩阵 $\boldsymbol{w}$ 使得 $\boldsymbol{w}^{\mathrm{T}}\boldsymbol{x}$ 的非高斯性极大化，则 $\boldsymbol{y}$ 就是一个独立成分，即极大化 $\boldsymbol{w}^{\mathrm{T}}\boldsymbol{x}$ 的非高斯性便可得到混合向量中的一个最接近于源信号的独立成分。

2.6.3.3 非高斯性的度量

为了在盲源分离算法中使用非高斯性原理，我们必须对一个随机向量的非高斯性定义一个量化的指标。非高斯性的程度在实际计算中通常采用四阶累积量即峭度来度量。

$$kurt(\boldsymbol{X}) = E\{\boldsymbol{X}^4\} - 3\,(E\{\boldsymbol{X}^2\})^2 \tag{2-65}$$

对于零均值单位方差的随机向量，式(2-65)变为

$$kurt(\boldsymbol{X}) = E\{\boldsymbol{X}^4\} - 3 \tag{2-66}$$

式(2-66)中，当随机向量为高斯分布时，峭度值为零，而超高斯分布的峭度值大于零，亚高斯分布的峭度值小于零，并且随机向量的非高斯性越强，峭度的绝对值越大。

2.6.4 基于信息极大化的 Informax 算法

1988 年 Linsker 提出了 Informax 原则，即信息极大原则。可描述为：网络的输入端和输出端的互信息达到最大时，等价于输出端各分量间的冗余信息得到去除。

1994 年 Nadal 和 Parga 等进一步说明：对于一个输出端具有非线性环节的神经网络，当经过该网络的信息传输达到最大时，输出端各分量之间的互信息便达到最小。算法的思路：对每个观测向量 $\boldsymbol{X}(t)$ 先通过线性变换求一个中间向量 $\boldsymbol{Y}(t) = \boldsymbol{WX}$。然后通过非线性变换 $\boldsymbol{Z}_i = g_i(\boldsymbol{Y}_i)$ 求得输出向量 $\boldsymbol{Z}(t)$。根据互信息的性质可知，分量到分量的非线性映射 $g_i(\boldsymbol{Y}_i)$ 对互信息不产生任何影响，$I(\boldsymbol{Z})$ 的最小化也意味着 $I(\boldsymbol{Y})$ 的最小化。于是针对 $\boldsymbol{Z}(t)$ 建立一个目标函数，这里我们选择 $\boldsymbol{Z}(t)$ 的熵作为目标函数，因为熵是一个随机量无序性的度量，如果 $\boldsymbol{Z}(t)$ 的各分量统计独立性越高则相应 $\boldsymbol{Z}(t)$ 的熵越大，所以只需求得使目标函数达到最大的 $\hat{W}$ 即求得了 ICA 的解。此思路是模仿单层前向神经网络，$\boldsymbol{X}$ 和 $\boldsymbol{Z}$ 分别作为网络的输入和输出。

Informax 算法的目标函数为

$$L_H(\boldsymbol{W}) = H(\boldsymbol{Z}) = -E\{\ln p_Z(\boldsymbol{Z})\} \tag{2-67}$$

其中，$p_Z(\boldsymbol{Z})$ 是 $\boldsymbol{Z}$ 的 pdf。如用 $\boldsymbol{Z}_i'$ 表示 $\mathrm{d}g_i(\boldsymbol{Y}_i)/\mathrm{d}\boldsymbol{Y}_i = \mathrm{d}\boldsymbol{Z}_i/\mathrm{d}\boldsymbol{Y}_i$，则雅克比阵 $J(\boldsymbol{G})$ 的元素 $\boldsymbol{J}_{ij}$ 可表示为 $\boldsymbol{J}_{ij} = \boldsymbol{Z}_i', i = 1,2,\cdots,N, j = 1,2,\cdots,N$。这样，$p_Z(\boldsymbol{Z})$ 可表示为

$$p_Z(\boldsymbol{Z}) = |\det J(\boldsymbol{G})|^{-1} \cdot p_Y(\boldsymbol{Y}) \tag{2-68}$$

而 $p_Y(\boldsymbol{Y}) = |\det \boldsymbol{W}^{-1}|\, p_X(\boldsymbol{X})$，所以

$$p_Z(\boldsymbol{Z}) = \left|\det \boldsymbol{W}\prod_{i=1}^{N}\boldsymbol{Z}_i'\right|^{-1} \cdot p_X(\boldsymbol{X}) \tag{2-69}$$

将式(2-69)代入式(2-67)，得到

$$L_H(\boldsymbol{W}) = \ln|\det(\boldsymbol{W})| + \sum_{i=1}^{N} E\{\ln \boldsymbol{Z}_i'\} + (-E\{\ln p_X(\boldsymbol{X})\}) \tag{2-70}$$

因为 $\boldsymbol{Z}_i = g_i(\boldsymbol{Y}_i)$，所以

$$L_H(\boldsymbol{W}) = \ln|\det(\boldsymbol{W})| + \sum_{i=1}^{N} E\{\ln g_i'(\boldsymbol{Y}_i)\} + (-E\{\ln p_X(\boldsymbol{X})\}) \tag{2-71}$$

式(2-71)最右侧项等于 $\widetilde{H}(\boldsymbol{X})$，与 $\boldsymbol{W}$ 无关，可略去，采用随机梯度下降法对目标函数进行优化，等式两边对 $\boldsymbol{W}$ 求导：

$$\frac{\partial L_H(\boldsymbol{W})}{\partial \boldsymbol{W}} = \frac{\partial \ln|\det(\boldsymbol{W})|}{\partial \boldsymbol{W}} + \frac{\partial \sum_{i=1}^{N} E\{\ln g_i'(\boldsymbol{Y}_i)\}}{\partial \boldsymbol{W}} \tag{2-72}$$

对于式(2-72)右侧第一项有：

$$\frac{\partial \ln|\det(\boldsymbol{W})|}{\partial \boldsymbol{W}} = (\boldsymbol{W}^{\mathrm{T}})^{-1} = \boldsymbol{W}^{-\mathrm{T}} \tag{2-73}$$

此外，

$$\frac{\partial \sum_{i=1}^{N} \ln g_i'(\boldsymbol{Y}_i)}{\partial \boldsymbol{W}} = -\varphi(\boldsymbol{Y})\boldsymbol{X}^{\mathrm{T}} \tag{2-74}$$

其中 $\varphi(\boldsymbol{Y})$ 称为评价函数(Score Function)，并有：

$$\varphi(\boldsymbol{Y}) = \left[-\frac{g_1''(\boldsymbol{Y}_1)}{g_1'(\boldsymbol{Y}_1)}, -\frac{g_2''(\boldsymbol{Y}_2)}{g_2'(\boldsymbol{Y}_2)}, \cdots, -\frac{g_N''(\boldsymbol{Y}_N)}{g_N'(\boldsymbol{Y}_N)}\right]^{\mathrm{T}} \tag{2-75}$$

重写式(2-72)，并将该式右边第三项中求数学期望运算用瞬时值代替得：

$$\frac{\partial L_H(\boldsymbol{W})}{\partial \boldsymbol{W}} = \boldsymbol{W}^{-\mathrm{T}} - \varphi(\boldsymbol{Y})\boldsymbol{X}^{\mathrm{T}} \tag{2-76}$$

因此：

$$\Delta\boldsymbol{W} = \eta(\boldsymbol{W}^{-\mathrm{T}} - \varphi(\boldsymbol{Y})\boldsymbol{X}^{\mathrm{T}}) \tag{2-77}$$

在此迭代公式中，需要对 $\boldsymbol{W}$ 求逆，这在很大程度上影响了算法的收敛速度。1996 年，Amari等提出了自然梯度法或者说相对梯度算法。相对梯度算法就是在随机梯度算法求得的等式右乘一个 $\boldsymbol{W}^{\mathrm{T}}\boldsymbol{W}$，即有

$$\Delta\boldsymbol{W} = \eta(\boldsymbol{W}^{-\mathrm{T}} - \varphi(\boldsymbol{Y})\boldsymbol{X}^{\mathrm{T}})\boldsymbol{W}^{\mathrm{T}}\boldsymbol{W} \tag{2-78}$$

式(2-78)中，$\boldsymbol{W}^{-\mathrm{T}}\boldsymbol{W}^{\mathrm{T}} = \boldsymbol{I}$，且因为 $\boldsymbol{Y} = \boldsymbol{W}\boldsymbol{X}$，所以 $\boldsymbol{X}^{\mathrm{T}}\boldsymbol{W}^{\mathrm{T}} = \boldsymbol{Y}^{\mathrm{T}}$。这样，式(2-78)可化简为

$$\Delta\boldsymbol{W} = \eta(\boldsymbol{I} - \varphi(\boldsymbol{Y})\boldsymbol{Y}^{\mathrm{T}})\boldsymbol{W} \tag{2-79}$$

当非线性函数选取为双曲正割函数的平方时，即 $g_i(\boldsymbol{Y}_i) = \mathrm{sech}^2(\boldsymbol{Y}_i)$，对应的评价函数 $\varphi(\boldsymbol{Y}) = 2\tanh(\boldsymbol{Y})$。得到 Informax 算法的学习规则：

$$\Delta\boldsymbol{W} = \eta(\boldsymbol{I} - 2\tanh(\boldsymbol{Y})\boldsymbol{Y}^{\mathrm{T}})\boldsymbol{W} \tag{2-80}$$

当非线性函数选取为修正的双曲正割函数的平方时，即 $g_i(\boldsymbol{Y}_i) = \frac{1}{\sqrt{2\pi}}\exp\left(-\frac{\boldsymbol{Y}_i^2}{2}\right)\mathrm{sech}^2(\boldsymbol{Y}_i)$，对应的评价函数 $\varphi(\boldsymbol{Y}) = \boldsymbol{Y} + \tanh(\boldsymbol{Y})$。得到 Informax 算法的学习规则：

$$\Delta\boldsymbol{W} = \eta(\boldsymbol{I} - \boldsymbol{Y}\boldsymbol{Y}^{\mathrm{T}} - \tanh(\boldsymbol{Y})\boldsymbol{Y}^{\mathrm{T}})\boldsymbol{W} \tag{2-81}$$

但当源信号中同时包括超高斯和亚高斯信号时，由于非线性函数与源信号的概率密度函数严重不匹配，网络无法收敛到一个稳定的值，Informax 算法将不能完成正确的分离任务。

鉴于此，Lee 等在这个基础上提出了扩展的 ICA（extended ICA）算法，使得该算法能适合于包括具有超高斯和亚高斯在内的绝大多数分布类型信源的盲源分离。其迭代公式为

$$\Delta \boldsymbol{W} = \eta(\boldsymbol{I} - sign(k_4)\varphi(\boldsymbol{Y})\boldsymbol{Y}^{\mathrm{T}})\boldsymbol{W} \tag{2-82}$$

其中，k_4 是归一化的四阶累积量，用来估计峭度的正负，对于高斯信号峭度等于 0，对于超高斯信号峭度大于 0，对于亚高斯信号峭度小于 0：

$$k_4(\boldsymbol{Y}_i) = \frac{E\{\boldsymbol{Y}_i^4\} - 3(E\{\boldsymbol{Y}_i^2\})^2}{(E\{\boldsymbol{Y}_i^2\})^2}$$

算法步骤如下：

（1）给出初始值 $\boldsymbol{W}_0 = \boldsymbol{W}$（随机的），观测向量 $\boldsymbol{X}$。

（2）对 $\boldsymbol{X}$ 进行白化处理。

（3）计算 $\boldsymbol{Y} = \boldsymbol{W}\boldsymbol{X}, \eta, \varphi(\boldsymbol{Y})$。

（4）计算 $\Delta \boldsymbol{W} = \eta(\boldsymbol{I} - \varphi(\boldsymbol{Y})\boldsymbol{Y}^{\mathrm{T}})\boldsymbol{W}$。

（5）计算 $\boldsymbol{W} = \boldsymbol{W} + \Delta \boldsymbol{W}$。

重复第（3）~（5）步直到收敛，得到 $\boldsymbol{W}$ 后，通过 $\boldsymbol{Y} = \boldsymbol{W}\boldsymbol{X}$ 得到独立。

2.6.5　基于特征矩阵联合近似对角化的 JADE 算法

特征矩阵的联合近似对角化（JADE），是为了解决高阶累积量具有相同特征值问题的一种原理和方法。如果存在相同的特征值，分离问题就变得复杂了，Cardoso 在研究四阶累积张量的代数性质基础上，最终形成了基于特征矩阵联合近似对角化的 JADE 算法。

累积张量矩阵 $Q_x(\boldsymbol{M})$ 定义如下：

$$[Q_x(\boldsymbol{M})]_{ij} = \sum_{k,l=1}^{n} cum(\boldsymbol{X}_i, \boldsymbol{X}_j, \boldsymbol{X}_k, \boldsymbol{X}_l)\boldsymbol{M}_{kl} \tag{2-83}$$

如果观测向量 $\boldsymbol{X}$ 是集中的，则有：

$$Q_x(\boldsymbol{M}) = E\{(\boldsymbol{X}^{\mathrm{T}}\boldsymbol{M}\boldsymbol{X})\boldsymbol{X}\boldsymbol{X}^{\mathrm{T}}\} - \boldsymbol{R}_x tr(\boldsymbol{M}\boldsymbol{R}_x) - \boldsymbol{R}_x\boldsymbol{M}\boldsymbol{R}_x - \boldsymbol{R}_x\boldsymbol{M}^{\mathrm{T}}\boldsymbol{R}_x \tag{2-84}$$

又 $\boldsymbol{S}$ 为源信号，$\boldsymbol{A}$ 为混合矩阵，$\boldsymbol{X} = \boldsymbol{A}\boldsymbol{S}$，则 $Q_x(\boldsymbol{M})$ 为

$$\begin{cases} Q_x(\boldsymbol{M}) = \boldsymbol{A}\Delta(\boldsymbol{M})\boldsymbol{A}^{\mathrm{T}} \\ \Delta(\boldsymbol{M}) = diag(kurt(\boldsymbol{s}_1)\boldsymbol{a}_1^{\mathrm{T}}\boldsymbol{M}\boldsymbol{a}_1, \cdots, kurt(\boldsymbol{s}_n)\boldsymbol{a}_n^{\mathrm{T}}\boldsymbol{M}\boldsymbol{a}_n) \end{cases} \tag{2-85}$$

上式中，$\boldsymbol{a}_i$ 是混合矩阵 A 的第 i 列向量，$\Delta(\boldsymbol{M})$ 中的峭度（*Kurt*）是未知的。令矩阵 $\boldsymbol{U} = \boldsymbol{W}\boldsymbol{A}$ 是正交的，可知 $\boldsymbol{U}\boldsymbol{U}^{\mathrm{T}} = \boldsymbol{I}$，得

$$\begin{cases} Q_x(\boldsymbol{M}) = \boldsymbol{U}\widetilde{\Delta}(\boldsymbol{M})\boldsymbol{U}^{\mathrm{T}} \\ \widetilde{\Delta}(\boldsymbol{M}) = diag(kurt(\boldsymbol{s}_1)\boldsymbol{u}_1^{\mathrm{T}}\boldsymbol{M}\boldsymbol{u}_1, \cdots, kurt(\boldsymbol{s}_n)\boldsymbol{u}_n^{\mathrm{T}}\boldsymbol{M}\boldsymbol{u}_n) \end{cases} \tag{2-86}$$

在一般基于累积张量的算法中，首先估计白化矩阵 $\boldsymbol{W}$ 和 $\boldsymbol{Y}$ 的一些累积张量，接着估计 $\boldsymbol{U}$ 的一个正交阵的 $\hat{\boldsymbol{U}}$，然后通过 $\boldsymbol{B} = \hat{\boldsymbol{U}}^{-1}\boldsymbol{W} = \hat{\boldsymbol{U}}^{\mathrm{T}}\boldsymbol{W}$ 而得到一个分离矩阵。使用累积张

量定义的性能函数可以这样表述：

$$J_{JADE}(\boldsymbol{Y}) = \sum_{ijkl \neq iikl} (\boldsymbol{Q}_{ijkl}^{y})^2 \tag{2-87}$$

则 JADE 算法步骤为：

(1)初始化白化矩阵 $\boldsymbol{W}$,令 $\boldsymbol{Y} = \boldsymbol{W}\boldsymbol{X}$。

(2)估计一个最大的累积张量矩阵集 $\{\boldsymbol{Q}_i\}$。

(3)找到一个正交参照矩阵 $\boldsymbol{V}$,使累积张量矩阵尽可能地对角化,即

$$\boldsymbol{V} = \operatorname{argmin}[\sum \boldsymbol{V}^H \boldsymbol{Q}_i \boldsymbol{V}]$$

(4)估计一个分离矩阵 $\boldsymbol{B} = \boldsymbol{V}^{-1}\boldsymbol{W}$。

(5)得到源信号 $\boldsymbol{S}$ 的最优估计 $\hat{\boldsymbol{S}} = \boldsymbol{V}^{\mathrm{T}}\boldsymbol{Y}$。

JADE 算法对于低维数据的分离是相当成功的,但是由于计算过于复杂,对内存的要求又很高,因此对于高维数据的分离具有一定的局限性。

本节讨论了盲源分离算法的分类情况以及四种比较成熟的经典算法:基于负熵极大化的 FastICA 算法、基于非高斯性极大化的盲源分离算法、基于信息极大化的 Informax 算法和基于特征矩阵联合近似对角化的 JADE 算法。这四种算法原理是进一步研究 盲源分离理论的基础,为设计新的分离算法提供了很好的借鉴作用。

2.7　盲源分离的求解过程与评价准则

2.7.1　盲源分离的求解过程

对盲源分离问题的分析的一般研究步骤可以归纳为如下几个方面：

(1)构造合理的数学模型。

(2)建立一个恰当的对比函数。由于相互独立的源信号混合后通过线性系统时,得到的分离信号也符合这一特性,因此基于这一特性我们可以以分离矩阵 $\boldsymbol{W}$ 为变元,构造对比函数 $J(\boldsymbol{W})$,通过求这一函数的极值条件,从而衡量输出结果之间的独立性,从而判断分离情况。$J(\boldsymbol{W})$代表了分离的一种准则,根据不同的分离准则,可以得出不同的分离算法。

目前,常见的对比函数主要有互信息最小化、似然函数最大化、求累积量等。

(3)通过优化方法对目标函数进行寻优运算,也就是通过优化算法计算目标函数 $J(\boldsymbol{W})$的极值,求得此条件下的 $\boldsymbol{W}$ 就是我们要寻找的分离矩阵。

目前,经常使用的优化算法包括随机梯度法、自然梯度法、共轭梯度法、牛顿迭代算法等。

2.7.2　盲源分离的评判标准

当使用一种算法成功进行盲源分离后,需要对分离前后的信号进行对比,以检验算法的有效性。常用的量化评价准则主要分为两类:一类是基于系统混合矩阵的;另一类是基于信号的。

2.7.2.1　基于混合矩阵的评价准则

1. 系统矩阵与单位矩阵之间的误差

在理论分析方面，我们所采用的分离算法会使求得的分离矩阵 $\boldsymbol{W}$ 向最优解 $\boldsymbol{W}_{\text{opt}}$ 收敛，在最好的情况下 $\boldsymbol{W}_{\text{opt}}\boldsymbol{A}=\boldsymbol{I}$，即 $\boldsymbol{C}=\boldsymbol{W}\boldsymbol{A}=\boldsymbol{I}$。因此，我们可以通过单位矩阵 $\boldsymbol{I}$ 和求得的系统分离矩阵 $\boldsymbol{C}$ 之间的距离来对算法分离性能进行说明，其误差定义为

$$\rho=\sum_{i=1}^{N}\left[\frac{\sum\limits_{j=1}^{N}\boldsymbol{c}_{ij}{}^{2}(k)}{\max\boldsymbol{c}_{il}{}^{2}}-1\right] \tag{2-88}$$

式中，$1\leqslant l\leqslant N$，N 为信号源个数，ρ 的大小可用于衡量算法性能的效果，ρ 越小表示其分离算法性能越好。

2. *PI* 指数

PI 指数度计算公式如下：

$$PI=\frac{1}{N(N-1)}\sum_{i=1}^{N}\left\{\left(\sum_{i=1}^{N}\frac{|\boldsymbol{c}_{ij}|}{\max_k|\boldsymbol{c}_{ik}|}-1\right)+\left(\sum_{j=1}^{N}\frac{|\boldsymbol{c}_{ij}|}{\max_k|\boldsymbol{c}_{ki}|}-1\right)\right\} \tag{2-89}$$

式中，$\max_k|\boldsymbol{c}_{ik}|$ 与 $\max_k|\boldsymbol{c}_{ki}|$ 为第 i 行和第 i 列元素绝对值中的最大值；N 为信号个数。

PI 值用来衡量系统分离矩阵与广义交换矩阵的偏离程度，其值越小表示分离效果越好。若 $PI=0$，则分离出的就是源信号。

3. 信号间干扰

$$\eta=\sum_{i=1}^{N}\left(\sum_{j=1}^{N}\frac{|\boldsymbol{c}_{ij}|}{\max_k|\boldsymbol{c}_{ik}|}-1\right)+\sum_{j=1}^{N}\left(\sum_{i=1}^{N}\frac{|\boldsymbol{c}_{ij}|}{\max_k|\boldsymbol{c}_{kj}|}-1\right) \tag{2-90}$$

2.7.2.2　基于信号的评价准则

1. 输出信噪比

信噪比的定义如下：

$$SNR_i=10\lg\left(\frac{\sum\limits_{t=1}^{N}\boldsymbol{s}_i^2(t)}{\sum\limits_{t=1}^{N}[\boldsymbol{y}_i(t)-\boldsymbol{s}_i(t)]^2}\right) \tag{2-91}$$

利用类似信号处理中的信噪比来衡量分离过程中的信号之间的干扰情况，信噪比越高，表示分离效果越好；反之，则表示分离效果越差。

2. 分离信号 $\boldsymbol{y}_i$ 的均方误差

分离信号 $\boldsymbol{y}_i$ 的均方误差定义如下：

$$MSE_i=\frac{1}{N}\sum_{i=1}^{N}[\boldsymbol{y}_i(t)-\boldsymbol{s}_i(t)]^2 \tag{2-92}$$

式中，N 表示采样点的数目。

3. 相关系数

相关系数以求得的分离信号 $\boldsymbol{y}_i(t)$ 和源信号 $\boldsymbol{s}_i(t)$ 的相关性作为评判标准。其定义如下：

$$\xi_{ij} = \xi(\boldsymbol{y}_i, \boldsymbol{s}_j) \frac{\left| \sum_{t=1}^{N} \boldsymbol{y}_i(t) \boldsymbol{s}_j(t) \right|}{\sqrt{\sum_{t=1}^{N} \boldsymbol{y}_i^2(t) \sum_{t=1}^{N} \boldsymbol{s}_j^2(t)}} \tag{2-93}$$

由式(2-93)可知,分离的过程可以用 ξ_{ij} 来表示。若 ξ_{ij} 趋近于零,表明 $\boldsymbol{y}_i(t)$ 和源信号 $s_i(t)$ 是不相关的。当 $\xi_{ij}=0$ 时,二者相互独立。若 ξ_{ij} 趋近于 1,可认为分离算法性能优秀,分离结果理想。当 $\xi_{ij}=1$ 时,认为分离信号与源信号完全相同,由于误差的存在,ξ_{ij} 不会等于 1。若 ξ_{ij} 的取值远离 1,则说明分离还在进行中。

第 3 章　语音信号的盲源分离及应用

3.1　引　言

语音是人类交换信息最方便、快捷的一种方式。然而，语音信号是一种复杂的非线性信号，如何从各种混合语音信号中，特别是从同声道语音干扰中分离出所需的语音信号是一个很难的信号处理问题。语音信号的采集与传输过程中会被各种其他噪声信号干扰，目前的语音识别与降噪增强算法仅能够识别和处理混有环境噪声的语音信号，而对于人声作为背景噪声的混叠语音信号就无能为力了。单个麦克风所拾取的音频信号，是麦克风可识别范围内的声音场在其所在位置的线性叠加，因此单个麦克风所拾取的声音信号是无法分辨出不同声源，无法分离所在位置环境噪声的，也不能只提取我们所希望的信号。然而，我们实际上只对麦克风拾取信号中的某个或某几个音源感兴趣，因此对麦克风拾取信号的分辨、处理、消噪就成为一个难题。

在语音信号处理领域，语音信号盲源分离是该领域重点研究的课题之一。比如著名的"鸡尾酒会问题"，它有来自各个方向的多个源信号以及参杂其中的源信号，又有多个接收器，即麦克风阵列，我们需要分离出一个说话者的语音信号。这就是一个典型的语音盲源分离问题，不知道源信号信息，混合的麦克风阵列系统也未知，但是要从混合的观测语音信号中估计出源信号，提取其中一路人们感兴趣的语音源信号。

语音信号的盲源分离指的是在语音源信号的信息未知，同时不知道混合系统的情况下，只能依据观测到的语音信号来估计源信号的过程。主要用于现代的通信领域。随着人类进入信息社会的步伐加快，越来越多的领域需要语音信号盲源分离。语音信号盲源分离研究主要在时域和频域上展开。时域内只能解决瞬时混合模型的语音信号，而有混响问题的卷积语音信号盲分离在频域内解决就容易很多。

盲源分离算法不受话音信号基音和谐波等声音特征的影响，在没有目标语音信号的先验信息条件下，通过利用麦克风阵列来模仿人类的耳朵，将采集到的混叠话音信号进行分离，从而提取出我们感兴趣的目标语音。尤其在数字移动通信高速发展的今天，如何从比较嘈杂的话音环境中分离出我们感兴趣的话音信号、提高输入信号的可懂度将具有广阔的应用前景。研究语音盲源分离技术有很重要的现实意义，可以将其应用于语音识别、助听器、多媒体办公，以及高质量的语音通信等重要的领域。

3.2　语音学基础

通过语音传递信息是人类最重要、最有效、最常用和最方便的交换信息的形式。语言是人类特有的功能，声音是人类常用的工具，是相互传递信息的最主要的手段。因此，语音信号是人们构成思想沟通和感情交流的最主要的途径。并且,由于语言和语音与人的智力活动密切相关,与社会文化和进步紧密相连,所以它具有最大的信息容量和最高的智能水平。

人们讲话时发出的话语叫语音,它是一种声音,具有称为声学特征的物理特性。然而,它又是一种特殊的声音,是人们进行信息交流的声音,是组成语言的声音。因此,语音是声音和语言的组合体。可以这样定义语音,语音是由一连串的音组成语言的声音。所以,对语音的研究包括两个方面,一方面是语音中各个音的排列由一些规则所控制,对这些规则及其含义的研究称为语言学;另一方面是对话音中各个音的物理特征和分类的研究,称为语音学。

语音和语言是研究人类话语的一门科学。所以,研究语音和语言之前首先要了解人说话的过程。

人类之间语音交流过程如图 3-1 所示,可以分为以下 5 个阶段。

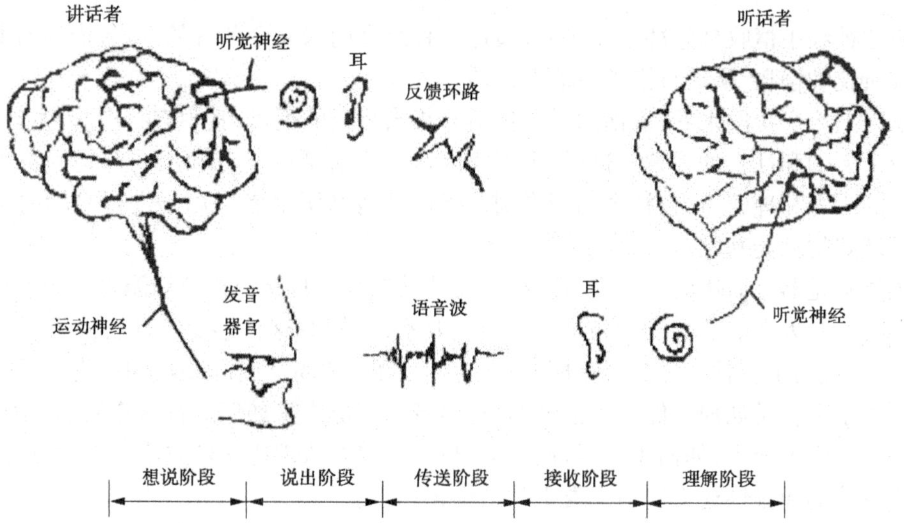

图 3-1　人类之间语音交流过程

3.2.1　想说阶段

人的说话首先是客观现实在大脑中的反映,经大脑的决策产生了说话的动机;接着讲话神经中枢选择恰当的单词、短语以及按语法规则组合,以表达他想说的内容和情感。这个阶段与大脑中枢的活动有关。

3.2.2　说出阶段

由想说阶段大脑中枢的决策,以脉冲形式向发音器官发出指令,使舌、唇、颚、声带、肺等部分的肌肉协调地动作,发出声音来。当然,与此同时,大脑也发出其他一些指令给其他有关器官,使之产生各种动作来配合言语的效果,如面部表情、手势、身体姿态等。另外,还开动了另一个"反馈"系统,来帮助修改语音。因此,人不但发出语音,而且其听觉系统也在听自己的话语。但是,在这个阶段中,主要是与发音器官的活动有关。

3.2.3 传送阶段

说出来的话语是一连串声波,凭借空气为媒介传送到听者的耳朵里。当然,有时遇到某种阻碍或其他声响的干扰,使声音产生损耗或失真。这一阶段,主要是传送信息的物理过程起作用。

3.2.4 接收阶段

从外耳收集到的声波信息,经过中耳的放大作用,到达内耳。经过内耳基底膜的振动,激发柯蒂氏器官内的神经元使之产生脉冲,将信息以脉冲形式传送给大脑。这个阶段中,主要是与听觉系统的活动有关。

3.2.5 理解阶段

听觉神经中枢收到脉冲信息之后,通过一种至今尚未完全了解的方式,辨认出说话的人及其所说的信息,从而听懂了讲话者的话。

从以上 5 个阶段来看,说话的过程包括着相当复杂的因素,其中有心理的、生理的、物理的及个人的和社会的因素。这里,个人的因素是指讲话的口音和用词造句的特色以及听话者的听力和理解能力;社会的因素则是指讲话者和听话者对用于进行交际的手段有共同的理解的社会基础。

人类听觉器官对声波的音高、音强、声波的动态频谱具有分析感知能力。音色、音高、响度和时长是人类能够感受到的语音的四大要素,人们对这种感受特性已经有了比较深入的认识,提出了各种各样的听觉模型,并应用于语音识别与语音编码中,获得了一定的效果。但是大脑是如何存储语言信息的,对语音的相似度是如何进行估算的,如何利用区别特征进行模式分类,如何识别语音、理解语意,目前的认识还比较肤浅。因此,目前的语音识别系统的稳健性还无法与人类听觉系统相比拟。

人的听觉系统是一个十分巧妙的音频信号处理器。听觉系统对声音信号的处理能力来自于它巧妙的生理结构。人耳的听觉系统结构如图 3-2 所示。人耳由内耳、中耳和外耳 3 部分组成。外耳道长约 2.7 cm,直径约 0.7 cm(均指成年人)。外耳道封闭时最低共振频率约为 3 060 Hz,处于语音的频率范围内。外耳道的共振效应,会使声音得到 10 dB 左右的放大。鼓膜在声压的作用下会产生位移,日常谈话中,鼓膜位移约为 10^{-8} cm。一般认为,外耳在对声音的感知中起着声源定位和声音放大的作用。中耳包括由锤骨、砧骨和镫骨这 3 块听小骨构成的听骨链,以及咽鼓管等组成。其中,锤骨与鼓膜相接触,镫骨则与内耳的前庭窗相接触。中耳的作用是进行声阻抗的变换,即将中耳两端的声阻抗匹配起来。同时,在一定声强范围内,听小骨对声音进行线性传递,而在特强声时,听小骨进行非线性传递,这样对内耳起着保护的作用。

人的听觉系统有两个重要特性:一个是耳蜗对于声信号的时频分析特性;另一个是人耳听觉掩蔽效应。耳蜗的时频分析特性,是指当声音经外耳传入中耳时,镫骨的运动引起耳蜗内流体压强的变化,从而引起行波沿基底膜的传播。不同频率的声音产生不同的行

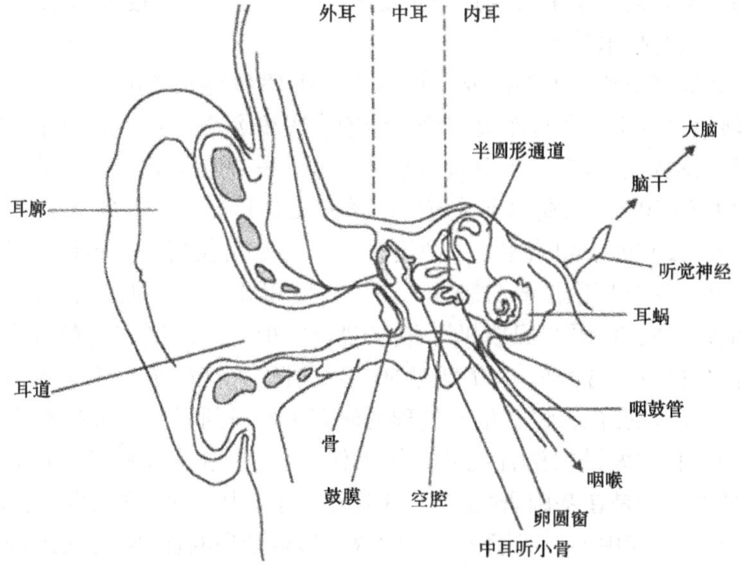

图 3-2　人耳的听觉系统结构

波，其峰值出现在基底膜的不同位置上。频率较低时，基底膜振动的幅度峰值出现在基底膜的顶部附近；频率较高时，基底膜振动的幅度峰值出现在基底膜的基部附近。如果信号是一个多频率信号，则产生的行波将沿着基底膜在不同的位置产生最大幅度。从这个意义上讲，耳蜗就像一个频谱分析仪，将复杂的信号分解成各种频率分量。

3.3　语音信号的分析与处理

让计算机能听懂人类的语言，是人类自计算机诞生以来梦寐以求的想法。随着计算机越来越向便携化方向发展，以及计算环境的日趋复杂化，人们越来越迫切要求摆脱键盘的束缚而代之以语音输入这样便于使用的、自然的、人性化的输入方式。尤其是汉语，它的汉字输入一直是计算机应用普及的障碍，因此利用汉语语音进行人机交互是一个极其重要的研究课题。作为高科技应用领域的研究热点，语音信号处理技术从理论的研究到产品的开发已经走过了几十个春秋并且取得了长足的进步。它正在直接与办公、交通、金融、公安、商业、旅游等行业的语音咨询与管理，工业生产部门的语声控制，电信系统的自动拨号、辅助控制与查询，以及医疗卫生和福利事业的生活支援系统等各种实际应用领域相接轨，并且有望成为下一代操作系统和应用程序的用户界面。可见，语音信号处理技术的研究将是一项极具市场价值和挑战性的工作。进行这一领域的研究与开拓就是要让语音信号处理技术走入人们的日常生活当中，并不断向更高目标而努力。

语音信号的分析与处理作为一个重要的研究领域。

在我国，语音技术的研究起步比较晚，直到20世纪70年代才开始语音技术的研究，但是，在很长的一段时间内，语音技术都处在缓慢发展的阶段，到了20世纪80年代后期，随着我国计算机应用技术的逐渐普及和数字信号处理技术的不断发展，国内越来越多的单位都投入到这项研究工作中去,与此同时,国际上的跨国公司也开始踏入中国市场,这些都促进了国内语音技术的发展。

语音信号处理真正意义上的研究[2]可以追溯到1876年贝尔电话的发明,该技术首次用声电、电声转换技术实现了远距离的语音传输。1939年Homer Dudley提出并研制成功的第一个声码器,奠定了语音产生模型的基础。这一发展在语音信号处理领域具有划时代的意义。19世纪60年代,亥姆霍兹应用声学方法对元音和歌唱进行了研究,从而奠定了语言声学基础。20世纪40年代,一种语言声学的专用仪器——语谱图仪问世了。它可以把语音的时变频谱用语谱图表示出来,从而得出了“可见语言”。1948年美国Haskins实验室研制成功“语音回放机”,该仪器可以把手工绘制在薄膜片上的语谱图自动转换成语音,并进行语音合成。20世纪50年代对语言产生的声学理论开始有了系统的论述。随着计算机的普及,语音信号处理的研究工作得到了计算机技术的帮助,使得过去受人力、时间限制的大量的语音统计分析工作,得以在电子计算机上进行。在此基础上,语音信号处理不论是在基础研究方面,还是在技术应用方面,都取得了突破性的进展。

在20世纪60年代中期形成了一系列的数字信号处理的理论和算法,如数字滤波器、快速傅里叶变换(FFT)等,这些都是语音信号数字处理的理论和技术基础。随着信息科学技术的飞速发展,语音信号处理又进一步取得了重大的进展;进入70年代之后,用于输入语音信号的信息压缩和特征提取的线性预测技术(LPC)被提出,并且成为了语音信号处理最强有力的工具,在语音信号的分析、合成,以及输入语音与参考样本之间时间匹配的动态规划方法中得到了广泛的应用;在80年代初期,矢量量化(VQ)作为一种新的基于聚类分析的高效数据压缩技术应用于语音信号处理中;而80年代语音信号处理技术的重大发展则是用隐马尔可夫模型(HMM)描述语音信号过程的产生,且目前HMM已构成了现代语音识别研究的重要基石。进入20世纪90年代以后,语音信号的采集和分析在实用化方面取得了很多实质性的研究进展,如鲁棒的语音识别及人工神经网络(ANN)等的研究都取得了快速的发展,语音信号处理的各项课题对于促进其发展十分重要,同时,人工神经网络等许多的研究成果也体现在有关语音信号处理的各项技术之中。

现在,语音信号处理技术作为计算机智能接口和人机交互的重要手段之一,在整个信息社会中应用很多,促进了信息社会的发展。语音技术包括了语音识别、说话者的确定及鉴别、语种的确定以及鉴别、关键词的检测以及确定、语音合成、语音编码等,其中语音识别技术最具有挑战性和应用前景。随着信息技术的不断发展,语音信号处理技术正在发挥着越来越重要的作用,在基于语音识别的信息检索、IP电话技术、广播新闻自动文摘技术、语音训练与校正技术、语种识别等新的方向都有了研究和应用。同时,在安全加密、银行信息电话查询服务、各种场合的自动报时等方面都得到了很好的应用。

3.3.1 语音信号的时域分析

语音信号是一种非平稳的时变信号,它携带着各种信息。在语音编码、语音合成、语音识别和语音增强等语音处理中都需要提取语音中包含的各种信息。语音信号分析的目的就是方便有效地提取并表示语音信号所携带的信息。根据所分析的参数模型,语音信号分析可以分成时域分析和变换域(频域、倒谱域)分析。其中,时域分析方法是最简单、最直观的方法,它直接对语音信号的时域波形进行分析,提取的特征参数主要有语音的短时能量和平均幅度、短时平均过零率、短时自相关函数和短时幅度差函数等。

3.3.1.1　短时能量函数

语音信号具有短时平稳性,因此可以把语音信号分为一些短段(分帧)处理。语音信号的分帧是采用可移动的有效长度窗口进行加权的方法来实现的。常用的窗有两种,即矩形窗和汉宁窗。

由于语音信号的能量随时间而变化,清音与浊音之间的能量差别也相当显著。因而,分析短时能量函数,能够很好地描述语音信号的这种特征变化情况。

定义短时能量为

$$E_n = \sum_{m=-\infty}^{+\infty} [x(m)w(n-m)]^2 = \sum_{m=n-N+1}^{n} [x(m)w(n-m)]^2 \tag{3-1}$$

式中,N 为窗长。

当采用矩形窗时,可简化为 $E_n = \sum_{m=n-N+1}^{n} [x(m)]^2$)。

短时平均能量的主要用途有:

(1)可以作为区分清音、浊音的特征参数。实验结果表明,浊音的能量明显高于清音。通过设置一个能量门限值,可以大致判定浊音变为清音或者清音变为浊音的时刻,同时可以大致划分浊音区间和清音区间。

(2)在信噪比较高的情况下,短时能量还可以作为区分有声和无声的依据。

(3)可以作为辅助的特征参数用于语音识别中。

设计 Matlab 程序对加噪语音信号用矩形窗进行截取,得不同窗长的短时能量函数,仿真所得结果如图 3-3 所示。

设计 Matlab 程序对加噪语音信号用汉宁窗进行截取,得不同窗长的短时能量函数,仿真所得结果如图 3-4 所示。

窗函数的选择直接影响着短时能量的计算。由矩形窗和汉宁窗的时域波形及频谱可以看出,矩形窗的主瓣宽度小于汉宁窗的,具有较高的频谱分辨率,但是矩形窗的旁瓣峰值较大,因此频谱"泄露"比较严重。虽然汉宁窗的主瓣宽度较宽,约大于矩形窗的 1 倍,但是旁瓣衰减比较大,因而具有更平滑的低通特性,因而汉宁窗能够在较高的程度上反映信号的频率特性,而计算短时能量函数常采用矩形窗。

由图 3-3、图 3-4 给出的不同窗长的矩形窗和汉宁窗的短时能量函数可以发现,不同的窗函数以及相应窗的长短均对用短时能量函数反映语音信号的幅度变化有所影响。矩形窗的效果较汉宁窗略好,并且窗的长短起决定性作用。若窗长很长,则这样的窗等效为很窄的低通滤波器,平滑作用非常明显,使得短时能量几乎没有多大的变化,无法反映语音的时变特性。若窗长过小,则等效窗不能提供足够的平滑,以至于语音振幅瞬时变化的许多细节被保留了下来,从而难以看出振幅包络的变化规律所在。一般要求窗长为几个基音周期的数量级。在 11.025 kHz 左右的采样频率下,N 选 100 ~ 200 比较合适。

3.3.1.2　短时平均过零率

短时平均过零率是语音信号时域分析中的一种特征参数。它是指每帧内信号通过零

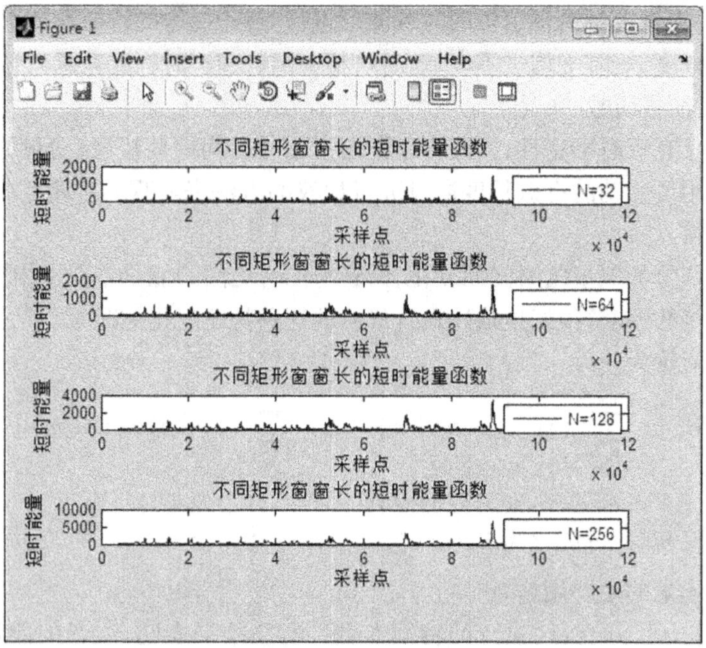

图 3-3 不同矩形窗窗长的短时能量函数

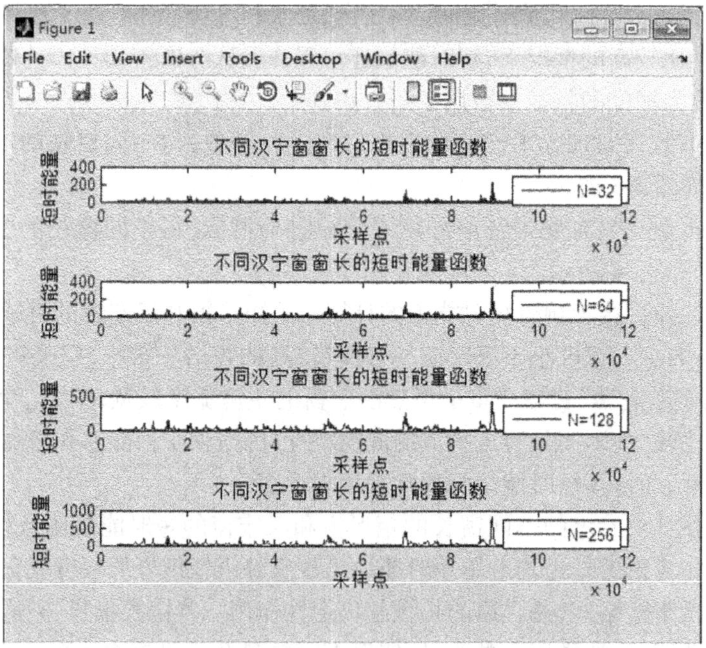

图 3-4 不同汉宁窗窗长的短时能量函数

值的次数。对有时间横轴的连续语音信号,可以观察到语音的时域波形通过横轴的情况。在离散时间语音信号情况下,如果相邻的采样具有不同的代数符号就称为发生了过零,因此可以计算过零的次数。单位时间内过零的次数就称为过零率。一段长时间内的过零率称为平均过零率。过零率在一定程度上可以反映信号的频率信息。由于语音信号是一种短时平稳信号，使用短时平均过零率可以在一定程度上反映其频谱性质，是由此可以获得谱特性的一种粗略估计。

短时平均过零率的定义为

$$Z_n = \sum_{m=-\infty}^{+\infty} \left| \operatorname{sgn}[x(m)] - \operatorname{sgn}[x(m-1)] \right| w(n-m) \tag{3-2}$$

式中，sgn[ ]为符号函数，$\operatorname{sgn}[x(n)] = \begin{cases} 1, x(n) \geq 0 \\ -1, x(n) < 0 \end{cases}$。

在矩形窗条件下，可以简化为

$$Z_n = \frac{1}{2N} \sum_{m=n-N+1}^{n} \left| \operatorname{sgn}[x(m)] - \operatorname{sgn}[x(m-1)] \right| \tag{3-3}$$

设计 Matlab 程序对加噪语音信号用矩形窗进行截取，得短时能量函数和短时平均过零率，仿真所得结果如图 3-5 所示。

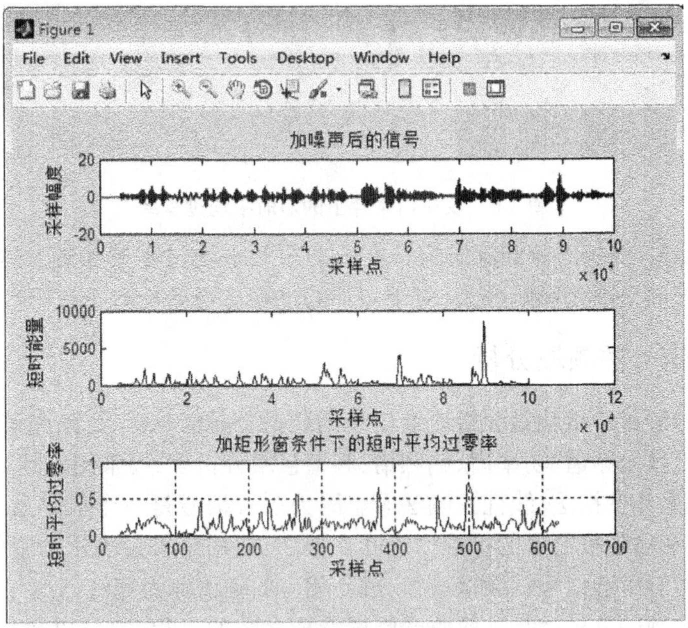

图 3-5　矩形窗条件下的短时平均过零率

设计 Matlab 程序对加噪语音信号用汉宁窗进行截取，得短时能量函数和短时平均过零率，仿真所得结果如图 3-6 所示。

短时平均过零率可以用于语音信号清音、浊音的判断。语音产生模型表明，由于声门波引起了谱的高频跌落，所以浊音语音能量约集中在 3 kHz 以下。但由于清音语音多数能量出现在较高的频率上，所以，如果过零率高，语音信号就是清音；如果过零率低，语音信号就是浊音。

如图 3-5、图 3-6 所示为所得语音在矩形窗和汉宁窗条件下求得的短时能量和短时平均过零率。分析可知：清音的短时能量较低，过零率高；浊音的短时能量较高，过零率低。同时可以看到，两者分布之间有相互交叠的区域，所以单纯依赖平均过零率来准确判断清音、浊音是不可能的，实际中往往采用语音的多个特征参数进行综合判决。由图 3-5、

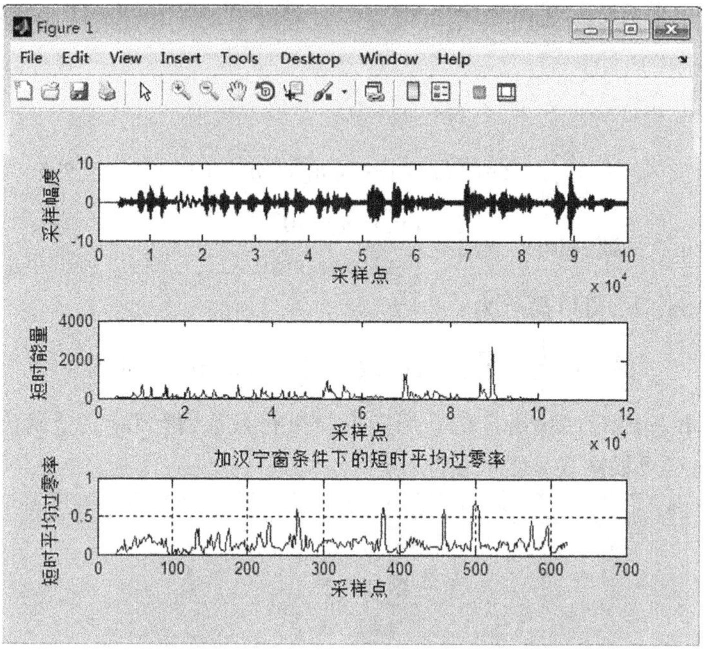

图 3-6　汉宁窗条件下的短时平均过零率

图 3-6 还可以看到,在矩形窗和汉宁窗条件下的短时平均过零率相近。这是因为加不同的窗只会对图形的平滑度影响较大,对于图形的过零与否影响不大。

3.3.2　语音信号的频域分析

语音信号的频域分析就是分析语音信号的频谱特征。从广义上讲,语音信号的频域分析包括语音信号的频谱、功率谱、倒频谱、频谱包络分析等,而常用的频域分析方法有滤波器分析法、傅里叶变换法、线性预测法等。因为语音信号是一个非平稳过程,因此适用于周期、瞬变或平稳随机信号的标准傅里叶变换,不能用来直接表示语音信号,而应该用短时傅里叶变换对语音信号的频谱进行分析,相应的频谱称为短时谱。

语音信号的倒谱分析就是求取语音倒谱特征参数的过程,它可以通过同态处理来实现。同态信号处理也称为同态滤波,它实现了将卷积关系变换为求和关系的分离处理,即解卷。对语音信号进行解卷,可将语音信号的声门激励信息及声道响应信息分离开来,从而求得声道共振特征和基因周期,用于语音编码、合成、识别等。

3.3.2.1　短时谱

傅里叶分析是分析线性系统和平稳信号稳态特性的强有力工具,它理论完善,且有快速算法,在语音信号处理领域是一个重要的工具。语音信号本质上是非平稳信号,由时域分析中的短时域分析可知,短时分帧处理的基础也是短时傅里叶分析的基础。短时傅里叶分析就是在基于短时平稳的假设下,用稳态分析方法处理非平稳信号的一种方法。

语音信号的二元激励模型中,语音被看作一个受准周期脉冲或随机噪声源激励的线性系统的输出。输出频谱是声道系统的频率响应与激励源频谱的乘积,一般标准的傅里叶变换适用于周期及平稳随机信号的表示,但不能直接用于语音信号。因为语音信号可被看作短时平稳信号，所以可采用短时傅里叶分析。

某一语音信号帧的短时傅里叶变换的定义式如下：

$$X_n(e^{jw}) = \sum_{m=-\infty}^{+\infty} x(m)w(n-m)e^{-jwm} \tag{3-4}$$

语音信号的短时频域分析可以解释为傅里叶变换或滤波器。

频谱是频率的分布曲线，复杂振荡分解为振幅不同和频率不同的谐振荡，这些谐振荡的幅值按频率排列的图形叫作频谱。声音频率与能量的关系用频谱表示即频谱图。

使用 Matlab 仿真得原始语音信号频谱，如图 3-7 所示。

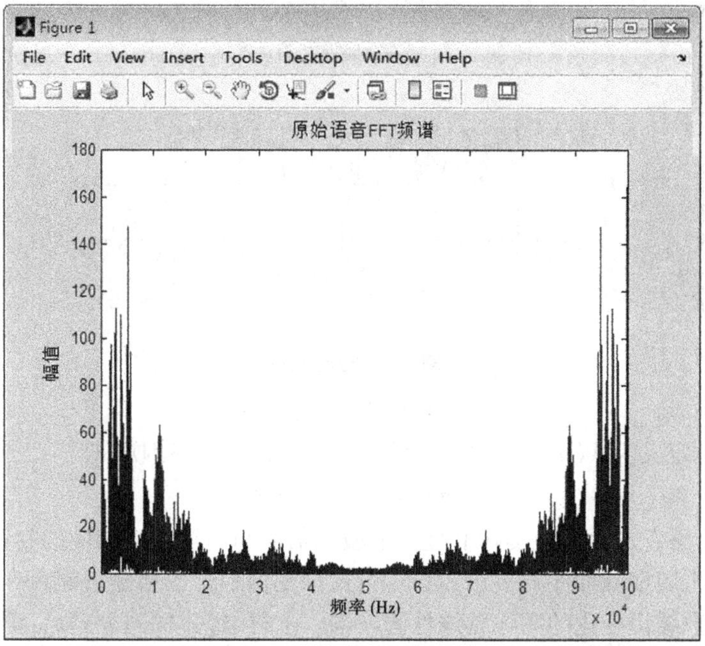

图 3-7　原始语音信号频谱

使用 Matlab 估计语音信号的短时谱，当加汉宁窗时，进行仿真所得结果如图 3-8 所示。

选择不同的窗函数和窗函数宽度的不同，对短时傅里叶谱的影响是不同的。在矩形窗和汉宁窗两种窗函数下，短时频谱图都有两种变化：由周期性激励引起的快变化，反映了基音频率的各次谐波；由声道的共振特性引起的慢变化，反映了各共振峰的频率和带宽。采用矩形窗时，基音谐波的各个峰都比较尖锐，且整个频谱图显得比较破碎（类似于噪声），这是因为矩形窗的主瓣较窄，具有较高的频率分辨率，但它也具有较高的旁瓣，因而使基音的相邻谐波之间的干扰比较严重。相邻谐波之间的这种严重“泄漏”的现象，抵消了矩形窗主瓣窄的优点，因此在语音短时频谱分析中极少采用矩形窗。

由图 3-8 可以看出，短时频谱要平滑得多，因而在语音分析中汉宁窗用得比较普遍。

3.3.2.2　倒谱和复倒谱

复倒谱 $\hat{x}(n)$ 是一个离散时域序列，其英文原文为“Complex Cepstrum”，是 $x(n)$ 的 Z 变换取对数后的逆 Z 变换，表达式为

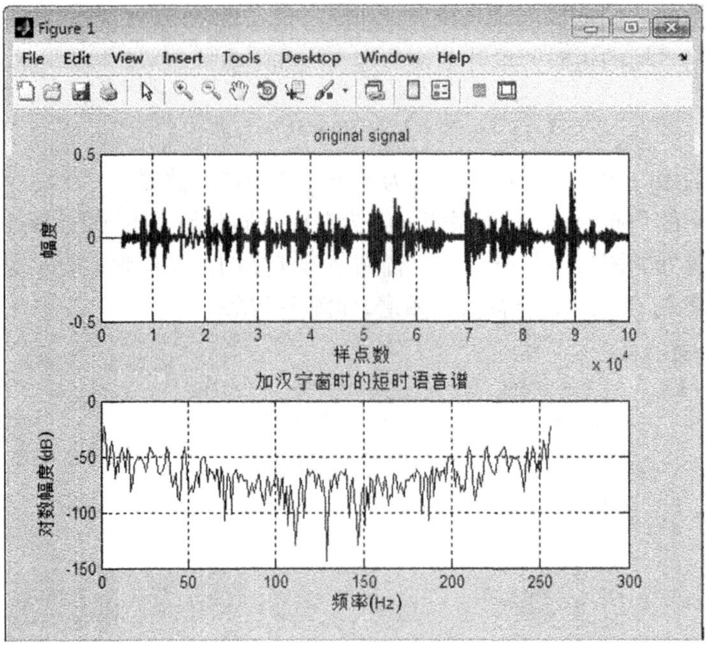

图 3-8　短时频谱

$$\hat{x} = Z^{-1}\ln Z[x(n)] \tag{3-5}$$

倒谱 $C(n)$ 定义为 $X(n)$ 取 Z 变换后的幅度对数的逆 Z 变换，即

$$C(n) = Z^{-1}\ln|X(Z)| \tag{3-6}$$

在时域上，语音产生模型实际上是一个激励信号与声道冲击响应的卷积。对于浊音，激励信号可以由周期脉冲序列表示；对于清音，激励信号可以由随机噪声序列表示。声道系统相当于参数缓慢变化的零极点线性滤波器。这样，经过同态处理后，语音信号的复倒谱、激励信号的复倒谱以及声道系统的复倒谱之间的关系式为

$$\hat{s}(n) = \hat{e}(n) + \hat{v}(n) \tag{3-7}$$

因为倒谱对应于复倒谱的偶部，所以倒谱与复倒谱具有相同的特点，故而容易知道语音信号的倒谱、激励信号的倒谱以及声道系统的倒谱之间有如下关系式：

$$C_s(n) = C_e(n) + C_v(n) \tag{3-8}$$

浊音信号的倒谱中存在着峰值，它出现的位置等于该语音段的基音周期，而清音的倒谱中不存在峰值。利用这个特点，可以判别清音和浊音，而且可以对浊音的基音周期进行估计。

使用 Matlab 估计语音信号的倒谱和复倒谱，当加矩形窗时，进行仿真所得结果如图 3-9 所示。

使用 Matlab 估计语音信号的倒谱和复倒谱，当加汉宁窗时，进行仿真所得结果如图 3-10 所示。

由如图 3-9、图 3-10 所示仿真结果可知，加矩形窗和加汉宁窗时所得的倒谱相同，复倒谱也相近，但加汉宁窗时的幅度谱较平滑。

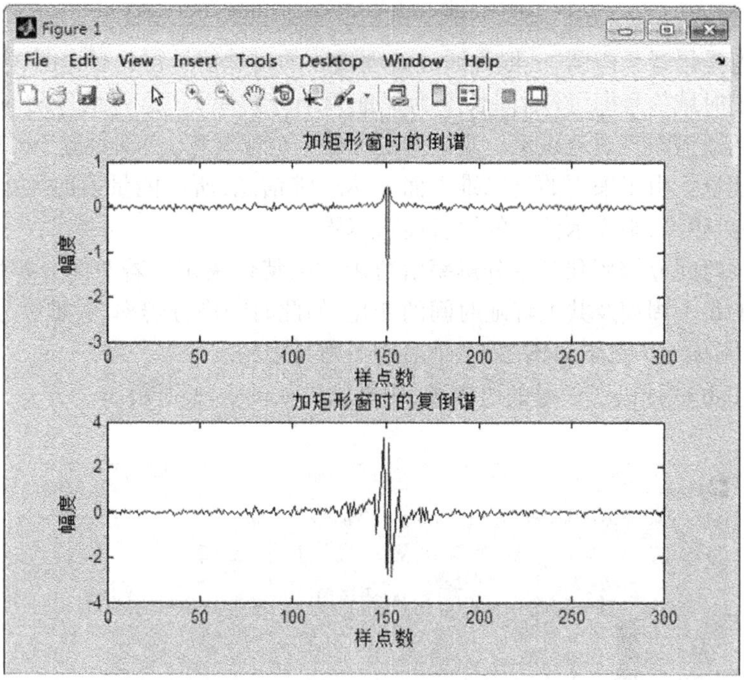

图 3-9　加矩形窗时的倒谱和复倒谱

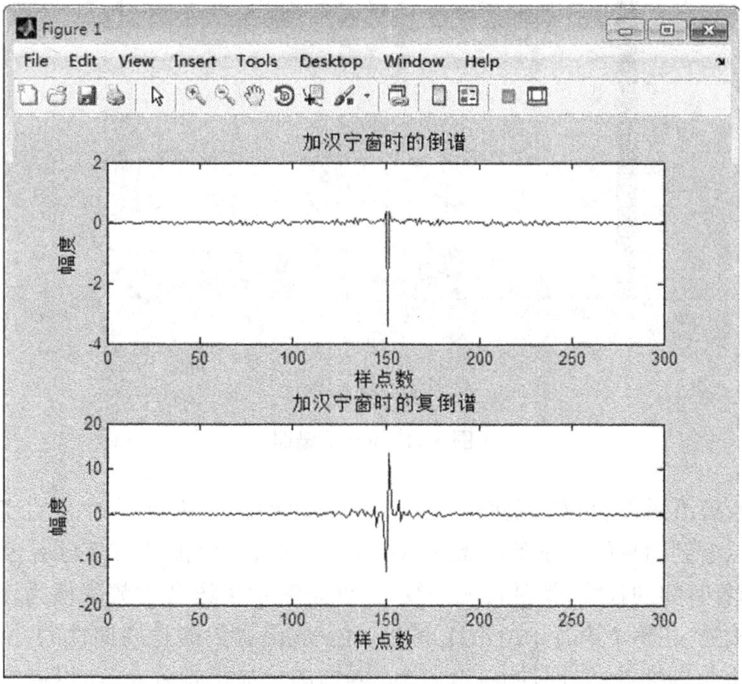

图 3-10　加汉宁窗时的倒谱和复倒谱

3.3.2.3　语谱图

语谱图就是语音频谱图,一般是通过处理接收的时域信号得到频谱图,因此只要有足够时间长度的时域信号即可(时间长度为保证频率分辨率)。语音信号随时间变化的频谱特性可以用语谱图直观地表示。语谱图的纵轴对应于频率,横轴对应于时间,坐标点值为语音数据能量。由于采用的是二维平面表达三维信息,所以能量值的大小是通过颜色来表示的,颜色越深,则表示该点的语音能量越强。

语谱图的时间分辨率和频率分辨率由窗函数的特性决定。若时间分辨率高,则可看出时间波形的每个周期及共振峰随时间的变化,但此时频率分辨率低,难以分辨由激励形成的细微结构,称之为宽带语谱图;窄带语谱图则与之相反。

使用 Matlab 估计语音信号的语谱图,仿真结果如图 3-11 所示。

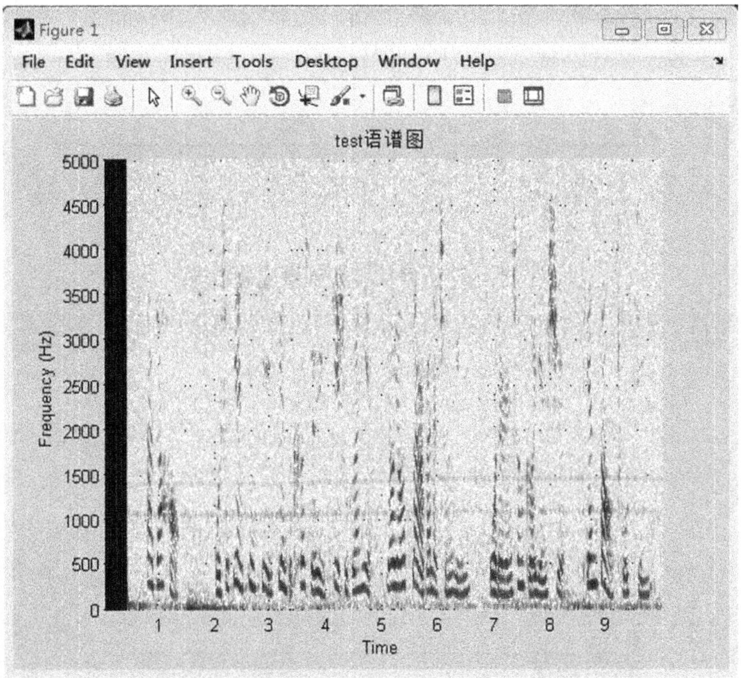

图 3-11　test 语谱图

由仿真所得语谱图,可以观察到语音不同频段的信号强度随时间的变化情况。从图 3-11 中可以看到明显的一条条的条纹,称为“声纹”,条纹的地方实际是颜色深的点聚集的地方,随着时间的延续,就延长成条纹,也就是表示了语音中频率值为该点的横坐标值的能量比较强,在整个语音中所占比重大,而一般语音数据是周期性的,所以能量强点的频率分布也是周期性的,即浊音的时间间隔内图形显得很致密,所以看到了如图 3-11 所示条纹状的语谱图。语谱图反映了语音信号的动态频率特性,在语音分析中具有重要的实用价值。

3.3.2.4　语音信号的滤波处理

滤波器,顾名思义,是指用来对输入信号进行滤波的硬件或软件,即对特定频率的频点或该频点以外的频率进行有效滤除的系统,换言之,滤波器可以用来区分不同频率的信号,实现各种信号的处理过程。

数字滤波器与模拟滤波器相对应。在数字信号处理中,如果一个离散时间系统是用来对输入信号作滤波处理,那么该系统就可以称为数字滤波器(Digital Filter)。因此,数字滤波器实际上就是离散时间系统。按照离散时间系统的单位抽样响应 $h(n)$ 的长度,数字滤波器又可以分为无限冲激响应(IIR)数字滤波器和有限冲激响应(FIR)数字滤波器,IIR 数字滤波器的单位冲激响应 $h(n)$ 为无限长,而 FIR 数字滤波器的单位抽样响应 $h(n)$ 为有限长。

数字滤波器在数字信号处理的各种应用中发挥着十分重要的作用,它是通过对采样数据信号进行数学运算处理来达到频域滤波的目的。数字滤波器的数学运算通常有两种实现方式,一种是频域方法,即利用 FFT 快速算法对输入信号进行离散 Fourier 变换,分析其频谱,然后根据希望的频率特性进行滤波,再利用 IFFT 快速算法恢复出时域信号,这种方法具有较好的频率选择性和灵活性,并且由于信号频谱与所希望的频谱特性是简单的相乘关系,它比计算等价的时域卷积要快得多。另一种方法是时域法,这种方法是对离散采样数据做差分方程数学运算来达到滤波的目的。

滤波器的种类很多,分类方法也不同。滤波器在功能上总的可以分为四类,即低通(LP)滤波器、高通(HP)滤波器、带通(BP)滤波器、带阻(BS)滤波器等,每一种又有模拟滤波器(AF)和数字滤波器(DF)两种形式。对数字滤波器,从实现方法上,由有限长冲激响应所表示的数字滤波器称为 FIR 滤波器,具有无限冲激响应的数字滤波器则称为 IIR 滤波器。

在 Matlab 中提供了 fir1 函数用于设计标准频率响应的 FIR 数字滤波器,其调用格式为:

(1)b = fir1(n,Wn):返回所设计的 n 阶低通 FIR 数字滤波器的系数向量 b(单位抽样响应序列),b 的长度为 $N+1$,Wn 为固有频率。

(2)b = fir1(n,Wn,'ftype'):通过参数 ftype 来指定滤波器的类型。

当 ftype 为 low 时,即设计一个低通 FIR 数字滤波器。

当 ftype 为 high 时,即设计一个高通 FIR 数字滤波器。

当 ftype 为 bandpass 时,即设计一个带通 FIR 数字滤波器。

当 ftype 为 bandstop 时,即设计一个带阻 FIR 数字滤波器。

在采集的个人语音信号中加入了高斯白噪声,利用 Matlab 分别设计高通、低通、带通和带阻滤波器对该带噪语音信号进行滤波处理。

使用 Matlab 对带噪语音信号进行高通滤波处理,仿真结果如图 3-12 ~ 图 3-14 所示。

使用 Matlab 对带噪语音信号进行低通滤波处理,仿真结果如图 3-15 ~ 图 3-17 所示。

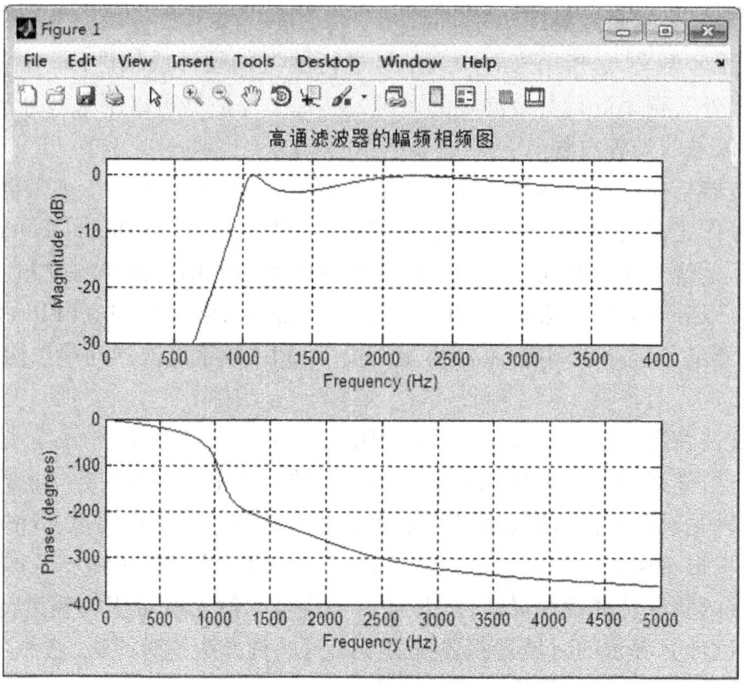

图 3-12　高通滤波器幅频响应

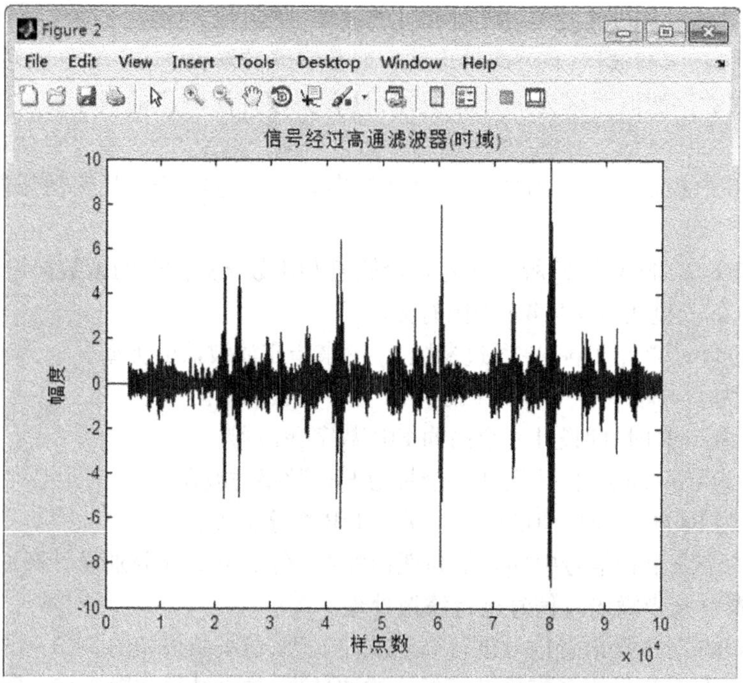

图 3-13　信号经过高通滤波(时域)

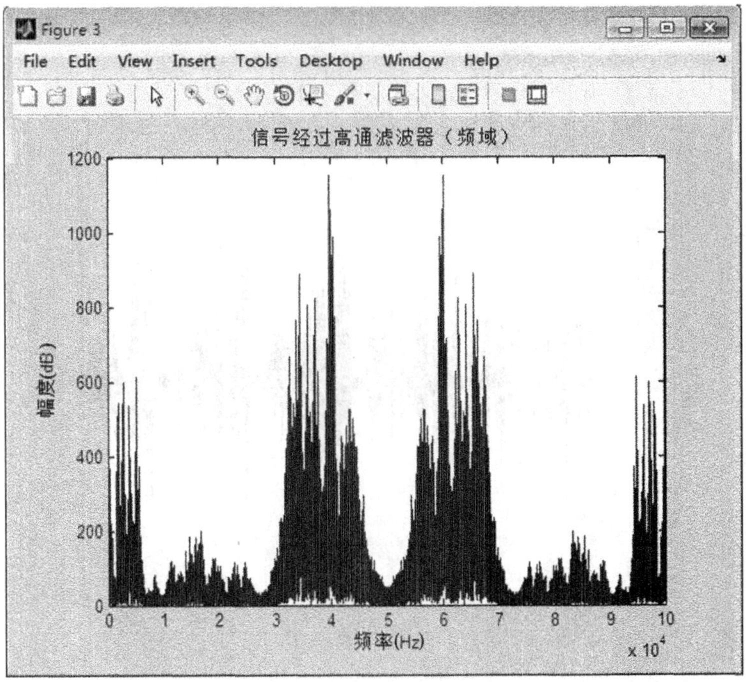

图 3-14　信号经过高通滤波器(频域)

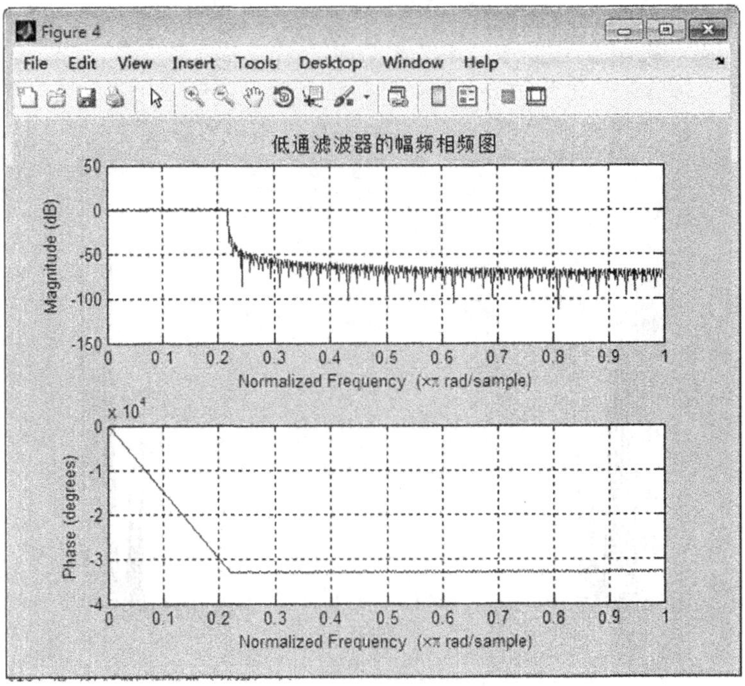

图 3-15　低通滤波器幅频响应

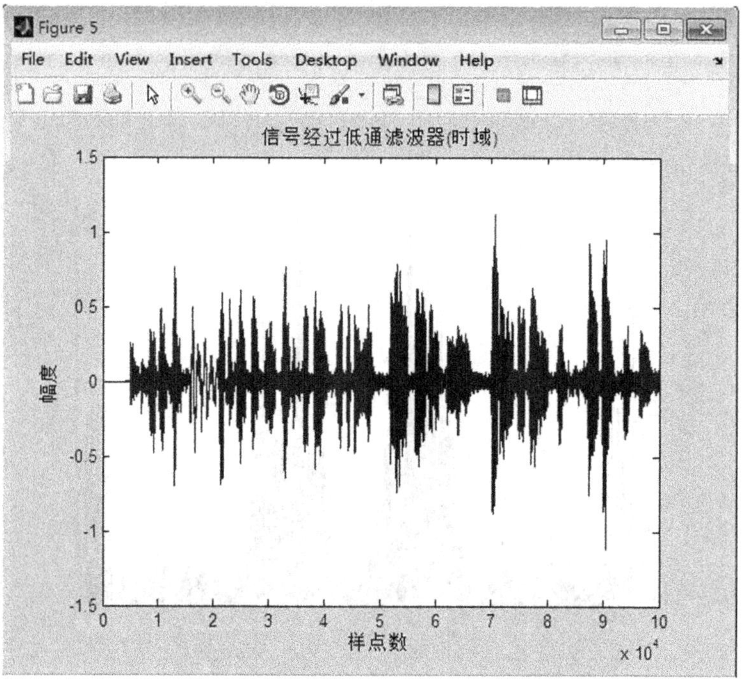

图 3-16　信号经过低通滤波器(时域)

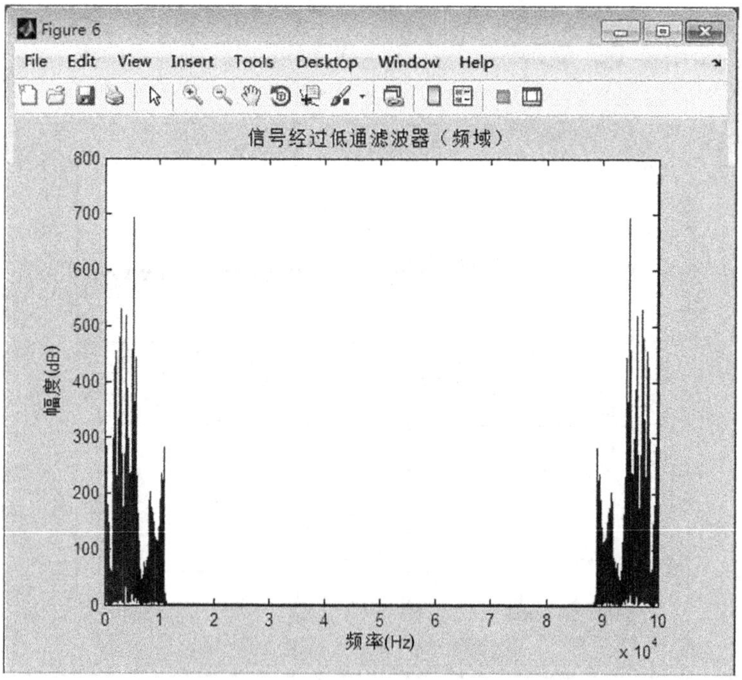

图 3-17　信号经过低通滤波器(频域)

使用 Matlab 对带噪语音信号进行带通滤波处理，仿真得到结果如图 3-18 ~ 图 3-20 所示。

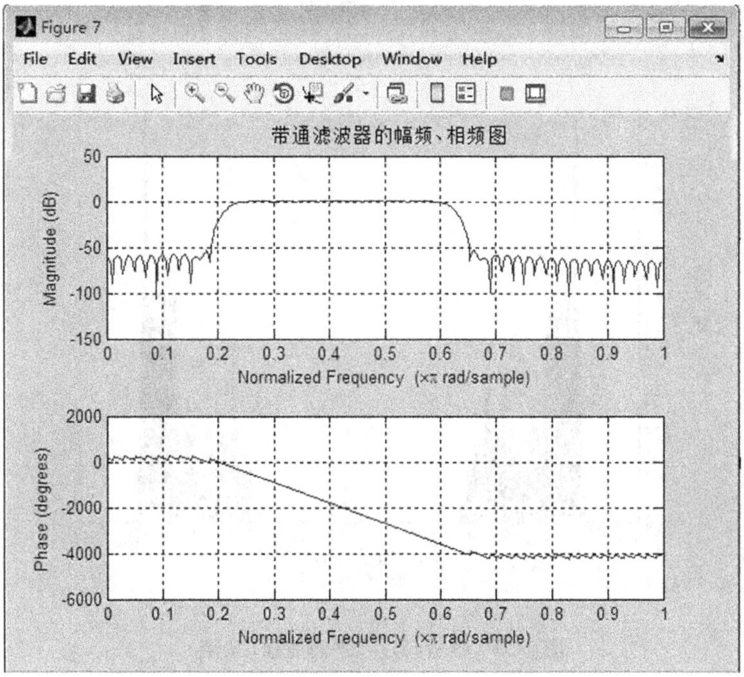

图 3-18　带通滤波器幅频响应

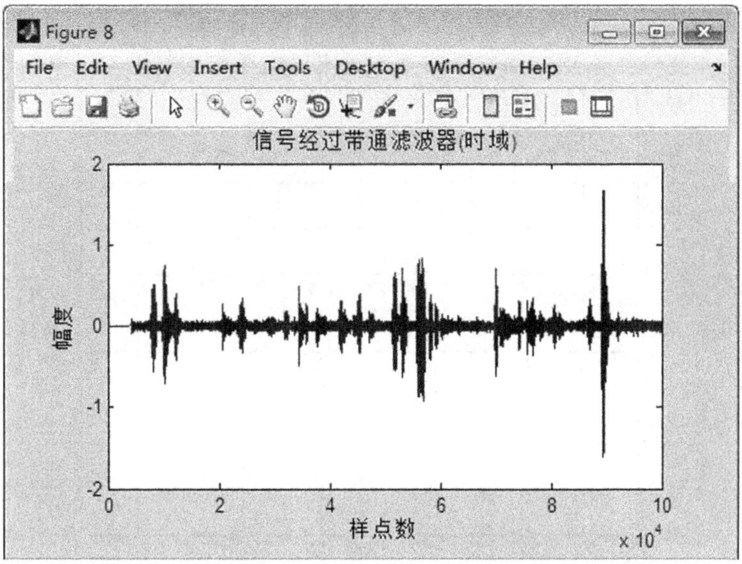

图 3-19　信号经过带通滤波器(时域)

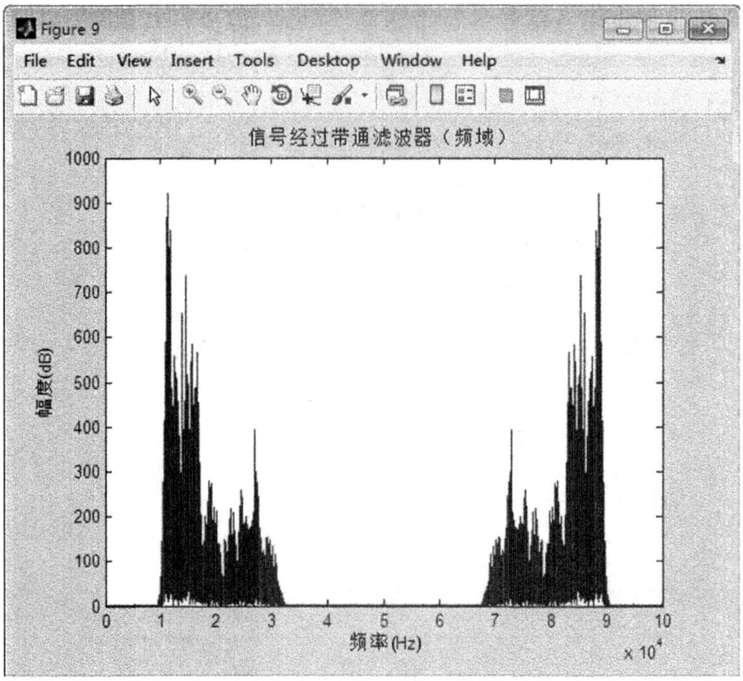

图 3-20　信号经过带通滤波器(频域)

使用 Matlab 对带噪语音信号进行带阻滤波处理,仿真结果如图 3-21 ~ 图 3-23 所示。

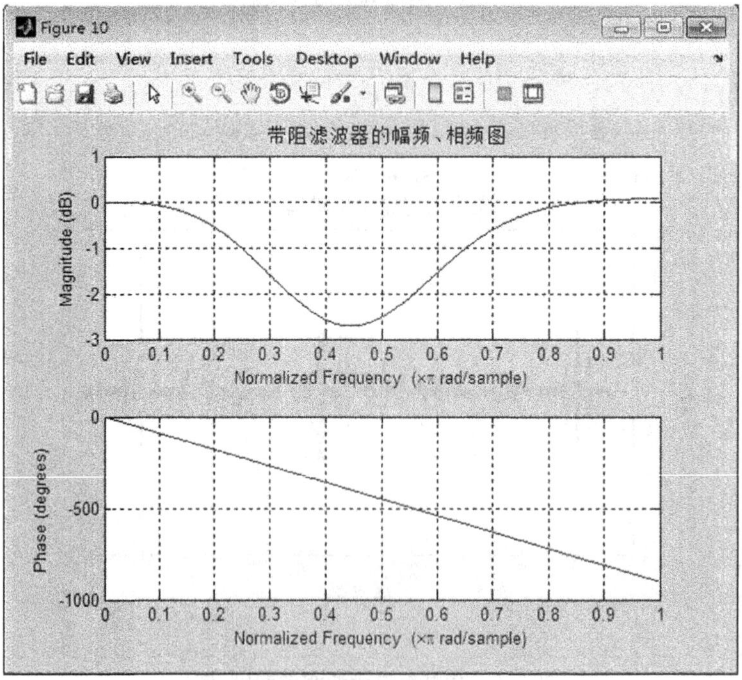

图 3-21　带阻滤波器幅频响应

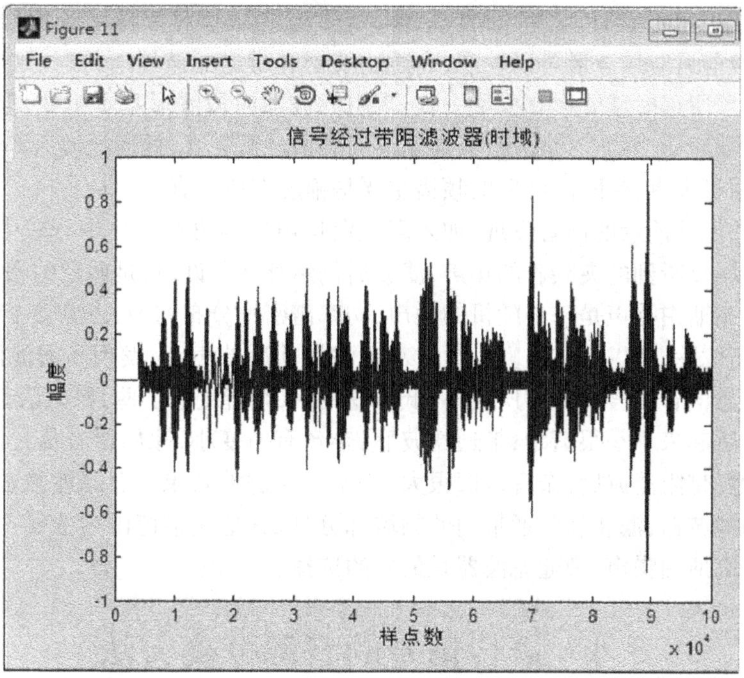

图 3-22　信号经过带阻滤波器(时域)

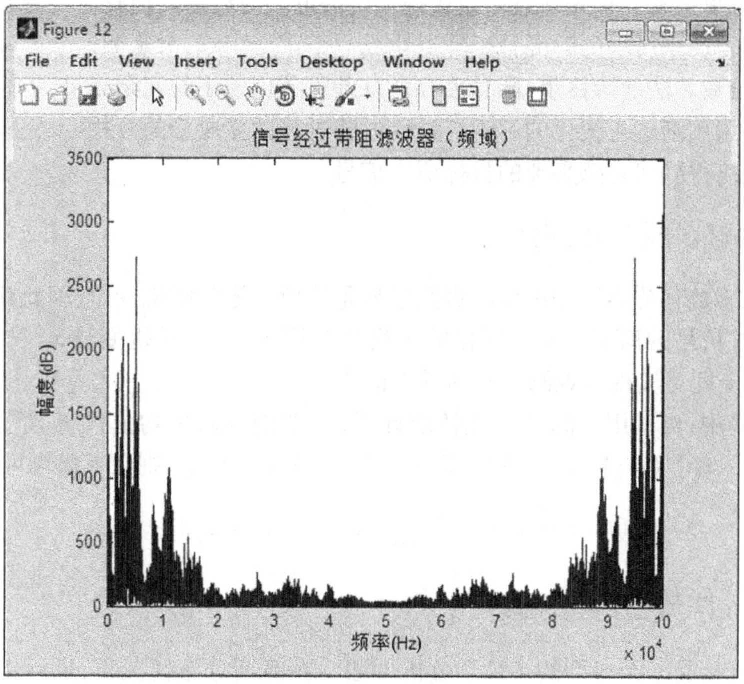

图 3-23　信号经过带阻滤波器(频域)

通过利用 Matlab 设计高通、低通、带通、带阻滤波器来对带噪语音信号进行滤波处理。对比滤波前后时域波形可以发现，高通滤波器和带通滤波器所得时域波形失真较严重，低通滤波器所得时域波形有少量失真，带阻滤波器时域波形基本不变，但幅度有所失真；对比滤波前后频谱的变化发现，高通滤波后频谱严重失真，低通滤波后频谱失真，带通滤波后频谱明显失真，带阻滤波后的频谱主要是幅度有所失真。

通过播放滤波前后的声音发现，加入高斯白噪声后的语音信号中有较尖锐的干扰杂音，滤波前所明显听到的夹杂着的噪声，滤波后仍然存在些许，只是残留的噪声大小不同，由分析可知，高斯白噪声是一种随机的噪声，功率谱密度分布均匀，占满整个频域，滤波器无法完全进行滤除，所以存在失真。通过对比滤波前后的声音，发现高通滤波后，噪声依旧很大，而原始语音信号声音有所变小；低通滤波后，杂音变小了些，原始语音信号声音也有所变小，但听起来不是很清楚；带通滤波后，杂音有所变小，原始语音信号声音也变小，但听得较清楚；带阻滤波后，杂音依旧很大，基本上无滤波效果。总结滤波前后声音的变化，对于带通滤波器，滤波后除通带内的频域部分外，其他频谱范围内的噪声都被滤除掉了，所以对于高斯白噪声，带通滤波器是最好的选择。

3.4 语音信号的盲源分离方法

本节介绍一种语音信号的盲源分离方法，并尝试对多个麦克风采集到的混叠带噪语音信号进行分离仿真。首先通过用主成分分析的方法对已零均值化后的混叠观测信号进行预处理，使得原来所求的解混合矩阵退化成一个正交矩阵，对观测信号的降维处理大大减少了盲源分离算法的运算量，同时丢弃对方差贡献比较小的冗余分量，提高了算法的分离性能；然后采用渐近正交化的不动点迭代方法进行独立成分的寻找，大大提高了算法的收敛速度，最终得到研究感兴趣的目标语音信号。

3.4.1 观测信号零均值化

目前，大多数盲分离算法中要求观测信号是均值为零的随机变量，因此就必须在进行分离之前去掉信号的均值。零均值化的过程比较简单，一个随机变量 $\boldsymbol{x}$，只需用 $\bar{\boldsymbol{x}} = \boldsymbol{x} - E(\boldsymbol{x})$ 来代替 $\boldsymbol{x}$ 即可实现对观测信号的零均值化。

实际计算中，可以用时间平均代替统计平均，即用算术平均值代替数学期望值。设 $\boldsymbol{x} = [\boldsymbol{x}_1, \boldsymbol{x}_2, \cdots, \boldsymbol{x}_n]^{\mathrm{T}} (t = 1, 2, \cdots, N)$ 是随机矢量 $\boldsymbol{x}$ 的 N 个样本，则以下操作可以去均值：

$$\overline{\boldsymbol{x}_i}(t) = \boldsymbol{x}_i(t) - \frac{1}{N}\sum_{t=1}^{N}\boldsymbol{x}_i(t) \quad (t = 1, 2, \cdots, n) \tag{3-9}$$

3.4.2 PCA 降维预白化原理

主成分分析是一个典型的统计学分析方法。在高斯分布情况下，进行主成分分析等价于使输出信号中的信息量最大，通过 PCA 可以将观测信号分成两个子空间：信号子空间和噪声子空间。信号子空间对应于观测信号的主成分，它与主特征值对应的特征向量有关；噪声子空间对应于观测信号的次分量，它与次特征值对应的特征向量有关。主成分分析法以其理论和实践的简洁性,所得的结果与客观实际相符合等特点,广泛应用于经济、社会、工程等领域中众多对象的综合评价,如数据压缩、特征提取、噪声滤波和信号提取等。PCA 提供了一个简洁的方法使我们可以在丢失尽可能少的信息同时更方便地解决问题:一方面,通过对数据进行降维来简化对数据的处理;另一方面,可以尽可能多地保留原始数据信息。主成分分析的主要目的是:

(1)降低待处理数据的维数。

(2)确定变量的不相关线性组合。

(3)特征选取:选取最有用的变量。

(4)潜在变量的识别。

(5)多维数据的可视化处理。

在进行 PCA 转换之前,首先要对观测向量 $\boldsymbol{X}$ 进行零均值化,即 $E\{\boldsymbol{x}\}=0$,得到的 $\boldsymbol{X}=[\boldsymbol{x}_1,\boldsymbol{x}_2,\cdots,\boldsymbol{x}_p]^{\mathrm{T}}$ 为一个 N 维向量,其均值为 0,协方差矩阵为 $\boldsymbol{C}_X$,主成分分析法就是要把这 N 个变量混合成 $m(m\leqslant N)$ 个新变量 $\boldsymbol{y}_1,\boldsymbol{y}_2,\cdots,\boldsymbol{y}_m$,即

$$\begin{cases}\boldsymbol{y}_1 = a_{11}\boldsymbol{x}_1 + a_{12}\boldsymbol{x}_2 + \cdots + a_{1p}\boldsymbol{x}_p \\ \boldsymbol{y}_2 = a_{21}\boldsymbol{x}_1 + a_{22}\boldsymbol{x}_2 + \cdots + a_{2p}\boldsymbol{x}_p \\ \qquad\vdots \\ \boldsymbol{y}_m = a_{m1}\boldsymbol{x}_1 + a_{m2}\boldsymbol{x}_2 + \cdots + a_{mp}\boldsymbol{x}_p\end{cases} \tag{3-10}$$

式(3-10)记为 $\boldsymbol{Y}=\boldsymbol{AX}$,其中:

$$\boldsymbol{A} = \begin{bmatrix} a_{11} & a_{12} & \cdots & a_{1p} \\ a_{21} & a_{22} & \cdots & a_{2p} \\ \vdots & \vdots & \vdots & \vdots \\ a_{m1} & a_{m2} & \cdots & a_{mp}\end{bmatrix} = \begin{bmatrix} a'_1 \\ a'_2 \\ \vdots \\ a'_m \end{bmatrix} \tag{3-11}$$

在主成分分析中,变换矩阵 $\boldsymbol{A}$ 的系数选择原则为:

(1)$\boldsymbol{y}_1$ 和 $\boldsymbol{y}_2(i\neq j;i,j=1,2,\cdots)$互不相关。

(2)$\boldsymbol{y}_1$ 是 $\boldsymbol{x}_1,\boldsymbol{x}_2,\cdots,\boldsymbol{x}_p$ 的一切线性组合中方差最大的,即使得 $a'_1\boldsymbol{X}$ 具有最大能量;$\boldsymbol{y}_2$ 是与 $\boldsymbol{y}_1$ 不相关的、在 $\boldsymbol{x}_1,\boldsymbol{x}_2,\cdots,\boldsymbol{x}_p$ 的一切线性组合中方差第二大者;以此类推,$\boldsymbol{y}_m$ 是与 $\boldsymbol{y}_1,\boldsymbol{y}_2,\cdots,\boldsymbol{y}_{m-1}$都不相关的、在 $\boldsymbol{x}_1,\boldsymbol{x}_2,\cdots,\boldsymbol{x}_p$ 的一切线性组合中方差第 m 个大者。$\boldsymbol{y}_1,\boldsymbol{y}_2,\cdots,\boldsymbol{y}_m$ 称为原始随机变量 $\boldsymbol{x}_1,\boldsymbol{x}_2,\cdots,\boldsymbol{x}_p$ 的第 m 个主成分。

我们应该寻找一个线性变换;使观测信号 $\boldsymbol{X}$ 投影到新的子空间后变成互不相关的白化向量,即

$$\boldsymbol{Z} = \boldsymbol{W}_0\boldsymbol{X} \tag{3-12}$$

式中,$\boldsymbol{W}_0$ 为 PCA 白化矩阵;$\boldsymbol{Z}$ 为新的白化向量。

利用主成分分析,我们通过计算样本向量得到一个变换:

$$\boldsymbol{W}_0 = \boldsymbol{\Lambda}^{-1/2}\boldsymbol{U}^{\mathrm{T}}$$

式中,$\boldsymbol{U}$ 和 $\boldsymbol{\Lambda}$ 分别是 $\boldsymbol{C}_X$ 的特征向量矩阵和特征值矩阵。

可以证明,线性变换 $\boldsymbol{W}_0$ 可以满足 PCA 白化处理的要求:

$$E\{\boldsymbol{ZZ}^{\mathrm{T}}\} = E\{\boldsymbol{\Lambda}^{-1/2}\boldsymbol{U}^{\mathrm{T}}\boldsymbol{XX}^{\mathrm{T}}\boldsymbol{U\Lambda}^{-1/2}\} = \boldsymbol{\Lambda}^{-1/2}\boldsymbol{U}^{\mathrm{T}}E\{\boldsymbol{XX}^{\mathrm{T}}\}\boldsymbol{U\Lambda}^{-1/2} = \boldsymbol{\Lambda}^{-1/2}\boldsymbol{\Lambda\Lambda}^{-1/2} = \boldsymbol{I} \tag{3-13}$$

再将式 $X = AS$ 代入式 $Z = W_0X$，令 $W_0A = \widetilde{A}$，得

$$Z = W_0AS = \widetilde{A}S \tag{3-14}$$

如果把 Z 看作是新的观测信号，则通过 PCA 白化处理使原来的混合矩阵 A 简化为一个正交矩阵 $\widetilde{A}$。证明：

$$E\{ZZ^{\mathrm{T}}\} = E\{\widetilde{A}SS^{\mathrm{T}}\widetilde{A}^{\mathrm{T}}\} = \widetilde{A}E\{SS^{\mathrm{T}}\}\widetilde{A}^{\mathrm{T}} = \widetilde{A}\widetilde{A}^{\mathrm{T}} = I \tag{3-15}$$

PCA 预白化使得由求混合矩阵 A 变成了求正交矩阵 $\widetilde{A}$，盲源分离算法的工作量几乎减少了一半。此外，当观测信号的个数大于源信号个数时，经过 PCA 降维白化处理可以将观测信号数降到与源信号数相同，这就满足了基本的盲源分离模型。

在带噪混叠话音信号分离过程中，噪声分量和其他独立性较弱的源信号是我们不感兴趣的，所以没有必要完全分离出带噪混叠话音中所有的成分，仅提取 1 ~ 2 个主成分就已经满足了实际应用的要求，这一点也表明了使用主成分分析(PCA)的方法很强的实用性。

3.4.3　基于峭度的渐近正交化不动点算法

快速不动点算法是由 Hyvärinen 等提出来的，该类算法有基于峭度最大、基于负熵最大、基于似然最大等形式。这里，我们介绍一种基于峭度最大的渐近正交化不动点算法。

在实际计算中，非高斯性程度通常采用四阶累积量即峭度(Kurtosis)来度量。

$$kurt(X) = E\{X^4\} - 3\,(E\{X^2\})^2 \tag{3-16}$$

对于零均值，单位方差的随机变量，上式变为

$$kurt(X) = E\{X^4\} - 3 \tag{3-17}$$

不同分布向量所对应的峭度值如图 3-24 所示。

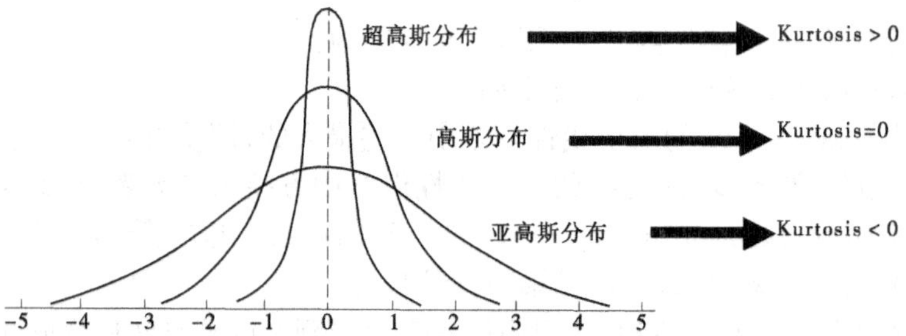

图 3-24　不同分布向量所对应的峭度值

图 3-24 中，当随机变量为高斯分布时，峭度为零，而超高斯分布的峭度为正值，亚高斯分布的峭度为负值，且非高斯性越强，峭度的绝对值越大。

由极大化非高斯性原理知：我们可以求解最优分离矩阵 w 使得 $w^{\mathrm{T}}z$ 的非高斯性极大化，则 $y = w^{\mathrm{T}}z$ 就是一个独立成分。也就是说，通过极大化 $w^{\mathrm{T}}z$ 的峭度值给出了一个独立成分(z 为 PCA 白化后的向量)。

为了得到极大化峭度的绝对值，我们可以从某个初始向量 w 开始，依据可用的样本

值 $\boldsymbol{z}$，计算出使 $y=\boldsymbol{w}^{\mathrm{T}}\boldsymbol{z}$ 的峭度绝对值增大最快的方向，然后将向量 $\boldsymbol{w}$ 转到该方向。则 $\boldsymbol{w}^{\mathrm{T}}\boldsymbol{z}$ 的峭度绝对值的导数为

$$\frac{\partial |kurt(\boldsymbol{w}^{\mathrm{T}}\boldsymbol{z})|}{\partial \boldsymbol{w}}=4sign(kurt(\boldsymbol{w}^{\mathrm{T}}\boldsymbol{z}))[E\{\boldsymbol{z}(\boldsymbol{w}^{\mathrm{T}}\boldsymbol{z})^3\}-3\boldsymbol{w}\|\boldsymbol{w}\|^2] \tag{3-18}$$

在式(3-18)中，对于已 PCA 白化过的数据，有 $E\{(\boldsymbol{w}^{\mathrm{T}}\boldsymbol{z})^2\}=\|\boldsymbol{w}\|^2$。由于我们是在单位球 $\|\boldsymbol{w}\|^2=1$ 上进行优化，在每一步运算后应将 $\boldsymbol{w}$ 投影到单位球上，即将 $\boldsymbol{w}$ 除以其范数即可。为了得到更有效的不动点迭代，在算法的一个稳定收敛点处，梯度必须指向 $\boldsymbol{w}$ 的方向，也就是说梯度必须等于一个常数标量与 $\boldsymbol{w}$ 的乘积。只有在这种情况下，将梯度与 $\boldsymbol{w}$ 相加才不改变其方向，且算法在此处收敛，这意味着每次标准化为单位范数后，$\boldsymbol{w}$ 除符号有可能变化外，其量值不再改变。令式(3-18)中峭度的梯度与 $\boldsymbol{w}$ 相等，可以得到：

$$\boldsymbol{w}\propto[E\{\boldsymbol{z}(\boldsymbol{w}^{\mathrm{T}}\boldsymbol{z})^3\}-3\boldsymbol{w}\|\boldsymbol{w}\|^2] \tag{3-19}$$

式中，符号“$\propto$”读作“正比于”，指左边的向量和右边的向量具有相同的方向。在每次不动点迭代后，$\boldsymbol{w}$ 都要除以其范数以满足相应的约束 $\|\boldsymbol{w}\|^2=1$，因此可以首先计算式(3-19)右边的项，并将其赋给 $\boldsymbol{w}$ 作为新值：

$$w\leftarrow E\{\boldsymbol{z}(\boldsymbol{w}^{\mathrm{T}}\boldsymbol{z})^3\}-3\boldsymbol{w} \tag{3-20}$$

式中，符号“←”的意思是替换，即计算出右边的值，并用它替换 $\boldsymbol{w}$。最后收敛的向量 $\boldsymbol{w}$ 以 $y=\boldsymbol{w}^{\mathrm{T}}\boldsymbol{z}$ 的线性组合形式可以给我们其中一个独立成分。

在白化空间中，不同的独立成分对应的向量 $\boldsymbol{w}_i$ 是彼此正交的，根据这一特性我们可以对已估计出的独立成分进行渐近正交化，即一个接着一个地将独立成分估计出来，这样可以避免算法的多个独立成分同时收敛于同一个峭度最大值上。

假设我们已经估计出了 p 个独立成分$(\boldsymbol{w}_1,\boldsymbol{w}_2,\cdots,\boldsymbol{w}_p)$，那么可以再次运行一次算法计算 $\boldsymbol{w}_{p+1}$，并在每次迭代循环后从中减去其在已经估计出的前 p 个向量上的投影$(\boldsymbol{w}_{p+1}^{\mathrm{T}}\cdot\boldsymbol{w}_j)\boldsymbol{w}_j,(j=1,2,\cdots,p)$，即

$$\boldsymbol{w}_p\leftarrow\boldsymbol{w}_p-\sum_{j=1}^{p-1}(\boldsymbol{w}_p^{\mathrm{T}}\boldsymbol{w}_j)\boldsymbol{w}_j \tag{3-21}$$

然后对 $\boldsymbol{w}_{p+1}$ 标准化：除以其范数 $\boldsymbol{w}_p\leftarrow\boldsymbol{w}_p/\|\boldsymbol{w}_p\|$ 即可。在算法的稳定收敛处，$\boldsymbol{w}_p$ 和 $\boldsymbol{w}_{p-1}$ 应该具有相同的方向，即迭代前后 $\boldsymbol{w}_p$ 和 $\boldsymbol{w}_{p-1}$ 的点积应该几乎等于 1，由此可以进行算法收敛的判定。当 p 等于需要估计的独立成分数目时，即完成 ICA 算法的分离运算。

综上所述，可得基于峭度的渐近正交化不动点算法流程图，如图 3-25 所示。

为了验证以上算法对于噪声 ICA 模型分离的可行性，我们将一个语音信号与高斯噪声进行随机混合，然后运行以上算法进行分离，仿真试验结果如图 3-26 ~ 图 3-28 所示。

对比图 3-26 和图 3-28 可以看出，该算法对于带噪的混叠语音信号的分离是可行的，分离出的语音信号波形与源信号波形非常接近，用人耳去听该分离出的语音信号发现可懂度很高，很容易就可以准确获得语音信号所携带的信息，验证了该算法在噪声条件下的适应性。

3.4.4　带噪人工混叠语音信号的分离实验

为了验证基于峭度的渐近正交化不动点算法在混叠语音信号分离中的应用，我们采

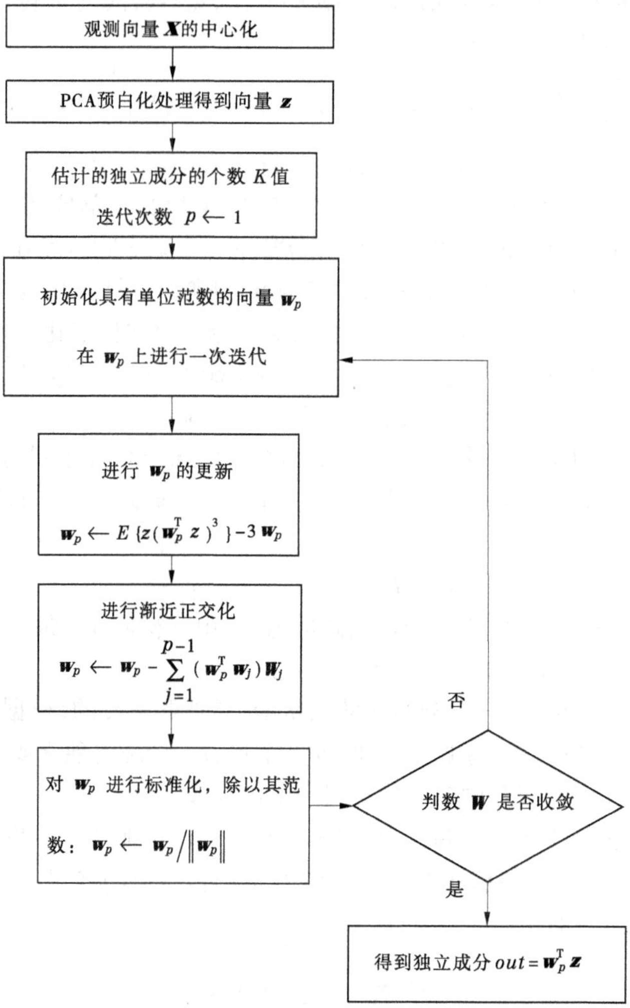

图 3-25　基于峭度的渐近正交化不动点算法流程图

用 Matlab 7.3 进行算法的仿真。试验语音信号是在 5 m×6 m×3 m 的普通实验室通过 PC 机(Windows XP SP2 系统、Intel Pentium 4 CPU、1.5 GB 内存、华硕 P5PL2 主板)自带的麦克风所采集到的 4 个语音信号，录音长度为 6 s，采样频率为 16 000 Hz，分别保存为 s1.wav、s2.wav、s3.wav、s4.wav，s1.wav 为一段英文歌曲，s2.wav 为一段中文朗读，s3.wav 为阿拉伯数字 1～10 的英文读法，s4.wav 为阿拉伯数字 1～10 的藏语读法，仿真实验如下：

步骤 1：导入四个语音源信号，Matlab 代码为

```
clear all
clc
K =4;        %设置源独立语音信号的个数
N =9.6e4;   %需采样的点数 = 语音信号长度(s) * Fs
n =1:N;
```

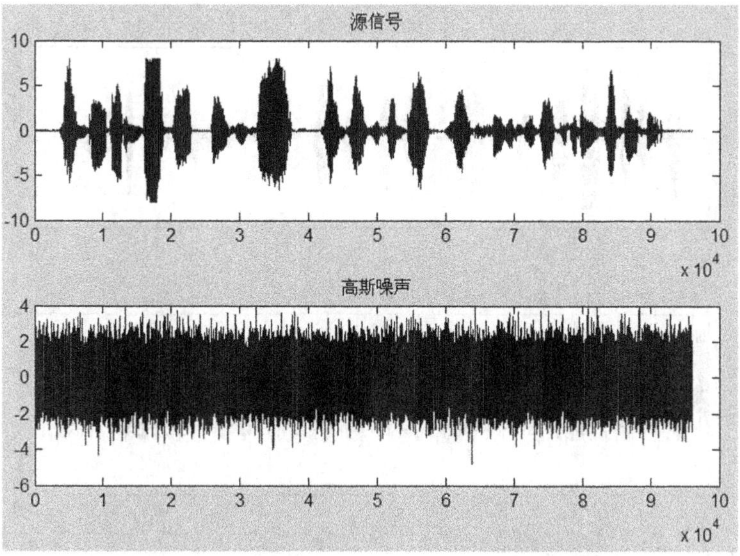

图 3-26 源语音信号与高斯噪声波形图

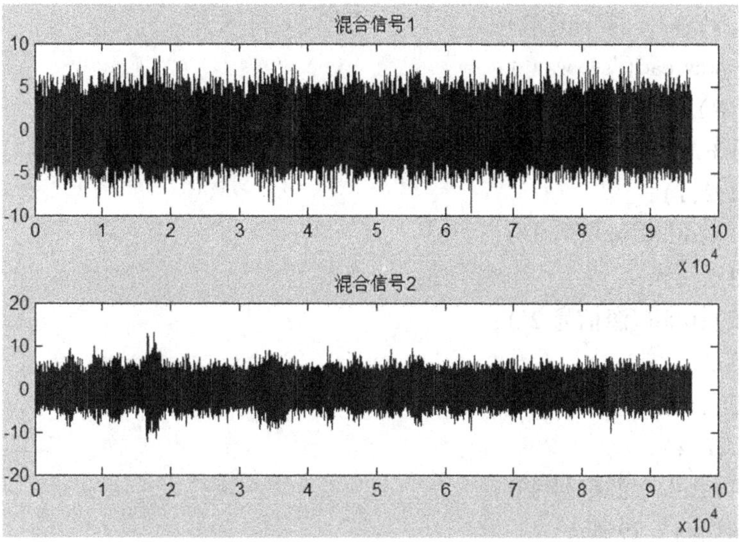

图 3-27 随机混合后的波形图

```
Fs = 16000; % 采样频率
% 读入源语音信号
[y, fs] = wavread('s1.wav');
s1 = y(1:N); s1 = s1/std(s1);
[y, fs] = wavread('s2.wav');
s2 = y(1:N); s2 = s2/std(s2);
[y, fs] = wavread('s3.wav');
```

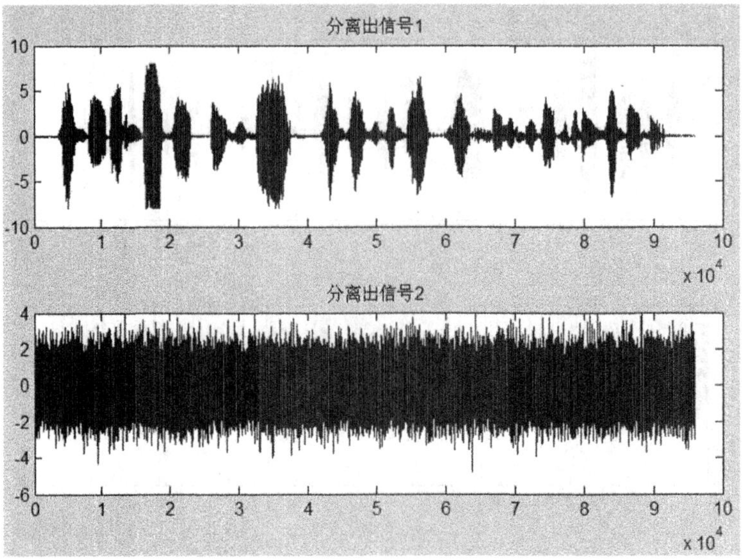

图 3-28　分离出的语音信号与高斯噪声波形图

```
s3 = y(1:N);s3 = s3/std(s3);
[y, fs] = wavread('s4.wav');
s4 = y(1:N);s4 = s4/std(s4);
figure(1)% 画出源信号波形图
subplot(2,2,1);
plot(n,s1);title('源信号 1');
subplot(2,2,2);
plot(n,s2);title('源信号 2');
subplot(2,2,3);
plot(n,s3);title('源信号 3');
subplot(2,2,4);
plot(n,s4);title('源信号 4');
```

其波形图如图 3-29 所示。

步骤 2:用随机矩阵 $\boldsymbol{A} = \begin{bmatrix} 1.0668 & 0.2944 & -0.6918 & -1.4410 \\ 0.0593 & -1.3362 & 0.8580 & 0.5711 \\ -0.0956 & 0.7143 & 1.2540 & -0.3999 \\ -0.8323 & 1.6236 & -1.5937 & 0.6900 \end{bmatrix}$,对四个源语音信号进行混合,并加入一定程度的高斯白噪声,Matlab 代码为:

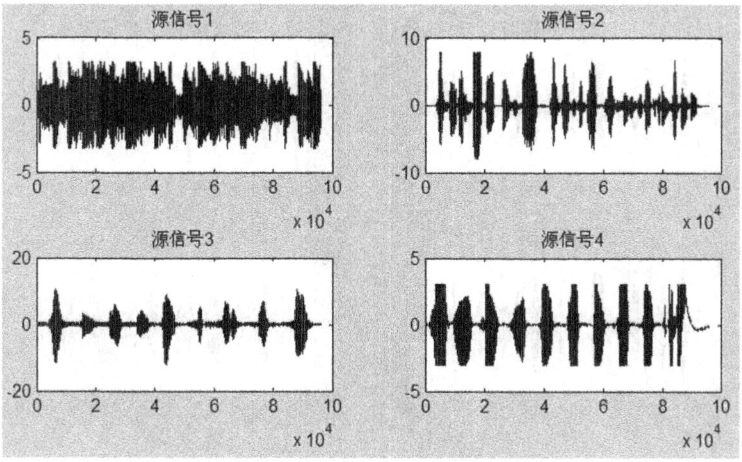

图3-29　源信号波形图

```
S = [s1';s2';s3';s4'];
X = zeros(K,N);
A = randn(K,K);
a =0.5;
X  =  A * S + a * randn(K,N); %用随机矩阵混合源语音信号,并加入高斯白噪声
figure(2) %画出混合后信号的波形
subplot(2,2,1);
plot(n,X(1,:));title('混合信号 1');
subplot(2,2,2);
plot(n,X(2,:));title('混合信号 2');
subplot(2,2,3);
plot(n,X(3,:));title('混合信号 3');
subplot(2,2,4);
plot(n,X(4,:));title('混合信号 4');
```

得到随机混合后的观测信号波形如图3-30所示。

步骤3:观测数据的预处理采用中心化和PCA预白化,预处理Matlab代码为:

```
for i = 1:K
    X(i,:) = X(i,:) - 1/N * sum(X(i,:)); %对观察数据矩阵X去均值,使之为0均值
end
[y x] = eig(cov(X',1)); %得到X协方差矩阵的特征向量
for i = 1:4              %按特征值大小进行排序,得到主成分
    for j = (i+1):4
        tm = x(i,i);
        tm_2 = y(:,i);
```

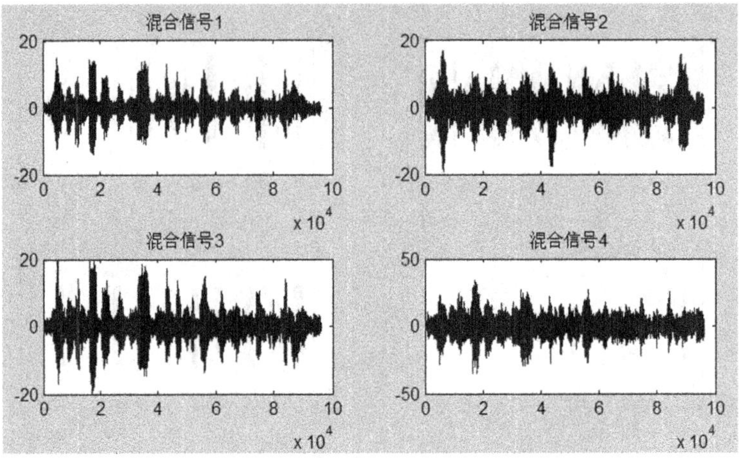

图 3-30　带噪混叠信号波形图

```
        if tm < x(j,j)
            x(i,i) = x(j,j);
            x(j,j) = tm;
            y(:,i) = y(:,j);
            y(:,j) = tm_2;
        end
    end
end
d = x
v = y
Z = inv(d.^(1/2))' * v' * X; % 得到 PCA 预白化后的数据
figure(3) % 画出预白化后的信号波形图
subplot(2,2,1);
plot(n,Z(1,:));title('PCA 预白化后信号 1');
subplot(2,2,2);
plot(n,Z(2,:));title('PCA 预白化后信号 2');
subplot(2,2,3);
plot(n,Z(3,:));title('PCA 预白化后信号 3');
subplot(2,2,4);
plot(n,Z(4,:));title('PCA 预白化后信号 4');
```

得到 PCA 预白化后的波形如图 3-31 所示。

步骤 4：采用基于峭度的渐近正交化不动点算法对带噪的混叠语音信号进行分离，Matlab 代码为：

```
% 进行盲源分离
ep = 0.000 1; % 缺省精度值为 0.000 1
W = rand(K);
```

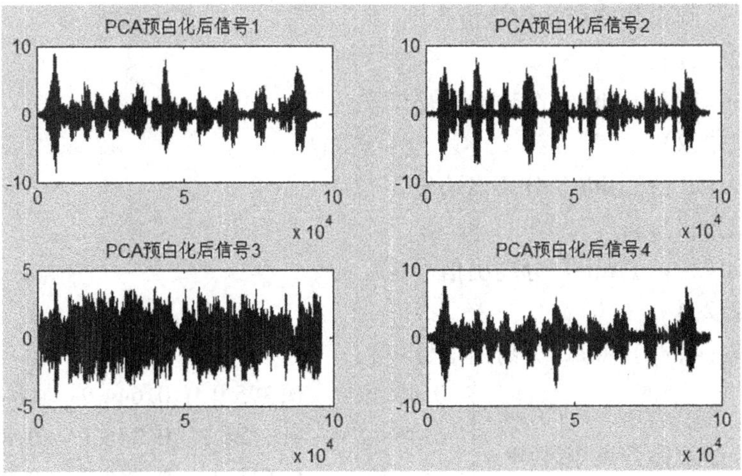

图 3-31 PCA 预白化后的波形图

```
for q = 1:K  %选择要估计的独立成分的个数
    W(:,q) = W(:,q)/norm(W(:,q));%初始化具有单位范数的向量
    exit =0;
    nm =0;
    im =1;
    while exit = =0;
        nm = nm +1;
        tm = W(:,q); %记录上次迭代的值
        W(:,q) =1/N * Z * ((tm' * Z).^3)' -3 * tm;
        %进行矩阵 W 的更新,转向峭度绝对值最大的方向
        for nm =1:q -1
            sn = sn + (W(:,q)' * W(:,nm)) * W(:,nm); %进行渐近正交化
        end
        W(:,q) = W(:,q) - sn;
        W(:,q) = W(:,q)/norm(W(:,q));% 对 W 进行标准化处理
if(abs((dot(W(:,q),tm))) <1 +ep)&(abs((dot(W(:,q),tm))) >1 -ep)%判断
算法是否收敛
                exit =1;
        end
        im = im +1;
    end
end
W      %得到分离矩阵 W
out = W' * Z;% 输出分离后的独立成分
```

```
figure(3)%画出分离后的信号波形图
subplot(2,2,1);
plot(n,out(1,:));title('分离出信号 1');
subplot(2,2,2);
plot(n,out(2,:));title('分离出信号 2');
subplot(2,2,3);
plot(n,out(3,:));title('分离出信号 3);
subplot(2,2,4);
plot(n,out(4,:));title('分离出信号 4');
```

由以上算法求得分离矩阵 $\boldsymbol{W}=\begin{bmatrix} 0.4529 & 0.3959 & 0.6449 & -0.4715 \\ 0.4582 & -0.1242 & 0.3461 & 0.8092 \\ -0.6471 & 0.6129 & 0.3160 & 0.3253 \\ -0.4077 & -0.6725 & 0.6037 & -0.1305 \end{bmatrix}$，则得到分离出的独立成分：$out=\boldsymbol{w}^{\mathrm{T}}\boldsymbol{z}$，分离后的语音信号波形图如图 3-32 所示。

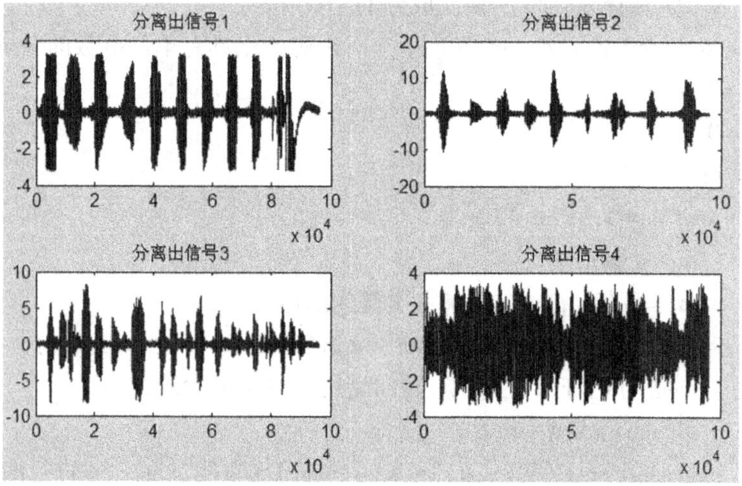

图 3-32　基于峭度的渐近正交化不动点算法分离后的语音信号波形图

步骤 5：通过 PC 机的音响分别播放分离出的四个语音信号，可以准确地获得源信号所载的语音信息，验证了该算法的可行性。Matlab 代码为：

```
%播放分离出的语音信号
soundsc(out(1,:),Fs);soundsc(out(2,:),Fs);
soundsc(out(3,:),Fs);soundsc(out(4,:),Fs);
```

同时通过对比图 3-29 与图 3-32，可确定分离后的信号与源信号的对应关系：分离出的信号 1→源信号 4、分离出的信号 2→源信号 3、分离出的信号 3→源信号 2、分离出的信号 4→源信号 1。通过对比源语音信号与分离后的语音信号波形图可以发现，除信号顺序的不确定性外，两者波形信息非常接近，播放后的语音与源语音十分相似。

3.4.5　真实环境下的带噪混叠语音信号分离实验

录音环境为一个 6 m×8 m×3 m 的实验室，带有一定程度的环境噪声，两个讲话者在读一篇文章的不同段落，两个麦克风与讲话者的距离为 1.5 m，采样频率为 16 kHz，录音时间为 10 s，PC 机为 Windows XP SP2 系统、Intel Pentium 4 CPU、1.5 GB 内存、华硕 P5PL2 主板，PC 机录制后的真实环境下的带噪混叠语音信号波形图如图 3-33 所示。

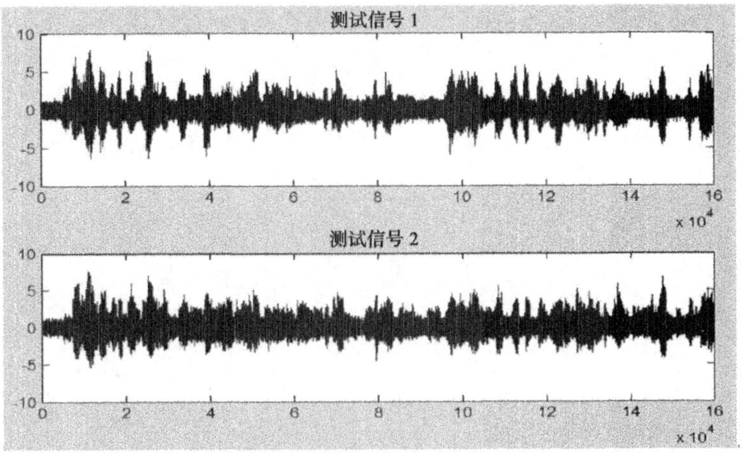

图 3-33　真实环境下的带噪混叠语音信号波形图

对该带噪混叠语音信号进行盲源分离，分离后的语音信号如图 3-34 所示。

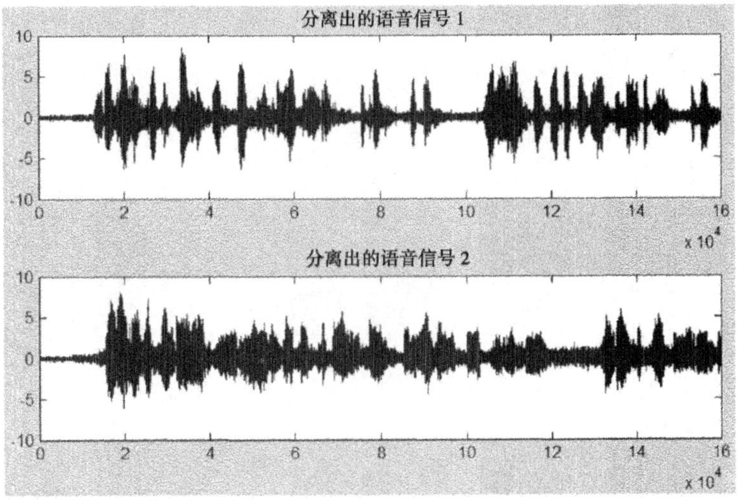

图 3-34　分离后的语音信号波形图

%用 Matlab 7.3 播放分离出的语音信号

soundsc(out(1,:),Fs);soundsc(out(2,:),Fs);

播放出的两个语音信号中噪声分量明显降低了，虽然每个语音信号中仍有另外一个讲话者很弱的语音成分(因为语音信号传播速度比较慢,在达到麦克风时需要一定的时间,同时由于墙壁的反射而产生回声以及房屋的混响,会使算法的分离性能下降),但不影响获取信息,主讲话者的话音能量明显高于次讲话者的话音能量,大大提高了观测信号的可懂度,达到了盲源分离的目的,验证了盲源分离算法解决实际问题的能力。

第 4 章　图像信号的盲源分离及应用

4.1 引　言

图像是重要的信息源,在对图像进行分析理解的过程中,图像的清晰度显得尤为关键。但在图像获取和传输过程中往往会受到各种噪声的干扰,会使图像质量下降,不利于进一步的图像处理,因此图像去噪是图像处理中的一个重要步骤。图像去噪是用某种方法去除或减弱含噪图像中存在的噪声。在图像去噪研究方面,传统的去噪方法将图像数据和噪声数据等同对待,认为图像和噪声在某个变换域里分布在不同的区间范围内,通过滤除设定的噪声区间的信息来去除噪声。这些方法虽然取得了一定效果,但由于图像和噪声通常不会在某个域上完全处于不同的范围,而是交叠在一起,因此这类方法存在两个方面的问题:一方面是不能滤除设定噪声区间外的噪声;另一方面是同时抹去了该区间内的图像信息。盲源分离方法则开辟了新的分析思路。

基于盲源分离的去噪方法有两种途径:

一种途径是从传统的去噪方法出发,把噪声图像变换到 ICA 域,对得到的每个独立分量经过某种收缩函数处理,再经过逆变换得到去噪后的图像。Hyvarinen 等通过训练与噪声图像统计特性相同的数据,得到用于变换的 ICA 基函数,用该基函数对噪声图像进行变换后,对每个独立分量进行密度估计,之后采用最大似然估计法去除噪声。它的原理是基于最大似然估计理论,对于具有非高斯分布的随机变量,在噪声方差较小时,带噪声的随机变量的非高斯性越强,估计误差越小。ICA 变换可以把随机变量分解为多个相互间尽可能独立的分量的组合,而分量之间尽可能独立等价于各个分量的非高斯性最强。因此,采用 ICA 处理带噪声数据,可以加强信号分量的非高斯性,在使用最大似然估计时有利于减小估计误差。该方法在去除 Gaussian 噪声时取得不错的结果。

另一种途径是从分离的角度出发,认为噪声和源图像是相互独立的,把被污染图像看作是噪声和源图像的混合,用分离的方法把噪声和源图像从被污染图像中分离出来以达到去噪的目的。由于要从一幅噪声图像中分离得到两幅图像(噪声和源图像),这是一个欠定 ICA 问题,即观测向量维数小于源信号维数的求解问题,因此该方法的困难和关键在于如何解决这个欠定 ICA 问题。

在混合图像分离研究方面,盲源分离在图像分离中的应用是其在图像处理中最为成功的应用。ICA 算法的提出就是为了对相互独立的信号混合而成的观测信号进行分离,并有着很好的效果。图像从信号角度看可以认为是二维信号,并且二维信号可以重新排列成为一维信号,因此应用 ICA 分离图像也是很自然的了。自从 Cichocki 和 Bell 将 ICA 方法用于自然图像的盲源分离之后,基于 ICA 的混合图像盲源分离方法得到了深入的研究,并取得了很多的成果。这些研究工作常常是结合 ICA 和其他的数据分析工具进行图像盲源分离处理。另外,含噪图像的盲源分离方法也受到了重视并有了一些研究成果。

图像盲源分离是指在缺乏源图像及其混合方式的先验知识的情况下进行的图像分离。为了实现图像盲源分离,首先需要对混合模型做出必要而合理假设,之后在其基础上从观测到的混合图像入手进行盲源分离。本章在概述图像盲源分离的基本方法后,将分别讨论独立源和非独立源混合图像的盲源分离方法。

目前,盲源分离在图像处理中已经得到非常广泛的应用,包括图像特征提取、图像去噪、图像分离、序列图像中的运动目标检测,以及人脸识别和检测、医学图像处理、图像水印、图像检索、字符识别甚至遥感图像处理等诸多方面。

4.2 常规的图像去噪方法

图像在生成和传输过程中常常因受到各种噪声的干扰和影响而使图像降质,这对后续图像的处理(如分割、压缩和图像理解等)将产生不利影响。噪声种类很多,如电噪声、机械噪声、信道噪声和其他噪声。在图像处理中,图像去噪是一个永恒的主题,为了抑制噪声,改善图像质量,便于更高层次的处理,必须对图像进行去噪预处理。

常规的图像去噪主要采取两大类方法:一类是在空间域中的处理,即在图像空间中对图像进行各种处理;另一类是把空间域中的图像经过正交变换到频域,在频域里进行各种处理。然后反变换到空间域,形成处理后的图像。人们根据实际图像的特点、噪声的统计特征和频谱分布的规律,发展了各式各样的去噪方法。其中最为直观的方法是,根据噪声能量一般集中于高频而图像频谱则分布于一个有限区间的这一特点,采用低通滤波方式来进行去噪,或对图像进行平滑处理等,这属于第一类图像处理方法。还有就是在频域进行处理,如傅里叶变换、小波基变换。

4.2.1 噪声图像模型及噪声特性

4.2.1.1 噪声图像模型

现实中的数字图像在数字化和传输过程中,常受到成像设备与外部环境噪声干扰等影响,成为含噪图像。去除或减轻在获取数字图像中的噪声称为图像去噪,在图像去噪之前,先要建立一个含噪图像的模型。为了简便,我们研究如下的加性噪声模型,即含噪图像仅由原始图像叠加上一个随机噪声形成:

$$g(x,y) = f(x,y) + v(x,y) \tag{4-1}$$

其中,$f(x,y)$表示图像,$v(x,y)$表示噪声,含噪图像记为$g(x,y)$。

4.2.1.2 噪声特性

在对这个含噪模型进行研究之前,有必要了解一下噪声的一些特性,经常影响图像质量的噪声源可分为以下三类,人们对其生成原因及相应的模型做了大量研究。

(1)电子噪声:在阻性器件中由于电子随机热运动而造成的电子噪声是三种模型中最简单的,一般常用零均值高斯白噪声作为其模型,可用其标准差来完全表征。

(2)光电子噪声:由光的统计本质和图像传感器中光电转换过程引起,在弱光照的情况下常用具有泊松分布的随机变量作为光电噪声的模型,在光照较强时,泊松分布趋向于更易描述的高斯分布。

(3)感光片颗粒噪声：由于曝光过程中感光颗粒只有部分被曝光，而其余部分则未曝光，底片的密度变化就由曝光后的颗粒密集程度变化决定，而曝光颗粒的分布呈现一种随机性。在大多数情况下，颗粒噪声可用高斯白噪声作为有效模型。

通过以上分析可以看出，绝大多数的常见图像噪声都可用均值为零，方差不同的高斯白噪声作为其模型，因而为了简便和一般化，我们采用零均值的高斯白噪声作为噪声源。

4.2.1.3　评价方法

如何评价一个图像经过去噪处理后所还原图像的质量，对于我们判断去噪方法的优劣有很重要的意义。现有的评价方法一般分为主观和客观两种。

1. 主观评价

主观评价通常有两种[3]：一种是作为观察者的主观评价，这是由选定的一组人对图像直接用肉眼进行观察，然后分别给出其对所观察的图像的质量所做的好或坏的评价，再综合全组人的意见给出一个综合结论。它只是一种定性的方法，没有定量的标准，而且受到观察者的主观因素的影响，评价结果有一定的不确定性。另一种是随着模糊数学的发展，可以用模糊综合评判方法来尽量减少主观因素的影响，实现对图像质量近似定量的评价，不过它仍然没有完全消除主观不确定性的影响，其定量计算公式中的参数往往要依赖专家经验确定。

2. 客观评价

图像质量的客观评价由于着眼点不同而有多种方法，这里介绍的是一种经常使用的所谓的逼真度测量。对于彩色图像逼真度的定量表示是一个十分复杂的问题[4]。目前应用得较多的是对黑白图像逼真度的定量表示。合理的测量方法应和主观实验结果一致，而且要求简单易行。

对于连续图像场合，设 $f(x,y)$ 为一定义在矩形区域 $-L_x \leqslant x \leqslant L_x$，$-L_y \leqslant y \leqslant L_y$ 的连续图像，其降质图像为 $\hat{f}(x,y)$，它们之间的逼真度可用归一化的互相关函数 K 来表示：

$$K = \frac{\int_{-L_x}^{L_x}\int_{-L_y}^{L_y} f(x,y)\hat{f}(x,y)\,\mathrm{d}x\mathrm{d}y}{\int_{-L_x}^{L_x}\int_{-L_y}^{L_y} f^2(x,y)\,\mathrm{d}x\mathrm{d}y} \tag{4-2}$$

对于数字图像场合，设 $f(j,k)$ 为原参考图像，$\hat{f}(x,y)$ 为其降质图像，逼真度可定义为归一化的均方误差值 $NMSE$：

$$NMSE = \frac{\sum_{j=0}^{N-1}\sum_{k=0}^{M-1}\{Q[f(j,k)] - Q[\hat{f}(j,k)]\}^2}{\sum_{j=0}^{N-1}\sum_{k=0}^{M-1}\{Q[f(j,k)]\}^2} \tag{4-3}$$

其中，运算符 $Q[\cdot]$ 表示在计算逼真度前，为使测量值与主观评价的结果一致而进行的某种预处理。如对数处理、幂处理等，常用的 $Q[\cdot]$ 为

$$Q[\cdot] = K_1\log_b[K_2 + K_3 f(j,k)] \quad (K_1、K_2、K_3、b\text{ 均为常数}) \tag{4-4}$$

另外一种常用的峰值均方误差 $PMSE$ 为

$$PMSE = \frac{\sum_{j=0}^{N-1}\sum_{k=0}^{M-1}\{Q[f(j,k)] - Q[\hat{f}(j,k)]\}^2}{MNA^2} \tag{4-5}$$

式中,A 为 $Q[f(j,k)]$的最大值。

实用中还常采用简单的形式 $Q[f]=f$。此时,对于 8 比特精度的图像,$A=255$,M、N 为图像尺寸。

峰值均方误差 $PMSE$ 也被表示成等效的峰值信噪 $PSNR$:

$$PSNR = -10\lg(PMSE) \tag{4-6}$$

主观评价和客观评价这两种图像质量评价标准有各自的优缺点。由于人眼视觉特性的准确模型还没有完全建立起来,因此主观评价标准还只是一个定性的描述方法,不能作定量描述,但它能反映人眼的视觉特性。峰值信噪比能够对图像质量给出定量的描述。它是一种数学上统计的处理方法,其缺点是它并不总能反映人眼的真实感觉。一种折中的方法是在衡量图像“去噪”算法的优劣时,将主观评价与客观评价两种评价标准结合起来考虑。

4.2.2　空域滤波法

4.2.2.1　均值滤波

邻域平均法是一种局部空间域处理的算法。设一幅图像 $f(x,y)$ 为 $N\times N$ 的阵列,处理后的图像为 $g(x,y)$,它的每个像素的灰度级由包含 (x,y) 领域的几个像素的灰度级的平均值决定,即用下式得到处理后的图像:

$$g(x,y) = \frac{1}{M}\sum_{(i,j)\in S} f(i,j) \tag{4-7}$$

式中,$x,y=0,1,2,\cdots,N-1$;S 是以 (x,y) 点为中心的邻域的集合;M 是 S 内的坐标总数。

图像邻域平均法的处理效果与所用的邻域半径有关。半径愈大,则图像模糊程度也愈大。另外,图像邻域平均法算法简单,计算速度快,但它的主要缺点是在降低噪声的同时使图像产生模糊,特别在边缘和细节处,邻域越大,模糊越厉害。

均值滤波实验实例如下:

matlab 读入的原始图像如图 4-1 所示。

```
[I,map] = imread('lena.bmp');figure,imshow(I);title('original')
J1 = imnoise(I,'gaussian',0,0.02);   % 加入高斯噪声干扰
figure,imshow(J1);
```

加入高斯噪声效果如图 4-2 所示。

```
M4 = [0 1 0; 1 0 1; 0 1 0];
M4 = M4/4;   % 4 邻域平均滤波
I_filter1 = filter2(M4,J1);
figure,imshow(I_filter1,map);
```

均值滤波算法去噪效果如图 4-3 所示。

均值滤波对噪声的解决方法是将噪声分布到周围的像素点去。可以看到,在降低噪

图 4-1　原始图像“lena”

图 4-2　加入高斯噪声效果

声的同时,图像变得模糊了。

4.2.2.2　**中值滤波**

中值滤波是一种非线性滤波[5-7],由于它在实际运算过程中并不需要图像的统计特性,所以比较方便。中值滤波首先是被应用在一维信号处理技术中,后来被用于二维图像信号处理技术。在一定的条件下,可以克服线性滤波器所带来的图像细节模糊,而且对滤除脉冲干扰及图像扫描噪声最为有效。但是对一些细节多,特别是点、线、尖顶细节多的图像不宜采用中值滤波的方法。

中值滤波的基本原理是把数字图像或数字序列中一点的值用该点的一个邻域中各点值的中值代替。

图 4-3　均值滤波算法去噪效果

设有一个一维序列 $f_1, f_2, \cdots, f_n$，取窗口长度为 m（m 为奇数），对此序列进行中值滤波，就是从输入序列中相继抽出 m 个数，$f_{i-v}, \cdots, f_{i-1}, \cdots, f_1, \cdots, f_{i+1}, \cdots, f_{i+v}$，其中 i 为窗口的中心位置，$v = \frac{m-1}{2}$，再将这 m 个点按其数值大小排列，取其序号为正中间的那个作为输出。用数学公式表示为

$$Y_i = Med\{f_{i-v}, \cdots, f_i, \cdots, f_{i+v}\} \quad \left(i \in Z, v = \frac{m-1}{2}\right) \tag{4-8}$$

例如：有一个序列为 {0,3,4,0,7}，则中值滤波为重新排序后的序列 {0,0,3,4,7}，中间的值为 3。此例若用平均滤波，窗口也取 5，那么平均滤波输出为 $\frac{(0+3+4+0+7)}{5} = 2.8$。因此，平均滤波的一般输出为

$$Z_i = (f_{i-v} + f_{i-v+1} + \cdots + f_i + \cdots + f_{i+v})/m \quad (i \in Z) \tag{4-9}$$

对于二位序列 $\{X_{ij}\}$ 进行中值滤波时，滤波窗口也是二维的，但这种二维窗口可以有各种不同的形状，如线状、方形、圆形、十字形、圆环形等。二维数据的中值滤波可以表示为

$$Y_{i,j} = \underset{A}{Med}\{X_{ij}\} \quad (A\text{ 为滤波窗口}) \tag{4-10}$$

在实际使用窗口时，窗口的尺寸一般先用 3×3 像素再取 5×5 像素逐渐增大，直到其滤波效果满意。对于有缓变的较长轮廓线物体的图像，采用方形或圆形窗口为宜，对于包含尖顶角物体的图像，适宜用十字形窗口。使用二维中值滤波时，最值得注意的是保持图像中有效的细线状物体。与平均滤波器相比，中值滤波器从总体上来说能够较好地保留原图像中的跃变部分。

中值滤波实验实例如下：

matlab 读入的原始图像如图 4-1 所示。

```
I = imread('lena.bmp');
```

```
imshow(I);
J2 = imnoise(I,'salt & pepper',0.4);   % 叠加密度为0.4的椒盐噪声
```

加入椒盐噪声的效果如图 4-4 所示。

图 4-4　加入椒盐噪声的效果

```
figure,imshow(J2);
I_Filter3 = medfilt2(J2,[3 3]);   %模版大小为3×3
figure,imshow(I_Filter3);
```

中值滤波 3×3 模版的消噪效果如图 4-5 所示。

图 4-5　中值滤波 3×3 模版的消噪效果

中值滤波的效果比均值滤波要好得多,但是对模版的选取有一定的要求。如图 4-6、图 4-7 所示,随着模版的变大,模版内数值幅值范围相对地变小,所以图像的清晰度在一

定程度上遭到了破坏。

图 4-6　中值滤波 5 × 5 模版的消噪效果

图 4-7　中值滤波 7 × 7 模版的消噪效果

4.2.3　频域低通滤波法

在分析图像信号的频率特性时，一幅图像的边缘、跳跃部分以及颗粒声代表图像信号的高频分量，而大面积的背景区则代表图像信号的低频分量。用滤波的方法滤除其高频部分就能去掉噪声使图像平滑，由卷积定理可知：

$$G(u,v) = H(u,v)F(u,v) \tag{4-11}$$

式中，$F(u,v)$ 是含噪声图像的傅里叶变换；$G(u,v)$ 是平滑后图像的傅里叶变换；$H(u,v)$ 是低通滤波器传递函数。

利用 $H(u,v)$ 使 $F(u,v)$ 的高频分量得到衰减，得到 $G(u,v)$ 后再经过反变换就得到所希望的图像 $g(x,y)$ 了。低通滤波平滑图像的系统框图如图 4-8 所示。

图 4-8　频域空间滤波流程框图

下面介绍几种常用的低通滤波器。

4.2.3.1　理想低通滤波器(LIPF)

一个理想的低通滤波器的传递函数由下式表示：

$$H(u,v)=\begin{cases}1, & D(u,v)\leqslant D_0\\0, & D(u,v)>D_0\end{cases}\tag{4-12}$$

式中，D_0 是一个规定的非负的量，称为理想低通滤波器的截止频率；$D(u,v)$ 代表从频率平面的原点到 (u,v) 点的距离，即

$$D(u,v)=[u^2+v^2]^{1/2}\tag{4-13}$$

理想低通滤波器平滑处理的概念是清楚的，但它在处理过程中会产生较严重的模糊和"振铃"现象。这是由于 $H(u,v)$ 在 D_0 处由 1 突变到 0，这种理想的 $H(u,v)$ 对应的冲激响应 $h(u,v)$ 在空域中表现为同心环的形式，并且此同心环半径与 D_0 成反比。D_0 越小，同心环半径越大，模糊程度越厉害。正是由于理想低通滤波器存在此"振铃"现象，使其平滑效果下降。

4.2.3.2　巴特沃思低通滤波器(BLPF)

巴特沃思低通滤波器又称作最大平坦滤波器。与 ILPF 不同，它的通带与阻带之间没有明显的不连续性，因此它的空域响应没有"振铃"现象发生，模糊程度减少。一个 n 阶巴特沃思低通滤波器的传递函数为

$$H(u,v)=\frac{1}{1+[D(u,v)/D_0]^{2n}}\tag{4-14}$$

或

$$H(u,v)=\frac{1}{1+(\sqrt{2}-1)[D(u,v)/D_0]^{2n}}\tag{4-15}$$

与理想低通滤波器相比，它保留有较多的高频分量，所以对噪声的平滑效果不如理想低通滤波器。一般情况下，常采用下降到 $H(u,v)$ 最大值的 $1/\sqrt{2}$ 那一点为低通滤波器的截止频率点。

4.2.3.3　指数低通滤波器(ELPF)

指数低通滤波器的传递函数 $H(u,v)$ 表示为

$$H(u,v)=\exp\left\{-\left[\frac{D(u,v)}{D_0}\right]^n\right\}\tag{4-16}$$

或

$$H(u,v)=\exp\left\{\ln\frac{1}{\sqrt{2}}\left[\frac{D(u,v)}{D_0}\right]^n\right\}\tag{4-17}$$

当 $D(u,v)=D_0$、$n=1$ 时，以上两式的传递函数分别为 $H(u,v)=1/e$ 和 $H(u,v)=H/\sqrt{2}$，所以两者的衰减特性仍有不同。由于 ELPF 具有比较平滑的过滤带，经此平滑后的

图像没有“振铃”现象,而与 BLPF 相比,ELPF 具有更快的衰减特性,因此 ELPF 滤波后的图像比 BLPF 处理的图像稍微模糊一些。除上述滤波方法外,学者们还提出了其他的基于频域滤波的图像去噪方法,如 Wiener 滤波等。

4.2.4　图像小波去噪法

近年来,小波理论得到了非常迅速的发展,由于具备良好的时频特性和多分辨率特性,小波理论成功地在许多领域得到了广泛的应用。现在小波分析已经渗透到自然科学、应用科学、社会科学等领域。在图像去噪领域中,应用小波理论进行图像去噪受到许多专家学者的重视,并取得了非常好的效果。

在数学上,小波去噪问题的本质是一个函数逼近问题,即如何在有小波函数伸缩和平移所展成的函数空间中,根据提出的衡量准则,寻找对原图像的最佳逼近,以完成原图像和噪声的区分。这个问题可以表述为

$$\beta_{opt} = \mathrm{argmin}(\ \|\beta(f) - f_s\|\ )$$

$$f_{opt} = \beta_{opt}(f) \quad (\text{opt 代表最优解})$$

$$f = f_s + f_n \qquad (f_s \text{ 为原图像}, f_n \text{ 为噪声图像})$$

$$I = \{f|f \text{ 为实际图像}\}, W = span\{(\psi_{2^j})_{j=1}^{J}, \varphi_{2^J}\}$$

$$T = \{\beta|\beta \text{ 为 } I \rightarrow W \text{ 的函数空间影射}\}$$

由此可见,小波去噪方法也就是寻找实际图像空间到小波函数空间的最佳映射,以便得到原图像的最佳恢复。从信号的角度看,小波去噪是一个信号滤波的问题,而且尽管在很大程度上小波去噪可以看成是低通滤波,但是由于在去噪后还能成功地保留图像特征,所以在这一点上优于传统的低通滤波器。由此可见,小波实际上是特征提取和低通滤波功能的综合,其等效框图如图 4-9 所示。

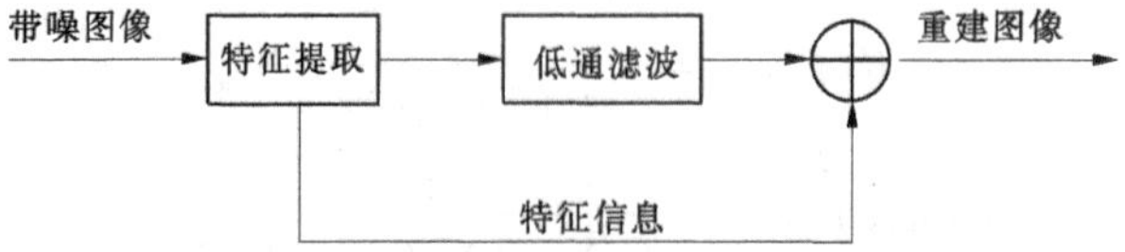

图 4-9　小波去噪的等效框图

4.2.4.1　连续小波变换

设 $\psi(t) \in L^2(R)$,其傅里叶变换为 $\psi(w)$,若 $\psi(w)$ 满足允许条件(完全重构条件):

$$C_\psi = \int_R \frac{|\hat{\psi}(\bar{w})|^2}{|w|} \mathrm{d}w < \infty \tag{4-18}$$

式中,$\psi(w)$ 为一个基本小波或母小波(Mother Wavelet)。

式(4-18)说明了基本小波在其频域内具有较好的衰减性。其中,当 $w = 0$ 时,有 $\psi(w) = 0$,即 $\int_{-\infty}^{\infty} \psi(t)\mathrm{d}t = 0$ 同时有 $\psi(\infty) = 0$。因此,一个允许的基本小波的幅度频谱类似于带通滤波器的传递函数。事实上,任何均值为零($\int_{-\infty}^{\infty} \psi(t)\mathrm{d}t = 0$)且在频率增加时以足够快的速度消减为零(空间局域化特征)的带通滤波器的冲激响应(传递函数),都

可以作为一个基本小波。

将母函数 $\psi(t)$ 经过伸缩和平移后得到：

$$\psi_{a,b}(t) = \frac{1}{\sqrt{|a|}}\psi(\frac{t-b}{a}),\text{其中 } a,b \in R; a \neq 0 \tag{4-19}$$

称其为一个小波序列。其中，a 为伸缩因子，b 为平移因子。通常情况下，基本小波 $\psi(t)$ 以原点为中心，因此 $\psi_{a,b}(t)$ 是基本小波 $\psi(t)$ 以 $t=b$ 为中心进行伸缩得到的。基本小波 $\psi(t)$ 被伸缩为 $\psi(t/a)$（$a>1$ 时变宽，而 $a<1$ 时变窄）可构成一组基函数。在大尺度 a 上，膨胀的基函数搜索大的特征，而对于较小的 a 则搜索细节特征。

对于任意的函数 $f(t) \in L^2(R)$ 的连续小波变换为

$$W_f(a,b) \leqslant f,\psi_{a,b} \geqslant |a|^2\int_R f(t)\psi\left(\frac{t-b}{a}\right)\mathrm{d}t \tag{4-20}$$

当此小波为正交小波时，其重构公式为

$$f(t) = \frac{1}{C_\psi}\int_{-\infty}^{+\infty}\int_{-\infty}^{+\infty}\frac{1}{a^2}W_f(a,b)\psi(\frac{t-b}{a})\,\mathrm{d}a\mathrm{d}b \tag{4-21}$$

在小波变换过程中必须保持能量成比例，即

$$\int_R \frac{\mathrm{d}a}{a^2}\int_R |W_f(a,b)|^2\mathrm{d}b = C_\psi\int_R |f(x)|^2\mathrm{d}x \tag{4-22}$$

由于基小波 $\psi(t)$ 生成的小波 $\psi_{a,b}(t)$ 在小波变换中对被分析的信号起着观测窗的作用，所以 $\psi(t)$ 还应该满足一般函数的约束条件：

$$\int_{-\infty}^{+\infty}|\psi(t)|\mathrm{d}t < \infty \tag{4-23}$$

故 $\hat{\psi}(w)$ 是一个连续函数，这意味着，为了满足重构条件式(4-18)，$\hat{\psi}(w)$ 在原点必须等于零，即

$$\hat{\psi}(0) = \int_{-\infty}^{+\infty}\psi(t)\mathrm{d}t = 0 \tag{4-24}$$

此即说明 $\psi(t)$ 具有波动性。为了使信号重构在实现上是稳定的，除满足重构条件外，还要求 $\psi(t)$ 的傅里叶变换满足如下稳定性条件：

$$A \leqslant \sum_{-\infty}^{+\infty}|\hat{\psi}(2^{-j}w)|^2 \leqslant B \tag{4-25}$$

式中，$0<A\leqslant B<\infty$。

连续小波变换具有以下重要性质：

(1)线性性：一个多分量信号的小波变换等于各个分量的小波变换之和。

(2)平移不变性：若 $f(t)$ 的小波变换为 $W_f(a,b)$，则 $f(t-\tau)$ 的小波变换为 $W_f(a,b-\tau)$。

(3)伸缩共变性：若 $f(t)$ 的小波变化为 $W_f(a,b)$，则 $f(ct)$ 的小波变换为 $\frac{1}{\sqrt{c}}W_f(ca,cb)$，$c>0$。

(4)自相似性：对应于不同尺度参数 a 和不同平移参数 b 的连续小波变换之间是自相似性的。

(5)冗余性：连续小波变换中存在信息表述的冗余度(redundancy)，小波变换的冗余

性也是自相似性的直接反映，它主要表现在以下两个方面：

①由连续小波变换恢复原信号的重构分式不是唯一的。也就是说，信号 $f(t)$ 的小波变换与小波重构不存在一一对应关系，而傅里叶变换与傅里叶反变换是一一对应的。

②小波变换的核函数即小波函数 $\psi_{a,b}(t)$ 存在许多可能的选择（它们可能是非正交小波、正交小波、双正交小波，甚至允许是彼此线性相关的）。

小波的选择并不是任意的，也不是唯一的。它的选择应满足定义域是紧支撑的，即在一个很小的区间之外，函数值为零，函数应有速降特性，以便获得空间局域化。另外，它还要满足平均值为零。也就是说，小波应具有振荡性，而且是一个迅速衰减的函数。

连续小波变换式(4-20)是用内积来表示的，而数学上的内积表示 $f(t)$ 与 $\psi_{a,b}(t)$ 的相似程度，所以由式(4-20)，当尺度 a 增加时，表示以伸展了的 $\psi_{a,b}(t)$ 波形去观察整个 $f(t)$；反之，当尺度 a 减小时，则以压缩的 $\psi_{a,b}(t)$ 波形去衡量 $f(t)$ 局部。可以说，尺度因子类似于地图中的比例因子，大的比例（尺度）参数看全局，而小的比例（尺度）参数看局部细节。因此，有人对小波变换特性作如下形象比喻：人们希望既看到森林，又看清树木。所以，先通过望远镜看清全貌，进而通过显微镜观察最感兴趣的细节。小波变换就能达到这个目的，它既是望远镜，又是显微镜，是一架变焦镜头。

4.2.4.2　离散小波变换

在实际运用中，尤其是在计算机上操作时，连续小波必须加以离散化，因此有必要讨论连续小波 $\psi_{a,b}(t)$ 和连续小波变换 $W_f(a,b)$ 的离散化。需要强调的是，这一离散化都是针对连续的尺度参数 a 和连续平移参数 b 的，而不是针对时间 t 的。这一点与以前的习惯不同。在式(4-19)中，$a,b\in R;a\neq 0$ 是容许的。为方便起见，在离散化中，总限制 a 只取正值。通常，把连续小波变换中尺度参数 a 和平移参数 b 的离散化公式分别取作 $a=a_0^j,b=b_0^j$，这里 $j\in Z$，扩展步长 $a_0\neq 1$ 是固定值，为方便起见，总是假定 $a_0>1$。所以，对应的离散小波函数 $\psi_{j,k}(t)$ 即可写作：

$$\psi_{j,k}(t)=\frac{1}{\sqrt{|a_0|}}\psi\left(\frac{t-ka_0^jb_0}{a_0^j}\right)=\frac{1}{\sqrt{|a_0|}}\psi(a_0^{-j}t-kb_0) \tag{4-26}$$

而离散化小波变换系数则可表示为

$$C_{j,k}=\int_{-\infty}^{+\infty}f(t)\psi_{j,k}^*(t)\,\mathrm{d}t\leqslant f\quad(\psi_{j,k}>0) \tag{4-27}$$

其重构公式为

$$f(t)=C\sum_{-\infty}^{\infty}\sum_{-\infty}^{\infty}C_{j,k}\psi_{j,k}(t) \tag{4-28}$$

C 是一个与信号无关的常数。如何选择 a_0 和 b_0，才能保证重构信号的精度呢？显然，网络点应尽可能密（a_0 和 b_0 尽可能选得小），因为网络点越稀疏，使用的小波函数 $\psi_{j,k}(t)$ 和离散小波系数 $C_{j,k}$ 就越少，信号重构的精确度也就会越低。由于图像是二维信号，因此首先需要把小波变换由一维推广到二维。令 $f(x_1,x_2)$ 表示一个二维信号，x_1,x_2 分别是其横坐标和纵坐标，$\psi(x_1,x_2)$ 表示二维的基本小波，对应的尺度函数为 $\psi(x_1,x_2)$。若尺度函数可分离，即 $\varphi(x_1,x_2)=\varphi(x_1)\varphi(x_2)$。令 $\psi(x_1)$ 是与 $\varphi(x_1)$ 对应的一维小波函数，则二维的二进小波可表示为以下三个可分离的正交小波基函数：

$$\psi^1(x_1,x_2) = \varphi(x_1)\psi(x_2) \tag{4-29}$$

$$\psi^2(x_1,x_2) = \psi(x_1)\varphi(x_2) \tag{4-30}$$

$$\psi^3(x_1,x_2) = \psi(x_1)\psi(x_2) \tag{4-31}$$

这说明在可分离的情况下，二维多分辨率可分两步进行。先沿 x_1 方向分别用 $\varphi(x_1)$ 和 $\psi(x_2)$ 做分析，把 $f(x_1,x_2)$ 分解成平滑和细节两部分，然后对这两部分沿 x_2 方向用 $\varphi(x_2)$ 和 $\psi(x_1)$ 做同样分析，所得到的四路输出中经 $\varphi(x_1)$、$\varphi(x_2)$ 处理所得的一路是第一级平滑逼近 $A_1f(x_1,x_2)$，其他三路输出 $D_1^1f(x_1,x_2)$、$D_1^2f(x_1,x_2)$、$D_1^3f(x_1,x_2)$ 都是细节函数。如果把 $\varphi(x_1)$ 和 $\psi(x_1)$ 的对应频谱 $\varphi(w)$、$\psi(w)$ 设想成理想的半带低通滤波器 h 和高通滤波器 g，则 $A_1f(x_1,x_2)$ 反映的是 x_1、x_2 两个方向的低频分量，$D_1^1f(x_1,x_2)$ 反映的是水平方向的低频分量和垂直方向的高频分量，$D_1^2f(x_1,x_2)$ 反映的是水平方向的高频分量和垂直方向的低频分量，$D_1^3f(x_1,x_2)$ 反映的是两个方向的高频分量。对图像进行小波变换就是用低通滤波器 h 和高通滤波器 g 对图像的行列进行滤波（卷积），然后进行二取一的下抽样。这样进行一次小波变换的结果便是将图像分解为一个低频子带（水平方向和垂直方向均经过低通滤波）LL 和三个高频子带，即用 HL 表示水平高通、垂直低通子带，用 LH 表示水平低通、垂直高通子带，用 HH 表示水平高通、垂直高通子带。分辨率为原来的 1/2，频率范围各不相同。第二次小波变换时只对 LL 子带进行，进一步将 LL 子带分解为 LL_1、LH_1、HL_1 和 HH_1，分辨率为原来的 1/4，频率范围进一步减半，以此类推。所以，进行一次小波变换得到 4 个子带，进行 M 次分解就得到 $3M+1$ 个子带，如图 4-10 所示。

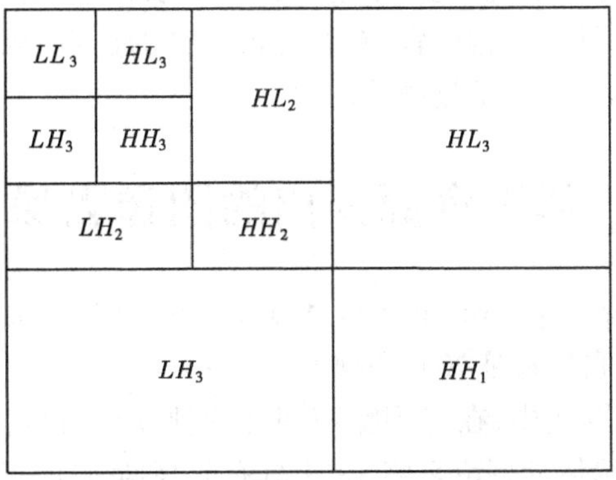

图 4-10　图像的三级小波分解图

综上所述，图像的常规去噪方法主要有两大类，一种是基于空间域的处理方法，另一种是基于频域的处理方法。

基于空间域的平均滤波法和非线性的中值滤波都是通过对图像像素的灰度值进行运算，达到平滑图像的效果。平均滤波是以点邻域像素灰度平均值来代替该点的灰度值，而中值滤波则以点邻域像素灰度值中值来代替该点的灰度值。因此，对于随机噪声的抑制能力，中值滤波器的性能要比均值滤波器的差些。但对于脉冲干扰来讲，特别是脉冲宽度小于滤波器的窗口宽度的一半，中值滤波还是很有效的。不过，它们在平滑图像的同时会使图像轮廓变得模糊，它们的噪声平滑效果与窗口的宽度有关，窗口宽度越宽，噪声平滑效果越好，但图像就越模糊，这个矛盾难以解决，也是均值滤波和中值滤波的缺点。

基于频域的处理方法主要是用滤波器,把有用信号和干扰信号分开,它在有用信号和干扰信号的频谱没有重叠的前提下,才能把有用信号和干扰信号完全区别开来。但在实际的情况中,有用信号和干扰信号的频谱往往是重叠的,因为无论是高斯白噪声还是脉冲干扰,它们的频谱几乎都是分布在整个频域。而图像的像素灰度一般是光滑的,只有在图像轮廓细节处像素才会突变,所以可以用具有低通的滤波对图像进行平滑,不过在平滑的同时亦会使图像变得模糊。这是用低通滤波器对图像进行平滑难以解决的矛盾。如果要噪声平滑效果好,必然会引起图像模糊,而若图像轮廓清晰,噪声平滑效果必然不好。在使用时,必须权衡得失,在两者中选择其一。各种低通滤波器的性能比较如表 4-1 所示。

表 4-1　各种低通滤波器的性能比较

滤波器	振铃程度	图像模糊程度	噪声平滑程度
理想低通滤波器	严重	严重	最好
巴特沃思低通滤波器	无	很轻	一般
指数低通滤波器	无	较轻	一般

由上述经典去噪方法要么完全在频率域,要么完全在空间域展开。这两类消噪方法造成了顾此失彼的局面,虽然抑制了噪声,却损失了图像边缘细节信息,造成图像模糊。小波分析由于在时域、频域同时具有良好的局部化性质和多分辨率分析的特点,能有效地把信号和噪声区别开来,因此不仅能满足各种去噪要求,如低通、高通、陷波、随机噪声的去除等,而且与传统的去噪方法相比较,有着无可比拟的优点,成为信号分析的一个强有力的工具,被誉为分析信号的数学显微镜。

4.3　基于盲源分离的图像去噪方法

独立分量分析(Independent Component Analysis,ICA)是解决盲源分离问题的重要方法,ICA 图像去噪是一种自适应变换域去噪方法。

在目前的 ICA 去噪算法中,在得到噪声图像的独立分量后,大多采用最大似然估计进行去噪处理。最大似然估计理论表明,对于具有非高斯分布的随机变量,在噪声方差较小时,随机变量的非高斯性越强,去噪估计误差越小。由于 ICA 变换可以把图像分解为多个相互间尽可能独立的分量的组合,而分量之间尽可能独立,等价于各个分量的非高斯性最强。因此,采用 ICA 处理带噪声数据,可以加强信号分量的非高斯性,从而在使用最大似然估计时能有效减小估计误差(在图像去噪中,这相当于使复原的图像最大限度地逼近原始的无噪声图像)。因此,与传统变换域去噪方法相比较,ICA 图像去噪方法具有理论上和应用上的优势。

本节将在盲源分离理论的基础上,对 ICA 图像去噪方法及应用进行探讨。

4.3.1　ICA 的线性模型

如图 4-11 所示,设 $x_1,x_2,\cdots,x_n$ 为 n 维随机观测混合信号,由 m 个未知源信号(或称独立源）$s_1, s_2, \cdots, s_m$ 线性组合而成，忽略时间下标 t，并假设每个混合信号 x_i 都是一个随机变量，而不是时间信号。每个观测值 $x_i(t)$ 为该随机变量的一次抽样。不失一般性，设混合的随机变量和独立源都具有零均值。

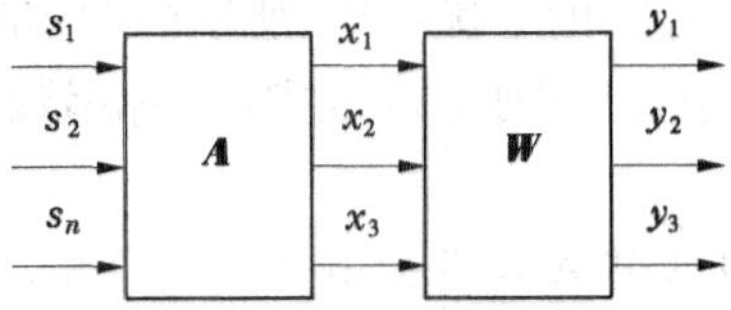

图 4-11　ICA 的线性模型

下面用矩阵形式来定义 ICA 模型。令 $\boldsymbol{X} = (x_1, x_2, \cdots, x_n)^{\mathrm{T}}$ 为 n 维随机向量，$\boldsymbol{S} = (s_1, s_2, \cdots, s_m)^{\mathrm{T}}$ 是 m 维未知源信号，则 ICA 的线性模型可表示为

$$\boldsymbol{X} = \boldsymbol{AS} = \sum_{i=1}^{m} a_i s_i \quad (i = 1, 2, \cdots, m) \tag{4-32}$$

式中，s_i 称为独立分量；$\boldsymbol{A}$ 是一满秩的 $n \times m$ 矩阵，称为混合矩阵，$\boldsymbol{A} = [a_1, a_2, \cdots, a_m]$；$a_i$ 是混合矩阵的基向量。由方程可知，各观测数据 x_i 是由独立源 s_i 经过不同的 a_{ij} 线性加权得到的。独立源 s_i 是隐含变量，不能被直接测量；混合矩阵 $\boldsymbol{A}$ 也是未知矩阵，唯一可利用的信息只有观测的随机矢量 $\boldsymbol{X}$。若没有任何限制条件，仅由 $\boldsymbol{X}$ 估计出 $\boldsymbol{S}$ 和 $\boldsymbol{A}$，方程的解必为多解。而 ICA 正是在某些限制条件下，根据 $\boldsymbol{X}$ 的统计特性，给出方程唯一解，实现独立分量的提取。

如上所述，ICA 的一个重要基本假设就是对未知源信号独立性的要求。针对 ICA 具体模型，未知源信号间相互独立，即要求：

$$p(s) = \prod_{i=1}^{m} p_i(s_i) \tag{4-33}$$

在 ICA 模型中，除要求源信号相互独立外，还必须满足非高斯分布的特性。此外，为简化模型，假设未知混合矩阵 $\boldsymbol{A}$ 是方阵，即 $m = n$，那么 ICA 的目的就是寻找一个变换矩阵，对 $\boldsymbol{X}$ 进行线性变换，得 n 维输出向量：

$$\boldsymbol{Y} = \boldsymbol{WX} = \boldsymbol{WAS} \tag{4-34}$$

在允许存在比例不定性和顺序不定性的前提下，$\boldsymbol{Y}$ 成为对独立分量 s_i 的一个估计 $\boldsymbol{Y} = \hat{\boldsymbol{S}}$。

以上，从盲源分离观点阐述了 ICA 的模型，下面给出从多维信号的线性描述观点论述的 ICA 模型。

设 $\boldsymbol{X} = (x_1, x_2, \cdots, x_n)^{\mathrm{T}}$ 为 n 维观测数据，ICA 的目的即寻找一个坐标系统 $\{\xi_1, \xi_2, \cdots, \xi_n\}$，使得当 $\boldsymbol{X}$ 中各分量 $x_1, x_2, \cdots, x_n$ 在该坐标系下投影时：

$$x_i = s_1\xi_1 + s_2\xi_2 + \cdots + s_n\xi_n \quad (i = 1, 2, \cdots, n) \tag{4-35}$$

投影系数 $s_1, s_2, \cdots, s_n$ 相互独立。

若令 $\boldsymbol{Y} = \boldsymbol{WX}$，在 ICA 实现算法中，系统目标是寻找一最优矩阵 $\boldsymbol{W}$ 使 y_i 相互统计独立，即 $\boldsymbol{Y}$ 互信息为零。可以证明，此时 $\boldsymbol{W}^{-1} = [\xi_1, \xi_2, \cdots, \xi_n]$ 为 ICA 线性描述模型中的坐标系统。

4.3.2　ICA 研究中的主要问题及限制条件

4.3.2.1　ICA 研究中的主要问题

ICA 是在某一判据意义下进行的寻优算法，所以问题实际包含两个部分：首先是采用什么判据作为一组信号是否接近互相独立的准则（目标函数）；其次是用怎样的算法来达到这个目标（优化算法）。

ICA 算法 = 目标函数 + 优化算法

一般来说，不同的目标函数是由不同的估计准则得到的，然后通过恰当的优化方法来实现独立分量分析，也就是求出混合矩阵 $\boldsymbol{A}$ 和独立分量 $\boldsymbol{S}$，其中这些优化方法大多是基于梯度的方法。为了更清楚地描述实现独立分量分析的方法，假设由不同的估计准则得到的目标函数表示为 $F(\boldsymbol{W})$ 且 $\boldsymbol{W}$ 的第 n 行表示为 $\boldsymbol{w}_n$，则这个优化问题就是（以极大化为例，极小化是与其等价的）：

$$\begin{cases}\max_W F(\boldsymbol{W}) \\ s.t.\ \|\boldsymbol{w}_n\| = 1 \quad (n = 1,2,\cdots,N)\end{cases} \tag{4-36}$$

实际独立分量分析的算法主要就是利用最优化的思想和技术。主要包括信息极大化、非高斯性极大化、极大似然估计和互信息极小化等。

对 ICA 问题的研究有许多方面，但归纳起来主要有以下九个方面：

（1）关于源信号不同 pdf，如高斯、次高斯 pdf 的特性描述。给出不同特性 pdf 随机变量的特征参数：矩（moment）、累积矩（cumulant）和峭度（kurtosis）。研究解的等价性，去除二阶相关及去除高阶相关等问题。

（2）ICA 的目标函数。

（3）ICA 的学习算法。与其他神经网络学习算法相同，学习可取批处理方式（针对平稳环境）或在线自适应方式（针对在线或平稳环境）。为了求得使目标函数达到极值的 $\boldsymbol{W}$，所用的算法一般为迭代算法，应尽量简单、收敛快。

（4）ICA 算法的稳定性。稳定性是指 ICA 迭代计算中达到正确源信号分离的解可能是一个平衡点而不是稳定点。

（5）ICA 算法实现的源信号分离精度，即相邻源信号的干扰问题。

（6）ICA 中源信号 pdf 的确定。如果关于源信号 pdf 的先验知识很少甚至完全没有，必须在学习过程中加以确定，否则将进行反复尝试，可能会浪费大量时间而且使分离效果不佳。

（7）ICA 的各种模拟实验和具体应用研究。

（8）盲解卷/均衡和多道盲解卷/均衡问题。

（9）有噪声和 $M \neq N$ 的情况下，ICA 的问题求解。

4.3.2.2　限制条件

ICA 的任务是根据观测记录 $\boldsymbol{X} = \boldsymbol{AS}$，在矩阵 $\boldsymbol{A}$ 未知且对 $\boldsymbol{S}$ 除独立性外无其他先验知识的情况下，求解混合矩阵 $\boldsymbol{W}$，使得变换结果 $\boldsymbol{Y} = \boldsymbol{WX}$ 中各分量尽可能相互独立，且逼近 $\boldsymbol{S}$。从数学角度说，该方程的解并不是唯一的，至少会存在以下一些问题：

（1）分离结果的幅度存在不确定性。

由于在 $X=AS$ 中，A 和 S 均未知，如果将 S 中任一分量 s_i 扩大 a 倍，只需将 A 中相应的混合系数乘以 $1/a$，上式仍成立。在观测信号幅度不变的前提下，源信号的幅度存在不确定性。因此，在求解独立分量时，往往事先假设 S 具有单位方差 $E\{s_i^2\}=1$，且各分量均值为零。

(2) 分离结果的排列存在不确定性。

由于 A 和 S 的未知，公式 $X=AS=\sum_{i=1}^{m}a_is_i$ 中独立分量的顺序很容易调换。在 $X=AS$ 中插入一个置换矩阵 P 和它的逆矩阵 P^{-1}，得到 $X=AP\cdot P^{-1}S$，将 AP^{-1} 看成新的混合矩阵，则 PS 中的各分量便成为新的已调换顺序的独立源 s_i。这表明 ICA 分离结果存在排序上的不确定性。但是，幅度和排序的不确定性不会对 ICA 算法的分离过程产生影响。

4.3.3　ICA 信息极大化方法

Nadal 和 Parga 发现在低噪声的情况下，对神经网络的输入信号和输出信号之间的互信息化暗含了输出分布是可因式化的，即非线性神经网络中的最大化信息变换可以将输出信号之间的互信息最小化。Roth、Baram、Bell 以及 Sejnowski 分别独立地导出了这种最大化方法的随机梯度学习规则，并将该规则分别运用到预测、时间序列分析和盲源分析中。Bell 和 Sqnowslki 提出了一种简单的前馈神经网络算法，如图 4-12 所示。能使用信息最大化法对相互独立的源信号 S 的线性混合信号 X 进行分离。他们指出将神经处理器输出信号的联合熵最大化可以将输出分量 $y_i=g(u_i)$ 之间的互信息几乎降至最小，这里 $g(u_i)$ 是一个可逆的单调非线性函数，且 $U=WX$。

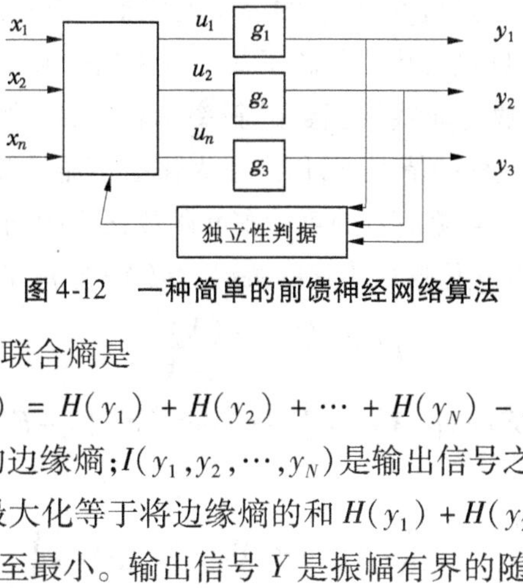

图 4-12　一种简单的前馈神经网络算法

神经网络输出信号的联合熵是

$$H(y_1,y_2,\cdots,y_N)=H(y_1)+H(y_2)+\cdots+H(y_N)-I(y_1,y_2,\cdots,y_N) \tag{4-37}$$

式中，$H(y_1)$ 是输出信号的边缘熵；$I(y_1,y_2,\cdots,y_N)$ 是输出信号之间的互信息。

将 $H(y_1,y_2,\cdots,y_N)$ 最大化等于将边缘熵的和 $H(y_1)+H(y_2)+\cdots+H(y_N)$ 最大化并同时使 $I(y_1,y_2,\cdots,y_N)$ 降至最小。输出信号 Y 是振幅有界的随机变量，因此当输出信号 y_i 服从均匀分布时，$H(y_1)+H(y_2)+\cdots+H(y_N)$ 最大。当 $I(y_1,y_2,\cdots,y_N)=0$ 时，联合熵等于边缘熵的和，即

$$H(y_1,y_2,\cdots,y_N)=H(y_1)+H(y_2)+\cdots+H(y_N) \tag{4-38}$$

当有界随机变量 $y_1,y_2,\cdots,y_N$ 的互信息等于 0，且它们的边缘分布为均匀分布时，$H(y_1,y_2,\cdots,y_N)$ 可取得最大值。这时 $g(u_i)$ 具有源信号 s_i 分布的累积密度函数形式。Bell 和 Sejnowski 选择了一个非线性函数作为固定逻辑函数，等于假定所有的源信号都服

从超高斯分布，通过调整权矩阵 $\boldsymbol{W}$ 使联合熵最大化，使联合熵取得最大值的权矩阵 $\boldsymbol{W}$ 就是所要求得的。

式(4-38)两端对 $\boldsymbol{W}$ 求导得：

$$\frac{\partial H(y)}{\partial \boldsymbol{W}} = \frac{\partial}{\partial \boldsymbol{W}}(-D(p_1(y) \parallel p \mid y \mid)) \tag{4-39}$$

其中，$D(p_1(y) \parallel p|y|)$ 是多元均匀分布 $p_1(y)$ 与其估计值 $p(y)$ 之间的 KL 散度。

当变换函数 $g(u_i)$ 和权矩阵 $\boldsymbol{W}$ 取得最优值时，联合熵 $H(y)$ 取得最大值，且 $p(y) = p_1(y)$，$I(y) = 0$。如果 $g(u_i)$ 是从 u_i 到 y_i 的可逆映射，则因为 KL 散度在可逆变换的情况下是不变的，所以 KL 散度 $D(p_1(y)p|y|)$ 等于源信号估计分布 $p(\boldsymbol{U})$ 与源信号分布 $p(\boldsymbol{S})$ 之间的 KL 散度，即

$$D(p_1(y) \parallel p \mid y \mid) = D(p(\boldsymbol{S}) \parallel p \mid \boldsymbol{U} \mid) \tag{4-40}$$

如果输出信号之间的互信息 $I(y_1, y_2, \cdots, y_N) = 0$，则在非线性变换之前的互信息 $I(u_1, u_2, \cdots, u_N) = 0$，因为非线性变换不产生任何相关性。$y_i$ 与 u_i 有如下关系：

$$p(y_i) = \frac{p(u_i)}{\left|\dfrac{\partial g(u_i)}{\partial u_i}\right|} \tag{4-41}$$

如果 y_i 服从均匀分布，则有

$$p(u_i) = \left|\frac{\partial g(u_i)}{\partial u_i}\right| \tag{4-42}$$

这表示 u_i 是一个独立的随机变量，它的分布近似于一个非线性函数的导数。

Bell 和 Sejnowski 用信息最大化法分离了几个音乐信号和语音信号的混合信号，不过如果源信号的概率密度函数与非线性函数的斜率不相等，联合熵取得最大值时，互信息 $I(y_1, y_2, \cdots, y_N) > 0$。在这样的情况下，信息最大化法不能将互信息最小化，不过这样的情况只有在非线性函数与真实源信号的累计密度函数很不相同时才会发生。

非线性函数 $g(u_i)$ 是将互信息最小化的关键。$p(\boldsymbol{X})$ 与 $p(\boldsymbol{Y})$ 之间有如下关系：

$$p(\boldsymbol{Y}) = \frac{p(\boldsymbol{X})}{|\det J(\boldsymbol{X})|} \tag{4-43}$$

则

$$H(\boldsymbol{Y}) = -E\{\log \mathrm{p}(\boldsymbol{X})\} = E\{\log|\det J(\boldsymbol{X})|\} - E\{\log p(\boldsymbol{X})\}$$

两边对 W 求导得：

$$\frac{\partial H(\boldsymbol{Y})}{\partial \boldsymbol{W}} = \frac{\partial}{\partial \boldsymbol{W}} \log|\det(\boldsymbol{W})| + \frac{\partial}{\partial \boldsymbol{W}} \log \prod_{i=1}^{N} \left|\frac{\partial y_i}{\partial u_i}\right| \tag{4-44}$$

式(4-44)中第一部分 $\frac{\partial}{\partial \boldsymbol{W}} \log|\det(\boldsymbol{W})| = \boldsymbol{W}^{-\mathrm{T}}$，第二部分 $\frac{\partial}{\partial \boldsymbol{W}} \log \prod_{i=1}^{N} \left|\frac{\partial y_i}{\partial u_i}\right| = -\varphi(\boldsymbol{U})\boldsymbol{X}^{\mathrm{T}}$。

这里 $\varphi(\boldsymbol{U})$ 是对数似然的梯度，则

$$\varphi(\boldsymbol{U}) = \frac{\partial p(\boldsymbol{U})}{-\dfrac{\partial(\boldsymbol{U})}{p(\boldsymbol{U})}} = \left[\frac{\partial p(u_1)}{-\dfrac{\partial u_1}{p(u_1)}}, \frac{\partial p(u_2)}{-\dfrac{\partial u_2}{p(u_2)}}, \cdots, \frac{\partial p(u_N)}{-\dfrac{\partial u_N}{p(u_N)}}\right]^{\mathrm{T}} \tag{4-45}$$

所以，通用学习规则即 $\dfrac{\partial H(\boldsymbol{Y})}{\partial \boldsymbol{W}} = (\boldsymbol{W}^{\mathrm{T}})^{-1} - \varphi(\boldsymbol{U})\boldsymbol{X}^{\mathrm{T}}$。

Amari 等提出了一个高效的学习规则使负熵最大化：

$$\Delta \boldsymbol{W} \propto \frac{\partial H(\boldsymbol{Y})}{\partial \boldsymbol{W}}\boldsymbol{W}^{\mathrm{T}}\boldsymbol{W} = [\boldsymbol{I} - \varphi(\boldsymbol{U})\boldsymbol{U}^{\mathrm{T}}]\boldsymbol{W} \tag{4-46}$$

这里，$\boldsymbol{W}^{\mathrm{T}}\boldsymbol{W}$ 改变了梯度比例，简化了学习规则并大大地提高了收敛速度。

4.3.4　ICA 负熵最大化方法

另一种使 u_i 之间的互信息最小化的方法是负熵最大化法。由负熵定义可得，负熵的概率密度 $p(\boldsymbol{U})$ 和高斯分布 $p_G(\boldsymbol{U})$ 之间的 KL 散度，且 $p(\boldsymbol{U})$ 与 $p_G(\boldsymbol{U})$ 有相同的数学期望和协方差，即

$$J(u) = D(p(u) \parallel p_G(u)) = \int p(u)\log\frac{p(u)}{p_G(u)}\mathrm{d}u \tag{4-47}$$

这里，$\boldsymbol{U}$ 是由参数 $\boldsymbol{W}$ 给出的源信号的估计值（$\boldsymbol{U} = \boldsymbol{W}\boldsymbol{X}$）。输出的参数形式是可因式化的。且只有当输出信号 u_i 之间相互独立时，才有 $p(\boldsymbol{U}) = \prod_{i=1}^{N} p(u_i)$，这时输出信号之间的互信息 $I(\boldsymbol{U}) = 0$，且假设 u_i 之间去除了相关性，u_i 可因式化，但 $J(\boldsymbol{U}) \neq \sum_{i=1}^{N} J(u_i)$，则有：

$$\begin{aligned}
\sum_{i=1}^{N} J(u_i) &= \sum_{i=1}^{N} D(p(u_i) \parallel p_G(u_i)) \\
&= \int p(u_1)\log\frac{p(u_1)}{p_G(u_1)}\mathrm{d}u_1 + \cdots + \int p(u_N)\log\frac{p(u_N)}{p_G(u_N)}\mathrm{d}u_N \\
&= \int p(\boldsymbol{U})\log\frac{\prod_{i=1}^{N} p(u_i)}{\prod_{i=1}^{N} p_G(u_i)}\mathrm{d}\boldsymbol{U} \\
&= \int p(\boldsymbol{U})\log\frac{\prod_{i=1}^{N} p(u_i)}{p_G(\boldsymbol{U})}\mathrm{d}\boldsymbol{U} \\
&= \int p(\boldsymbol{U})\log\frac{\prod_{i=1}^{N} p(u_i)}{p(\boldsymbol{U})}\mathrm{d}\boldsymbol{U} + \int p(\boldsymbol{U})\log\frac{p(\boldsymbol{U})}{p_G(\boldsymbol{U})}\mathrm{d}\boldsymbol{U} \\
&= -D(p(\boldsymbol{U}) \parallel \prod_{i=1}^{N} p(u_i)) + J(\boldsymbol{U}) \\
&= -I(\boldsymbol{U}) + J(\boldsymbol{U})
\end{aligned} \tag{4-48}$$

式(4-48)还可进一步展开成：

$$\sum_{i=1}^{N} J(u_i) = -I(\boldsymbol{U}) - H(\boldsymbol{U}) - \int p(\boldsymbol{U})\log p_G(\boldsymbol{U})\mathrm{d}u$$

$$= -I(\boldsymbol{U}) - H(\boldsymbol{X}) - \log(|\det(\boldsymbol{W})|) - \frac{1}{2}\log((2\pi e)^N \det(\langle \boldsymbol{U}\boldsymbol{U}^{\mathrm{T}} \rangle)) \quad (4\text{-}49)$$

式中，$H(\boldsymbol{U}) = H(\boldsymbol{X}) + \log(|\det(\boldsymbol{W})|)$，$p(\boldsymbol{Y}) = \dfrac{p(\boldsymbol{X})}{|\det J(\boldsymbol{X})|}$，$\boldsymbol{U} = \boldsymbol{W}\boldsymbol{X}$。因为假设 u_i 之间是去相关性的，所以它们的协方差矩阵相同，因而行列式等于 1。

式(4-49)可进一步简化为

$$\sum_{i=1}^{N} J(u_i) = -I(\boldsymbol{U}) - H(\boldsymbol{X}) - \frac{1}{2}\log((2\pi e)^N) \quad (4\text{-}50)$$

可以使用随机梯度搜索使负熵最大化：

$$\begin{aligned}\frac{\partial}{\partial \boldsymbol{W}}\sum_{i=1}^{N} J(u_i) &= \frac{\partial}{\partial \boldsymbol{W}}\left(-I(\boldsymbol{U}) - H(\boldsymbol{X}) - \frac{1}{2}\log((2\pi e)^N)\right) \\ &= \frac{\partial}{\partial \boldsymbol{W}}(-I(\boldsymbol{U}))\end{aligned} \quad (4\text{-}51)$$

这实际上导出了与信息最大化相同的学习规则：

$$\begin{aligned}\frac{\partial}{\partial \boldsymbol{W}}\sum_{i=1}^{N} J(u_i) &= \frac{\partial}{\partial \boldsymbol{W}}\left[\int p(\boldsymbol{U})\log\left(\prod_{i=1}^{N} p(u_i)\right)\mathrm{d}\boldsymbol{U} + \frac{1}{2}\log((2\pi e)^N)\right] \\ &= \frac{\partial}{\partial \boldsymbol{W}}\left[E\left\{\log\left(\prod_{i=1}^{N} p(u_i)\right)\right\} + \log(\det(\boldsymbol{W})) + \frac{1}{2}\log((2\pi e)^N)\right] \\ &= \boldsymbol{W}^{-\mathrm{T}} + \left(\frac{\frac{\partial p(\boldsymbol{U})}{\partial \boldsymbol{U}}}{p(\boldsymbol{U})}\right) X^{\mathrm{T}}\end{aligned} \quad (4\text{-}52)$$

4.3.5 ICA 最大似然估计法

最大似然估计(Maximum Likelihood Estimation，MLE)是将观测信号 $\boldsymbol{X}(\boldsymbol{X} = \boldsymbol{A}\boldsymbol{S})$ 模式化。在低噪声情况下，我们使用参数化概率密度估计 $\hat{p}(\boldsymbol{X};a)$ 找到参数向量 a，使生成模式 $\hat{p}(\boldsymbol{X};a)$ 与观测分布 $p(x)$ 之间的差别最小。这种差别可以用 KL 散度来度量：

$$D(p(\boldsymbol{X}) \parallel \hat{p}(\boldsymbol{X};a)) = \int p(\boldsymbol{X})\log\frac{p(\boldsymbol{X})}{\hat{p}(\boldsymbol{X};a)}\mathrm{d}\boldsymbol{X} = -H(\boldsymbol{X}) - \int p(\boldsymbol{X})\log\hat{p}(\boldsymbol{X};a)\mathrm{d}\boldsymbol{X} \quad (4\text{-}53)$$

式中，$p(\boldsymbol{X})$ 是观测信号 $\boldsymbol{X}$ 的概率密度函数；$\hat{p}(\boldsymbol{X};a)$ 是 $p(\boldsymbol{X})$ 的参数估计，只有当估计 $\hat{p}(\boldsymbol{X};a)$ 与 $p(\boldsymbol{X})$ 相等时，$D(p(\boldsymbol{X}) \parallel \hat{p}(\boldsymbol{X};a))$ 才等于 0。

信息最大化法与 MLE 从 ICA 的角度来看是相同的。简要推导如下：

对似然估计取对数并归一化得

$$L(a) = \frac{1}{N}\sum_{i=1}^{N} \log\hat{p}(\boldsymbol{X};a) \quad (4\text{-}54)$$

这里，N 是 $\boldsymbol{X}$ 样本的个数，根据大数定理，对数似然概率收敛于它的数学期望。

$$L(a) = -H(\boldsymbol{X}) - D(p(\boldsymbol{X}) \parallel \hat{p}(\boldsymbol{X};a)) \quad (4\text{-}55)$$

因为 $H(\boldsymbol{X})$ 与 $\boldsymbol{W}$ 无关，所以最大化对数似然可将 $\hat{p}(\boldsymbol{X};\mathrm{a})$ 与 $P(\boldsymbol{X})$ 的 KL 散度最小

化,即

$$\frac{\partial L(a)}{\partial \boldsymbol{W}} = -\frac{\partial}{\partial \boldsymbol{W}} D(p(\boldsymbol{X}) \parallel \hat{p}(\boldsymbol{X};a)) \tag{4-56}$$

因为 $\boldsymbol{A}$ 是可逆矩阵,且 KL 散度在可逆变换下是不变的,所以最小化式中的 KL 散度等价于最小化源估计信号 $p(\boldsymbol{U})$ 与真实源信号 $p(\boldsymbol{S})$ 之间的散度。

$$\frac{\partial L(a)}{\partial \boldsymbol{W}} = -\frac{\partial}{\partial \boldsymbol{W}} D(p(\boldsymbol{S}) \parallel \hat{p}(\boldsymbol{U})) \tag{4-57}$$

4.3.6　ICA 图像去噪的仿真实验

在 Matlab 中对 ICA 图像去噪算法进行验证,实验结果如图 4-13 所示。

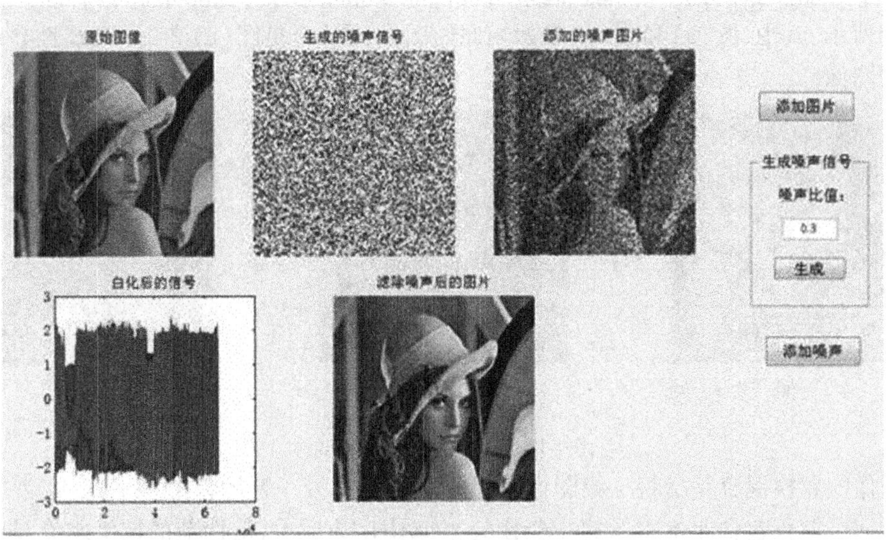

图 4-13　盲源分离图像去噪仿真图

对比本章介绍的常规图像去噪方法和 ICA 去噪方法,ICA 去噪方法的效果最好。其中,均值滤波对噪声的解决方法是将噪声分布到周围的像素点。如同将一把盐撒到水中,虽然咸味变淡了,可是盐的总量并不会少。使用均值滤波对图像去噪时,在降低噪声的同时会使得图像产生模糊;中值滤波的算法较均值滤波虽较为复杂,但对噪声的抑制效果却要好很多。但对模版的大小选取是很重要的,模版太大也会使得图像的清晰度遭到破坏;基于盲源分离的图像去噪更多考虑的是在保留信号主要特征的基础上,如何滤除噪声,就是从含噪图像中恢复原始图像的同时保持原始图像的特征。不仅保持原始图像的空间特性,而且很好地提取了图像的高频信息。在低频处有很好的频率特性,在高频处有很好的空间选择性。

4.4　基于独立分量分析的图像盲源分离

图像盲源分离是指在缺乏源图像及其混合方式的先验知识的情况下进行的图像分离。为了实现图像盲源分离,首先需要对混合模型做出必要而合理的假设,其后在此基础上从观测到的混合图像入手进行盲源分离。

盲源分离方法的对象始自一般通信信号,已经获得基本完善的分离方法。所研究的盲源分离对象是图像,具有区别于一般通信信号的特点。因此,对混合图像进行盲源分离仍然是一个值得深入研究的课题。

图像盲源分离作为图像处理的关键技术之一,近年来已经得到了广泛关注和研究,而且图像盲源分离有着广阔的应用前景,包括从无损的图像中提取目标图像,从指纹图像的背景中提取指纹,由于玻璃的反射特性,从镜子反射的图像中提取原图像,等等。

混合图像按照混合方式的不同主要分为叠加混合图像和置换混合图像。叠加混合是指几幅图像按某种线性或非线性函数直接混合起来,混合后图像的任意区域都以相同方式叠加了原始图像的几个分量。通常所说的叠加混合图像是指线性叠加混合图像,如图 4-14所示,其中,图(a)和图(b)是两幅原始图像,图(c)是图(a)和图(b)线性叠加混合而成的图像。

(a)　　(b)　　(c)

图 4-14　图像的线性叠加混合

图像的置换混合是指将一幅图像的部分内容替代另一幅图像的某一区域,混合后图像的任一区域仅包含原始图像的一个分量。如图 4-15 所示,是伪造的被洪水淹没的公共汽车,它是由两幅图像置换合成的,但从视觉上看,和真实图像几乎没有差别。其中,图(a)和图(b)是两幅置换混合图像,图(c)是公共汽车原始图像。

(a)　　(b)　　(c)

图 4-15　图像的置换混合

本节以流行的 FastICA 算法为例,介绍图像线性叠加混合的盲源分离步骤和实验过程。

4.4.1　FastICA 图像盲源分离步骤

FastICA 算法又称固定点(Fixed-Point)算法,是由芬兰赫尔辛基大学 Hyvärinen 等提出来的,是一种快速寻优迭代算法。与普通的神经网络算法不同的是,这种算法采用了批处理的方式,即在每一步迭代中有大量的样本数据参与运算。但是从分布式并行处理的观点看,该算法仍可称为是一种神经网络算法。FastICA 算法有基于峭度、基于似然最大、基于负熵最大等形式,这里主要介绍基于负熵最大的 FastICA 算法。它以负熵最大作为一个搜寻方向,可以实现顺序地提取独立源,充分体现了投影追踪(Projection Pursuit)这种传统线性变换的思想。此外,该算法采用了定点迭代的优化算法,使得收敛更加快速、稳健。

因为 FastICA 算法以负熵最大作为一个搜寻方向,因此先讨论一下负熵判决准则。由信息论理论可知:在所有等方差的随机变量中,高斯变量的熵最大,因而可以利用熵来度量非高斯性,常用熵的修正形式即负熵。根据中心极限定理,若一随机变量 $\boldsymbol{X}$ 由许多相互独立的随机变量 $\boldsymbol{S}_i(i = 1,2,3,\cdots,N)$ 之和组成,只要 $\boldsymbol{S}_i$ 具有有限的均值和方差,则不论其为何种分布,随机变量 $\boldsymbol{X}$ 较 $\boldsymbol{S}_i$ 更接近高斯分布。换言之,$\boldsymbol{S}_i$ 较 $\boldsymbol{X}$ 的非高斯性更强。因此,在分离过程中,可通过对分离结果的非高斯性度量来表示分离结果间的相互独立性,当非高斯性度量达到最大时,则表明已完成对各独立分量的分离。

实践中,FastICA 算法中用的期望必须用它们的估计值代替。当然最好的估计是相应的样本平均。理想情况下,所有的有效数据都应该参与计算,但这会降低计算速度。所以,通常用一部分样本的平均来估计,样本数目的多少对最后估计的精确度有很大影响。迭代中的样本点应该分别选取,假如收敛不理想,可以增加样本的数量。

FastICA 算法图像分离的步骤如下:

(1)对测试图像 $\boldsymbol{X}$ 进行中心化,使它的均值为 0。

(2)对数据进行白化,$\boldsymbol{X}\to\boldsymbol{Z}$。

(3)选择需要估计的分量的个数 m,设迭代次数 $p\leftarrow 1$。

(4)选择一个初始权矢量(随机的)$\boldsymbol{W}_p$。

(5)令 $\boldsymbol{W}_p = E\{Zg(\boldsymbol{W}_p^{\mathrm{T}}Z)\} - E\{g'(\boldsymbol{W}_p^{\mathrm{T}}Z)\}\boldsymbol{W}$,$g(\cdot)$ 为非线性函数,可取 $g_1(y) = \tanh(a_1 y)$,或 $g_2(y) = y\exp(-y^2/2)$ 或 $g_3(y) = y^3$ 等非线性函数,这里,$1 \leqslant a_1 \leqslant 2$,通常我们取 $a_1 = 1$。

(6)$\boldsymbol{W}_p = \boldsymbol{W}_p - \sum_{j=1}^{p-1}(\boldsymbol{W}_p^{T}\boldsymbol{W}_j)\boldsymbol{W}_j$。

(7)令 $\boldsymbol{W}^* = \boldsymbol{W} - [E\{\boldsymbol{X}g(\boldsymbol{W}^{T}\boldsymbol{X})\} - \beta\boldsymbol{W}]/[E\{g'(\boldsymbol{W}^{\mathrm{T}}\boldsymbol{X})\} - \beta]$,$\boldsymbol{W} = \boldsymbol{W}^*/\|\boldsymbol{W}^*\|$。

(8)假如 $\boldsymbol{W}_p$ 不收敛,返回第(5)步。

(9)令 $p = p + 1$,如果 $p \leqslant m$,返回第(4)步。

FastICA 算法图像分离的流程如图 4-16 所示。

4.4.2　FastICA 图像盲源分离实验

选取用于盲源分离实验的三幅原始图像,如图 4-17 所示。

使用 Matlab 实现 FastICA 算法的仿真,分别选取矩阵 $\boldsymbol{A}$、$\boldsymbol{W}$ 和 $\boldsymbol{I}$ 如下:

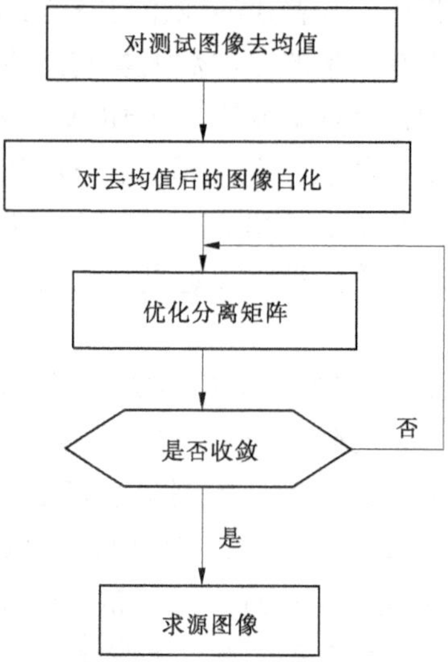

图 4-16　FastICA 算法流程

原始图像 1　　原始图像 2　　原始图像 3

图 4-17　用于盲源分离实验的三幅原始图像

$$\boldsymbol{A}=\begin{bmatrix}0.9501 & 0.4860 & 0.4565\\ 0.2311 & 0.8913 & 0.0185\\ 0.6068 & 0.7621 & 0.8214\end{bmatrix}$$

$$\boldsymbol{W}=\begin{bmatrix}1.4060 & 0.2917 & 0.6182\\ 0.6800 & 1.1762 & 0.4579\\ 1.0042 & 1.1865 & 2.0305\end{bmatrix}$$

$$\boldsymbol{I}=\begin{bmatrix}1.0000 & 0.0000 & 0.0000\\ 0.0000 & 1.0000 & 0.0000\\ 0.0000 & 0.0000 & 1.0000\end{bmatrix}$$

图 4-18 为归一化后的 3 张大小为 256 × 256 的原始图像及其直方图。

产生随机混合矩阵，将原始图像混合后得到混合图像，如图 4-19 所示，可见原始图像已经看不出来。

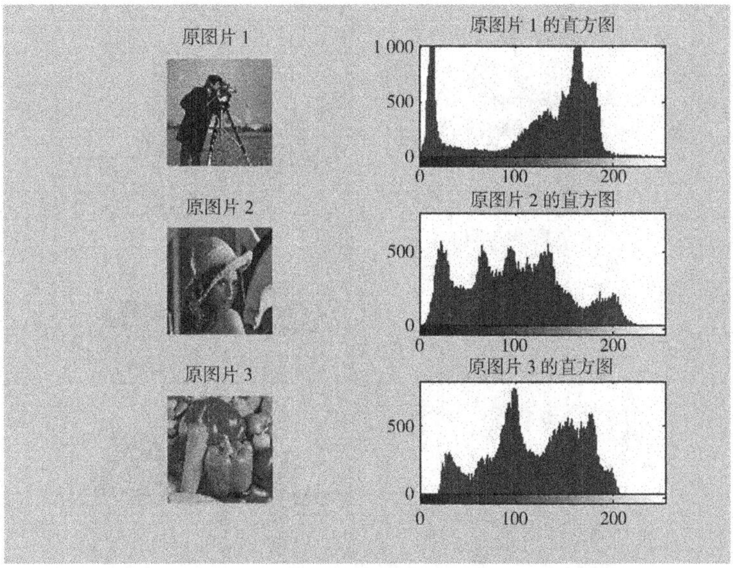

图 4-18　归一化后的原始图像及其直方图

图 4-19　混合后的 3 张图片

用 FastICA 对图 4-19 中的混合图像进行盲源分离，即假定在未知源图像和混合矩阵下对混合图像进行分离，得到分离后的结果，如图 4-20 所示。

在将分离出的图片与原来的图片进行比较后可以发现，分离出的图片基本上能够保留原来图像的信息。对原图和分离出的图片进行差值运算，并绘出差值图的直方图后可以清晰地看到结果，如图 4-21 所示。

ICA 问题本身具有一些不确定因素，包括：①分离后结果的排序与源信号会不一致；②分离后的信号可能会与源信号相差一个负号。由于仿真实验在源图像未知的情况下进行，因此在分离后的图形中会发现图像的排序发生变化，不过这些不会影响该算法对实际问题的处理。

进行差值运算后，因为分离出的图片与原来的图片的灰度值很相近，相减后会是比较小的数，由于灰度值也表征亮度，所以比较小的数显示的图片比较黑。从直方图中也可以看出相减以后的值接近于 0。

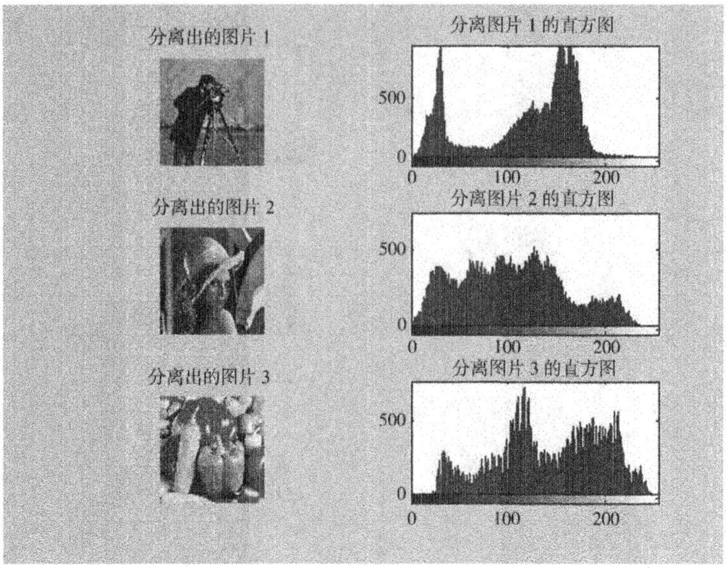

图 4-20　分离出的 3 张图片及其直方图

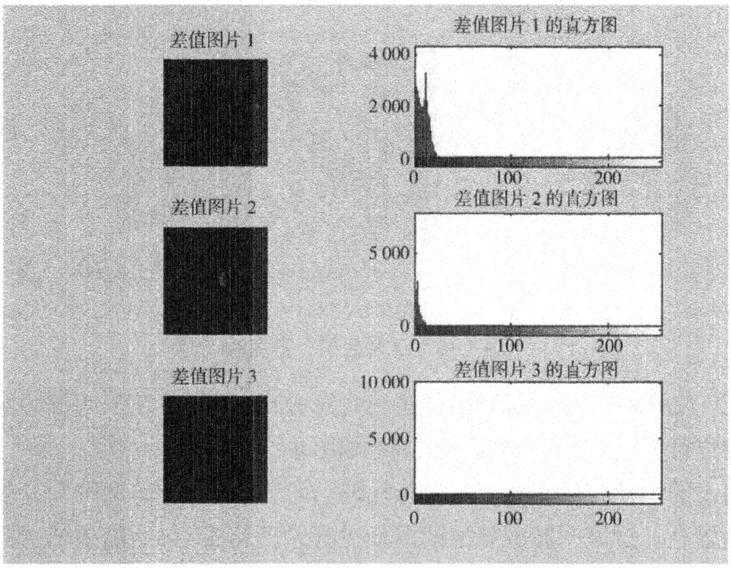

图 4-21　原图和分离图的差值图及其对应的直方图

事实上,当不考虑源信号的时间结构时，FastICA 算法以对大规模问题特别有效而著称。FastICA 算法能够分离由不独立的图像混合而成的混合图像,取得了较好的效果。这是标准的 ICA 算法难以完成的任务,因为通常自然图像之间并不是统计独立的,而是具有一定的相关性的,结合它们内在的时间结构信息,FastICA 算法能够较好地完成这个任务。

第5章　生物医学信号的盲源分离及应用

5.1　引　言

在生物医学信号处理领域中，利用盲源分离技术，解决了一系列的相关难题，使得人们在生物医学信号特征检测、提取及其临床应用中取得了长足的发展。人体中存在的生命信号可概括地分为两大类，一类是化学信息，另一类是物理信息，生物医学信号领域中的信号多属于物理信息类，大部分都是由人身体中的各器官运动而产生的，其中人们熟知的生物医学信号有：心电信号（ECG），因人体心脏跳动而产生；眼电信号（EOG），是人体眼部进行如眨眼等动作产生的；还有如肌电信号（EMG）、脑电信号（EEG）等，都是由于相应的器官活动而产生的电信号。人体中还存在着非电信号，这些信号通过相应的传感器也可转变成电信号，如体表温度、血液压力及肺潮气量等。人们在生物医学信号领域中主要研究的就是这些由人体自身产生的电信号，这些信号便于检测、提取，且与人体的健康密切相关，是目前生物医学工程的重点研究对象之一。但因生物医学信号的以下特点，给其处理带来了困难：

（1）信号弱，人体的生理电信号都是从人体细胞中产生的微弱信号，幅值较小，如脑干听觉诱发响应信号小于1 μV。

（2）噪声强，在采集人体生理电信号的同时常伴有强噪声，对采集到的信号造成干扰。如在采集诱发脑电信号时，总是伴随着较强的自发脑电，对诱发的脑电信号产生噪声干扰。

（3）信号的频率范围不高，如心电频谱最高不超过45 Hz；随机性强，生物医学信号是随机信号，只有通过大量的统计数据，其规律才能呈现出来，且多为非平稳信号，随着时间的变化，描述其信号的统计特性也发生相应变化。

针对生物医学信号的特点，人们采用了诸多方式对信号进行数字化的处理，如傅里叶变换算法、各种数字滤波算法、小波变换、时变参数模型、自适应处理算法、混沌与分形、人工神经网络算法等。自从1996年Makeig等将盲源分离技术应用于脑电信号分解中，越来越多的学者将盲源分离技术应用在医学生物信号处理领域中。目前，盲源分离在生物医学信号处理中多采用静态处理方式，即在完成数据采集后，才对信号进行盲源分离处理，此方法分离效果好，但所需存储空间较大，不能动态跟踪生物医学信号变化，不利于信息的即时反馈，因此需采用动态处理方式，但当前采用的动态处理方式对单样本进行盲源分离时，分离效果较差，抗干扰能力低，不能满足人们实时获得有用信号的需求。

生物医学信号处理可看作是数字信号处理的一个应用实例，将数字信号处理的各种方法应用到生物医学信号的检测中已成为数字信号处理技术发挥其威力的一个重要领域。随着数字信号处理技术的发展，生物医学信号处理技术也日益发展成熟，成为生物医学工程中不可或缺的一个重要环节。

目前,国内外关于生物医学信号处理中较常见的检测分析方法有以下几种:

(1)频域滤波:根据通过信号与噪声信号的频谱不一致的特点,在频率范围内过滤干扰信号,获得有用的生物医学信号。

(2)自适应滤波:是频域滤波的延伸和优化,可以跟随系统和环境的变化自动更新滤波器参数,以达到实时滤波的效果;混沌分析测量,其测量的基本思路是利用混沌系统中的敏感元件,当待测量发生变化时,敏感元件的参数也会发生变化而导致系统的混沌轨道变化,只要将混沌轨道的变化测出,即可以得到待测量。

(3)小波分析:属于时频分析方法,是一种多尺度的信号分析方法,可将时域和频域结合起来描述信号的局部时频联合特征,此方法不仅能分析信号的整个轮廓,还可对信号的细节进行分析,虽然 20 世纪 80 年代初才被人们提出,但已被人们广泛应用到数字信号处理领域中。它在生物医学信号处理中也有突出表现,如心电图中 QRS 波的综合检测,生物医学微电信号的提取、分析和处理等。

(4)人工神经网络分析:利用人工神经网络模仿动物神经网络分布式并行处理信息的能力,分析信号间存在的潜在联系,具有自学习和自适应的能力,在生物医学信号处理中主要应用于自发脑电和脑干听觉诱发电位的分析上。

自从 Makeig 等将盲源分离运用到脑电信号的分解中,盲源分离因其本身只利用观测信号就能恢复源信号的特点,针对生物医学信号采集时只需在人体表皮处安放多个传感器,来获得采集到的人体生理信号,不需要知道采集具体情况如传感器的放置位置、传感器的传输介质参数等,成为生物医学信号处理领域中一个热门的信号处理技术。目前已应用到的有微弱心电图增强、肌电(EMG)信号的增强和分解、脑电图(EEG)和脑磁图(EMG)的数据处理、功能磁共振成像(FMRI)信号处理等。

5.2　盲源分离应用于胎儿心电信号提取

5.2.1　心电信号的基础知识

心脏机械性收缩之前,心肌先产生电激动。这种电流能通过组织和体液传导至体表,在身体不同部分的表面形成电位差,将这种变动着的电位差用心电图机记录下来即为心电图(Electrocardiograph,ECG)。

心脏是由两种不同的心肌组成的,即能产生和传导冲动的特殊传导组织和具有机械性收缩机能的普通心肌组织。窦房结位于右心房上腔静脉入口处,是心脏激动的最高起搏点,它能自动地、有节律地发出一定频率的激动,通过传导系统传至普通心肌组织,引起心肌的机械性收缩反应,即心房与心室的收缩与舒张活动。心脏机械性收缩前,心肌首先发生电激动,电激动开始后心肌即开始收缩,电激动一完成,心肌即开始舒张。先有电激动,才引起心房和心室的收缩,两者之间相差约 0.007 s。根据电生理学原理,心肌电激动的过程,即是心肌细胞进行除极和复极的过程。心脏收缩前的电激动称为除极,心脏舒张前的电激动称为复极,心脏每跳动一次,就是心房与心室进行了一次除极和复极。图 5-1

所示为心脏的结构图。

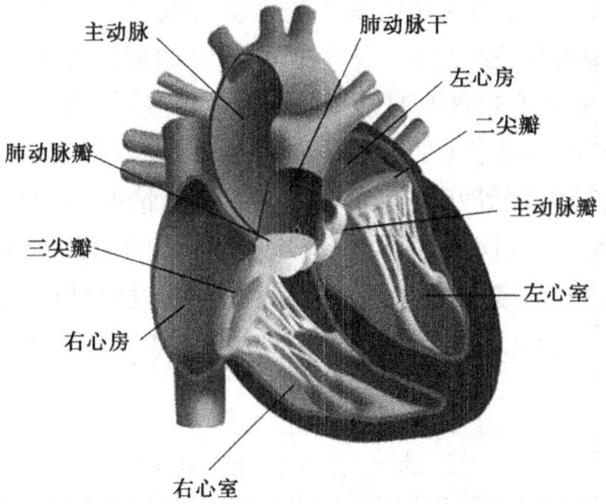

图 5-1　心脏结构

心脏细胞除极和复极的电生理现象,是心脏运动的基础。由心脏内部产生的一系列非常协调的电刺激脉冲,分别使心房、心室的肌肉细胞兴奋,使之有节律地舒张和收缩,从而实现“血液泵”的功能,维持人体循环系统的正常运转。心电信号从宏观上记录心脏细胞的除极和复极过程,在一定程度上客观反映了心脏各部位的生理状况,因而在临床医学中有重要意义。

每一个心脏细胞的除极和复极过程可以等效于一个电偶极子的活动。为了研究方便和简化分析,可以把人体看作是一个容积导体,心脏细胞的电偶极子在该容积导体的空间中形成一定方向和大小的电场,所有偶极子电场向量相加,形成综合向量,即心电向量。当它作用于人体的容积导体时,在体表不同部位则形成电位差,通常从体表检测到的心电信号就是这种电位差信号。

正常情况下,心肌细胞活动时,电位迅速增高;当细胞活动静止下来时,电位又逐渐降低,直至恢复到以前静息状态时那样。在正常人体内,由窦房结发出的一次兴奋,按一定的途径和过程,依次传向心房和心室,引起整个心脏的兴奋。因此,每一个心动周期中,心脏各部分兴奋过程中出现的电变化的方向、途径、次序和时间等,都有一定的规律。这种由大量心脏细胞有序活动产生的生物电变化,通过心脏周围的导电组织和体液,反映到身体表面上来,使身体各部位在每一心动周期中也都发生有规律的变化。

将测量电极放置在人体表面的一定部位记录下来的心脏电变化曲线就是目前临床上记录的心电图。心电信号经过传导衰减,反映在身体表面时一般为毫伏量级的微弱电信号。心电图是心脏在每个心动周期中,由起搏点、心房、心室相继兴奋,伴随着心电图生物电的变化,通过心电描记器从体表引出多种形式的电位变化的图形。心电图是心脏兴奋的发生、传播及恢复过程的客观指标。由于人体的心脏并不能在体外直接接触,那么通过诊断从体表采集的、能直接反映心脏活动的心电图就变为一种切实可行的方法。

5.2.2　胎儿心电图的意义

胎儿心电图是一种针对子宫内胎儿的心电监护方法。与心音和心动信号相比,胎儿心电信号是最能反映心脏活动全貌的生理信号，而且胎儿出现异常时，胎儿心电图(Fetal Electrocardiogram，FECG)形态的变化比基于超声多普勒的胎心率电子监护和胎心宫缩监护等指标的变化发生得更早、更敏感。从 FECG 不仅能提取胎儿的平均心率和瞬时心率的变化，而且能像一般成人心电图那样，从描绘的心电波形中得到更多胎儿心脏状况的信息。通过对 FECG 这些波形变化(如心率、心律、QRS 时限等)的分析，结合临床观察，可及时发现胎儿缺氧、脐带缠绕等妊娠期或分娩期的病理情况，以便及早采取措施来保证胎儿健康，降低围产期胎儿的发病率和死亡率。少数异常的胎儿心电图是胎儿先天性心脏病的表现，可及早中止妊娠，或进行宫内心脏修补手术，以达到优生目的。

与成人心电图类似，胎儿心电图也存在 P 波、Q 波、R 波、S 波、T 波和 U 波，如图 5-2 所示。

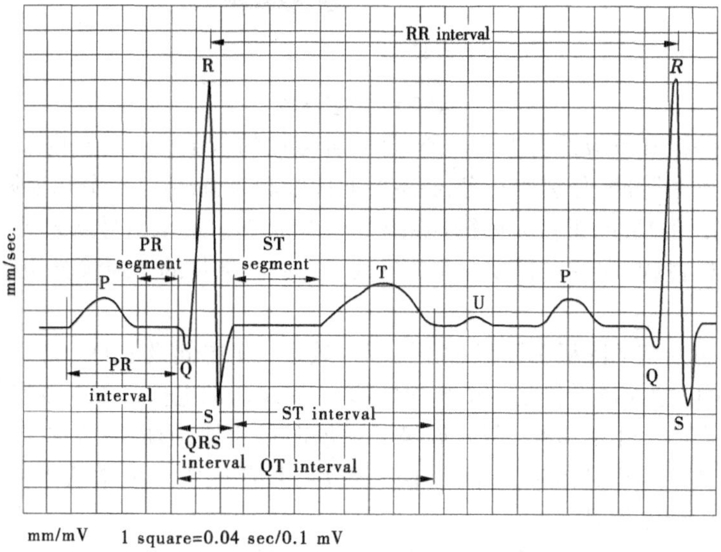

图 5-2 胎儿心电图波形

(1)P 波：心脏的兴奋发源于窦房结，最先传至心房，故心电图各波中最先出现的是代表左右两心房兴奋过程的 P 波。它代表心房肌的除极电位变化。P 波形小而圆钝，随各导联而稍有不同。P 波的宽度一般不超过 0.11 s，电压幅度不超过 0.25 mV。

(2)PR 段：是从 P 波终点到 QRS 波起点之间的曲线，通常与基线同一水平。PR 段由电活动经房室交界传向心室所产生的电位变化极弱，在体表难以记录。

(3)PR 间期：是从 P 波起点到 QRS 波群起点的时间距离，代表心房开始兴奋到心室开始兴奋所需的时间，一般成人为 0.12 ~0.20 s，小儿稍短。

(4)QRS 复合波(QRS 波群)：代表两个心室兴奋传播过程的电位变化。由窦房结发生的兴奋波经传导系统首先到达心室间隔的左侧面，以后按一定路线和方向，并由内层向外层依次传播。随着心室各部位先后去极化形成多个瞬间综合心电向量，在额面的导联轴上的投影便是心电图肢体导联的 QRS 复合波。典型的 QRS 复合波包括三个相连的波动。第一个向下的波为 Q 波，继 Q 波后一个狭高向上的波为 R 波，与 R 波相连接的又一个向下的波为 S 波。由于这三个波紧密相连且总时间不超过 0.10 s，故合称 QRS 复合波。QRS 复合波所占时间代表心室肌兴奋传播所需时间,正常人在 0.06 ~0.10 s。

(5)ST 段:由 QRS 波群结束到 T 波开始的平线,反映心室均在兴奋而处于去极化状态,故无电位差。正常时接近于等电位线,向下偏移不应超过 0.05 mV,向上偏移在肢体导联不超过 0.1 mV,在单极心前导联中 V1、V2、V3 中可达 0.2 ~0.3 mV;V4、V5 导联中很少高于 0.1 mV。任何正常心前导联中,ST 段下降不应低于 0.05 mV。

(6)T 波:继 QRS 波群后的一个波幅较低而波宽较长的电波,反映心室兴奋后再极化过程。心室再极化的顺序与去极化过程相反,它缓慢地从外层向内层进行,在外层已去极化部分的负电位首先恢复到静息时的正电位,使外层为正,内层为负,因此与去极化时向量的方向基本相同。连接心室复极各瞬间向量所形成的轨迹,就是心室再极化心电向量环,简称 T 环。T 环的投影即为 T 波。再极化过程同心肌代谢有关,因而较去极化过程缓慢,占时较长。T 波与 ST 段同样具有重要的诊断意义。如果 T 波倒置,说明心肌梗死。

(7)QT 间期:QRS 复合波的起点至 T 波终点的间距,代表心室肌除极和复极全过程所需的时间。

(8)RR 间期:相邻两个 R 波的间距,用于测量心率。

(9)U 波:在 T 波后 0.02 ~0.04 s 出现宽而低的波,幅度在 0.05 mV 以下,波宽约 0.20 s。一般认为可能由心舒张时各部产生的负后电位形成,也有人认为是浦肯野氏纤维再极化的结果。由于 U 波幅度较小,常被噪声淹没,临床心电图较难观测,所以本书也不考虑 U 波的影响,一旦出现也视为噪声。

胎儿心电图在孕期和围产期都具有重要的医学意义,主要表现于:

(1)诊断双胎。胎儿心电图描记单上出现两套胎儿心电图,各有其特征。

(2)诊断胎位。根据 QRS 波群的主波方向可以判断胎儿是头位或臀位,当常规放置电极时,QRS 波群主波向下,则为臀位。

(3)诊断胎心心动过速或心动过缓。根据 QRS 波群主波间期的时限,判断胎儿心动过速或心动过缓。

(4)估计胎儿大小。根据 QRS 波群的时限长短和振幅高低,初步估计胎儿大小,如正常范围或巨大儿或胎儿宫内发育迟缓。对溶血性贫血的胎儿,可通过多次复查胎儿心电图,分析 QRS 波群的时限变化和振幅改变,判断贫血的严重程度。

(5)诊断胎儿窘迫。早期缺氧,胎儿可通过加快胎心率代偿,心电图表现为 RR 间期缩短;晚期缺氧,表现为 RR 间期延长,胎心率过缓;当出现代谢性酸中毒时,ST 段明显压低或抬高。

(6)初选胎儿心脏病。如 PR 间期延长,胎心率减慢,QRS 波群增宽持续存在,考虑严重的先天性心脏病或心脏传导阻滞、心脏扩大、心肌肥厚增生等,应该进一步做超声心电图检查胎儿心脏结构是否异常。

(7)诊断胎儿心律失常。当临床发现心脏停搏、心律不规则等情况时,应立即做胎儿心电图,可发现 RR 间期不等,如胎心率变化范围超过 25 ~30 bpm,还可发现早搏、二联律或三联律,当出现早搏多于 6 次/min 时则为频发性早搏。胎儿心电图表现为 QRS 波群综合波提前出现,波后有较长时间的代偿间隙。

由于胎儿心电图能准确分辨胎儿心脏活动周期的微小电位变化,其形态变化较目前广泛使用的B型超声监护仪、彩色多普勒超声监护仪和胎心监护仪等更敏感。B型超声监护仪和彩色多普勒超声监护仪侧重于对胎儿心脏的形态和结构进行检查,但是其结构分辨率有一定的限制,故只能分辨较明显的异常结构;胎心监护仪通过拾取和处理超声多普勒胎儿心音信号,可以观察和记录胎心率的动态变化,但由于胎儿心音信号形成的因素复杂,并不能像胎儿心电图那样非常灵敏地反映胎儿心脏的异常。

综上所述,胎儿心电图检查是对胎儿宫内安危状况监测的有效手段,是胎儿健康状况的直接反映,有较高的诊断应用价值。由于其检测方法简便、无创伤、可重复,为临床医师所认可,结合其他手段如超声波检查等能更好地为临床服务。胎儿心电图已成为认知和了解胎儿心脏活动及早期发现胎儿疾病的重要手段,研究胎儿心电信号的提取技术具有重要的理论意义和实用价值。

5.2.3　胎儿心电信号采集

胎儿心电图是一种针对子宫内胎儿的心电监护方法。胎儿心电图的组成与成人心电图的组成基本一致,只是若干指标有差别。

胎儿心电图有两种采集方法:

直接法和间接法(或者腹壁法)。直接法是将一种特殊的电极固定在胎儿先露部,如头皮或者臀,直接采集胎儿的心电信号。此信号几乎无干扰,是一种理想的胎儿心电监护方法。但是,该方法只能在产时子宫口开大、破膜以后使用,操作不便,是一种有创性的检测方法,对母亲和胎儿均有感染的风险。直接采集方法如图5-3所示。

间接法也称腹壁法,是一种通过母亲体表腹壁放置的电极采集胎儿心电信号的方法。这种方法是一种无创性的检测方法,深受医务工作者的喜爱。但是采集的信号中混有母亲心电信号,对胎儿心电的诊断带来不良影响。如果设法消除母亲心电信号的干扰,得到纯净的胎儿心电信号,那么该方法也是一种比较理想的监护方法。间接采集方法如图5-4所示。

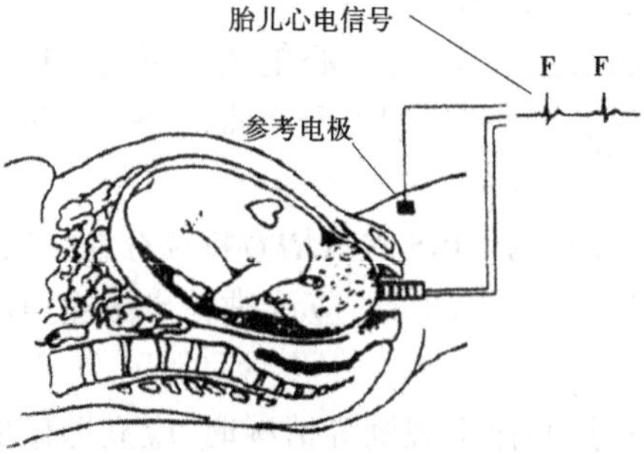

图5-3　直接法采集胎儿心电信号示意图

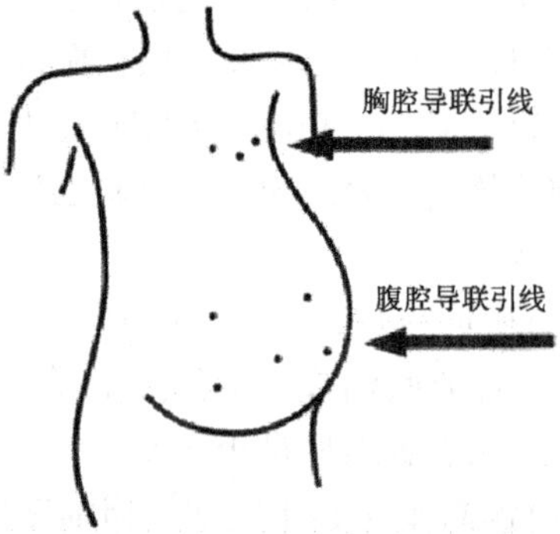

图5-4　间接法采集胎儿心电图的电极位置示意图

胎儿心电信号也属于生物医学信号范畴,除生物医学信号共有的特点如信号弱不稳定、容易被各种噪声和干扰污染或互相叠加等外,胎儿心电信号的基本特点有:胎儿心率都比较快，为120~170次/min；最能明显表示心电的QRS波在正常胎儿心电中时限为0.02~0.05 s，振幅更是微小，为10~30 μV；胎儿的心电频率远高于成年人的心率，频谱范围是0.05~200 Hz。

对于生物医学信号检测与处理来说，需要考虑的噪声有以下几种，这些噪声时常影响胎儿心电信号：

(1)工频干扰。一般在真实环境中进行信号采集，基本上采集后的信号都存在工频干扰噪声，这种干扰是由电力系统引起的，主要由50 Hz及其谐波构成。工频干扰是医学生物信号检测与处理过程中常见的干扰信号之一，消除工频干扰的方法有很多，当医学生物信号的频率远小于50 Hz时，可直接通过滤波器将此干扰消除。

(2)基线漂移。主要是由电极移动和被测对象的呼吸而产生的，在胎儿心电的检测中，基线漂移是由母亲的呼吸引起的，基线漂移是一种低频干扰，频率为0.15~0.3 Hz。因其与胎儿心电有部分的频率范围是重合的，仅用高通滤波器进行处理，会导致同时将胎儿心电中部分有用信息滤除掉。目前常用来抑制基线漂移的方法有自适应滤波、小波变换等。

(3)电极接触噪声和运动伪迹。只要是利用接触式电极测量生物医学信号，都会产生这两种噪声，前者是由电极的接触不良引起的，后者是由测量时人体轻微运动引起的，都与测量电极和人体的接触相关，在胎儿心电信号采集中，此两种干扰都存在，在处理胎儿心电信号时，应将其去除。

(4)不同信号之间的干扰。在采集胎儿心电信号时，同时可采集到的信号有母体的肌电(MEMG)信号和母体的心电(MECG)信号，对于胎儿心电信号来说，这两种信号都是干扰信号，尤其是母体心电信号，因为其幅值是FECG信号的1.5~1 000倍，且两个信号的频带有相互重叠的部分，都使得FECG信号的检测存在困难。母体的肌电信号对FECG信号的干扰也很大，有时甚至会完全覆盖FECG信号。因此，要获得清晰的FECG信号，主要就是对母体产生的MECG信号进行消除。

传统的胎儿心电检测方法有很多，如匹配滤波、自适应滤波、SVD分解、小波变换等方法。但这些方法都存在一定的缺陷。

匹配滤波法是利用检测到的母体心电QRS波群建立一个母体心电的样板，然后用腹部信号减去这个样板母体心电信号，得到胎儿心电信号。此方法结构简单，易于实现，但是仅消除了MECG信号的干扰，对于其他的干扰信号没有任何作用，FECG信号中仍存在大量的噪声信号。

自适应滤波法，也是采取腹部信号直接减去MECG信号的方法，只是此时作为MECG信号的参考信号是在宫底测量出来的，只包含母体心电信号和腹部噪声信号，基本没有FECG信号，利用自适应滤波抵消运算后可得到较好的FECG信号，但该方法的准确性受到参考电极放置的位置、参考信号与理想信号两者间的关系等因素的影响。

SVD分解方法和小波变换方法，虽然对FECG信号的提取的准确度较高，但前者因建模要求困难，后者因计算量较大，都不能对胎儿心电信号进行实时性处理。而且这些方法对于信号采集时的要求较高，例如采集时人体是否移动、采集时孕妇的状态、采集过程中电极放置的位置与胎儿所在位置的相对情况等都会影响算法分离FECG信号的效果。

近年来，盲源分离技术的出现给胎儿心电信号处理提供了新的方式，从母体表面测到的信号可看成是相互独立分源（如 MECG、FECG）在测量电极的瞬时混合，依靠布置在孕妇皮肤上的电极信号进行胎儿和母体心电信号的盲分离已经成为盲源分离在生物医学中的典型应用。

5.2.4　盲源分离问题的提出

利用盲源分离技术提取 FECG 的过程如图 5-5 所示。

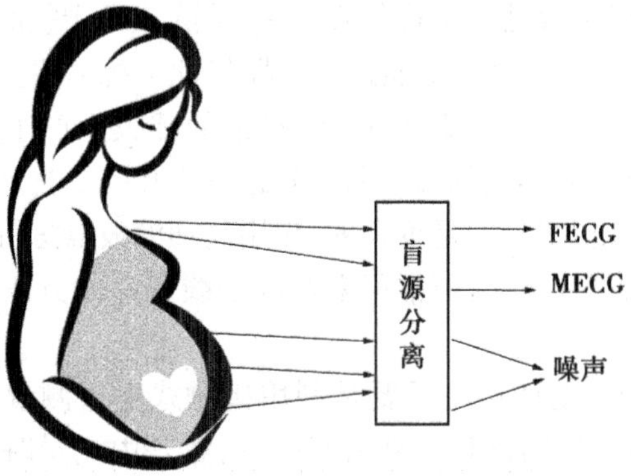

图 5-5　盲源分离问题中 FECG 获取过程

图 5-5 中，盲源分离的输入来自母体胸腹部表面电极阵列检测的生物电信号，其中除包含微弱的胎儿心电信号成分外，还包含母体心电信号、肌电信号、工频干扰以及呼吸引起的基线漂移等强干扰成分。由于上述成分来自不同的信号源，因此可看成是彼此相互独立的。另外，研究表明生物电信号的人体传播过程基本满足线性瞬时混合模型，因此可以将盲源分离技术应用于胎儿心电分离提取中。

总体来看，盲源分离技术应用于胎儿心电信号分离提取的效果还是比较肯定的，但也存在一些问题：

（1）在母体胸腹导联检测的 ECG 中，由于测量过程中随机干扰因素比较复杂，因此源信号成分的数量和稳定性都难以预测和控制，这使得电极安放位置和导联数量的选择均比较困难，在临床应用中难以形成统一的标准。

（2）在 FECG 长程监测过程中，不可预知的运动干扰（母体运动、胎动和宫缩等）不仅会在观测信号中引入基线漂移成分，还会造成电极和“源”之间相对位置以及和皮肤接触阻抗的改变，进而引起腹部 ECG 混合模型系数的变化。传统的批处理盲源分离算法只适用于非时变混合模型，因此不合适用于 FECG 长程监测。

（3）在 FECG 信噪比较低的情况下，盲源分离算法的稳定性和有效性还难以保证。

（4）通常需要较多的导联数才可能获得较好的 FECG 分离效果。

由于上述问题的存在，盲源分离算法的实用性受到了较大的限制。虽然研究者提出了一些新的 FECG 提取方法，如模糊神经网络、独立分量分析分离与微粒群算法或是与遗传算法相结合，并称获得了更好的 FECG 分离效果，但新算法的复杂性普遍比较高，临床应用价值非常有限，而且算法的普适性也有待进一步验证。

5.2.5　母体腹部观测信号预处理方法

从母亲体表腹部采集的混合心电信号实际包含了多种干扰信号，如市电 50 Hz 工频通过电磁耦合传入硬件采集系统产生的干扰、因呼吸和其他运动造成母亲腹部体表电极与皮肤细微的滑动产生信号基线的漂移、腹部肌肉和子宫平滑肌收缩产生的肌电信号的干扰等。此外，腹部观测中胎儿心电信号的幅度一般比较小，还需要用其他方法对母亲心电波群的部分波形进行剔除，并对胎儿心电信号进行增强，以更有利于胎儿心电信号的搜索定位。

5.2.5.1　消除 50 Hz 工频干扰陷波器的设计

根据心电信号的现有研究知识，人体分布电容和电极引线环路受工频电、磁场影响而产生的 50 Hz 工频干扰影响非常大，它会使系统的信噪比下降，甚至会淹没微弱的有用心电信号。同时，由于我国目前仍没有对电器采取强制的 EMC(电磁兼容)标准，用电环境的污染比较严重，50 Hz 工频干扰普遍存在，给实际的心电信号采集和处理分析带来了严重的影响。因此，在心电信号检测技术中，抑制 50 Hz 工频干扰是最重要的问题之一。采用了现代数字信号处理中的数字滤波技术对心电信号进行预处理，实现基于 HR 和基于 FIR 的陷波器设计，可以很好地消除心电信号中的工频干扰。

滤波器的设计中，使用 HR 滤波器，阶数低，运算量少，但破坏了相位特性。使用 FIR 滤波器能得到很好的滤波效果，使波形失真达到很小，而且最重要的是 FIR 滤波器可以做成线性相位特性，这是实际心电信号滤波特别需要的。当然，满足同样性能的 FIR 滤波器需要滤波器阶数很高，运算量也就相应大很多。利用 Matlab 设计 FIR 滤波器的方法有窗函数法、频率抽样法和切比雪夫逼近法等，这里采用窗函数设计 50 Hz 陷波器。

1. 窗函数方法的基本思想

窗函数设计滤波器的基本思想是，首先根据要求选择一个适当的理想低通滤波器，因为其脉冲响应是非因果且是无限长的，用最优化窗结构窗函数来截取它的脉冲响应，从而得到线性相位和因果的 FIR 滤波器。kaiser 窗是接近最优化窗结构的窗函数，它可以根据不同的参数调整滤波器的各项指标，而矩形窗、Hanning 窗、Hamming 窗和 Blackman 窗等窗的形状是固定的，一旦选取了某种窗函数，设计出的 FIR 滤波器在阻带的衰减就确定了。kaiser 窗是一种应用广泛的可调窗，它可以通过改变窗函数的形状来控制窗函数旁瓣的大小，从而可在设计中用滤波器的衰减指标来确定窗函数的形状。因此，本节采用 kaiser 窗函数进行滤波器设计。

kaiser 窗函数的基本参数如式(5-1) ~ 式(5-4)所示。

$$w_k = \frac{I_0\left(\beta\sqrt{1-\left(1-\frac{2n}{N-1}\right)^2}\right)}{I_0(\beta)} \quad (0 \leqslant n \leqslant N-1) \tag{5-1}$$

$$I_0(x) = \sum_{k=0}^{\infty}\left[\frac{1}{k!}\times\left(\frac{x}{2}\right)^k\right]^2 \tag{5-2}$$

$$N = \frac{\partial_s - 8}{2.285\times(\omega_s-\omega_p)} + 1 \tag{5-3}$$

$$\beta = \begin{cases} 0.1102 \times (\partial_s - 8.7) & (\partial_s > 50) \\ 0.5842(\partial_s - 21)^{0.4} + 0.07886(\partial_s - 21) & (21 \leqslant \partial_s \leqslant 50) \\ 0 & (\partial_s < 21) \end{cases} \tag{5-4}$$

式中，$I_0(\cdot)$ 是第一类变形零阶贝塞尔函数；β 是可自由选择的形状参数，它可以同时调整主瓣宽度与旁瓣峰值，β 越大，则 $w_k(n)$ 窗越窄，而频谱的旁瓣越小，但主瓣宽度也相应增加；N 为窗口宽度；∂_s 为阻带最小衰减；ω_p 为通带截止频率；ω_s 为阻带截止频率。

Matlab 中调用 kaiser 窗 $w = \text{kaiser}(N, \beta)$ 来生成 kaiser 窗函数。宽度 $N = 800$，$\beta = 5.56$ 的窗函数时域图和频域图如图 5-6 所示。

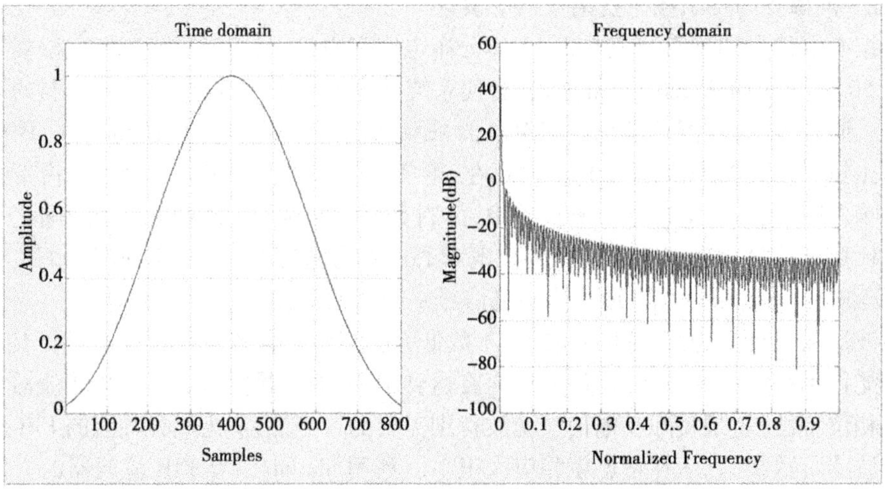

图 5-6　kaiser 窗函数时域和频域图

2. Matlab 仿真实现及陷波效果

根据 MIT－BIH 标准数据库里的心电数据特点，分别计算选取合适的 M 和 β 值。50 Hz 陷波滤波器是一个带阻滤波器，可通过一个低通滤波器加上一个高通滤波器来实现。考虑到高通滤波器可以用一个全通滤波器减去一个低通滤波器构成，因此设计 50 Hz 陷波滤波器，首先设计一个具有线性相位的 FIR 理想低通滤波器，这样便可比较方便地设计出 50 Hz 陷波器，再对该滤波器进行加窗处理，即可得到满足要求的 50 Hz 陷波滤波器的冲激响应序列，其数值即为线性相位 50 Hz FIR 陷波器的滤波系数。该陷波滤波器具有优越的陷波功能和严格的线性相位，其频率幅度响应如图 5-7 所示。

利用该滤波器对含有 50 Hz 工频干扰的心电信号进行滤波，滤波前后的心电图波形如图 5-8 所示。

从图 5-8 的处理结果可看出，陷波器在一定程度上很好地实现了对工频干扰的滤除。滤波后的心电信号会产生“群延时”，即每个点都向后延迟了相同的一段时间，因而相互之间的位置比例保持不变。通过选用不用的 M 值进行多次实验可以看出，在一定范围内，M 值越大，陷波效果越好，但 M 值越大，运算量越大。因此，选用 FIR 滤波器的关键是寻求滤波效果和 M 值大小的平衡，即在 M 值不是很大的情况下，同时取得比较好的陷波效果。

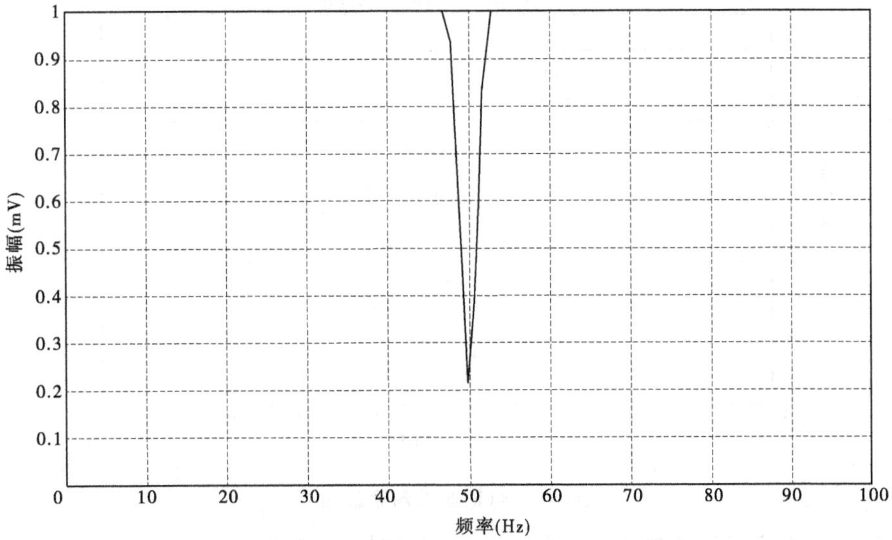

图 5-7 基于 FIR 的 50 Hz 陷波器的频谱图

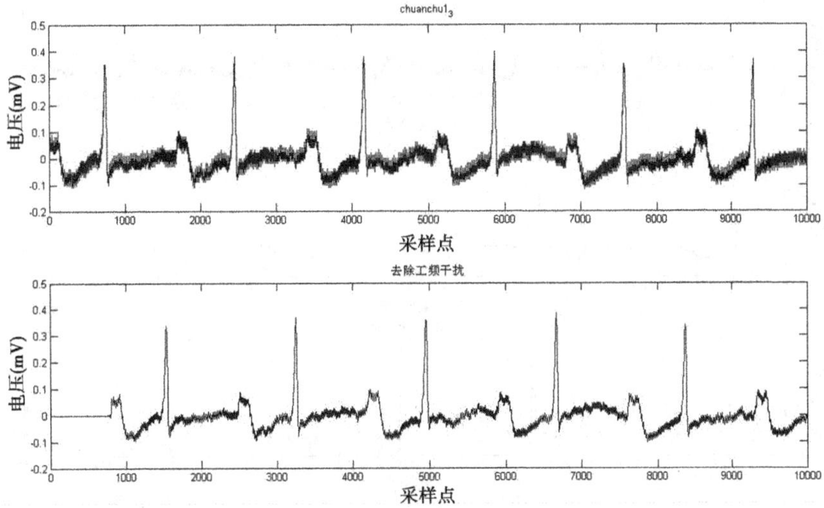

图 5-8 去除工频干扰前后的比较

5.2.5.2 消除肌电干扰低通滤波器的设计

国内外研究表明,在人体表皮层的内外存在着典型值为 30 mV 的皮肤电势。当皮肤伸展时,皮肤电势降到大约 25 mV,这 5 mV 的皮肤电势变化反映到心电信号中,即为人们所观察到的由于肌电收缩所产生的噪声。由于病人的紧张或寒冷刺激,以及因某些疾病如甲状腺机能亢进等,都会产生高频肌电噪声,它的产生是众多肌纤维随机收缩时引起的,频率范围很广,频谱特性接近白噪声肌电干扰属于高频干扰信号。考虑到硬件系统中加入的低通滤波器对滤除肌电干扰已经取得很好效果,本节只采用凯赛窗方法设计简单的数字低通滤波器进行肌电干扰的滤除,低通滤波器频谱图如图 5-9 所示。

由图 5-9 可以看出,该滤波器低通截止频谱为 30 Hz,高阻滤波器为 50 Hz。

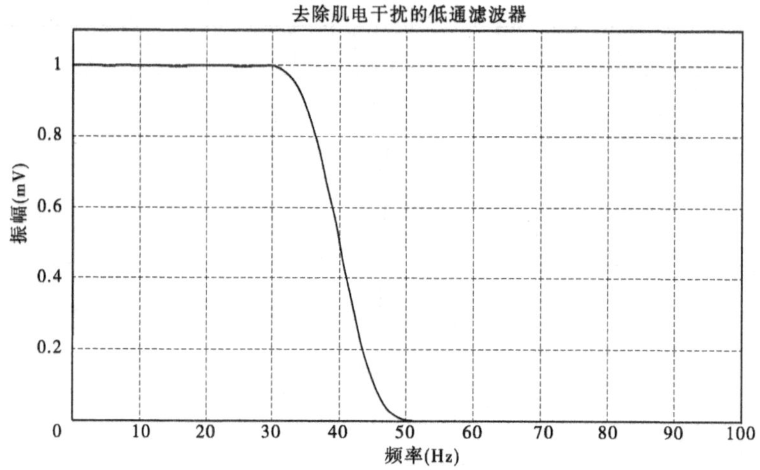

图 5-9　低通滤波器频谱图

图 5-10 为数字低通滤波器消除肌电干扰前后时域图对比。

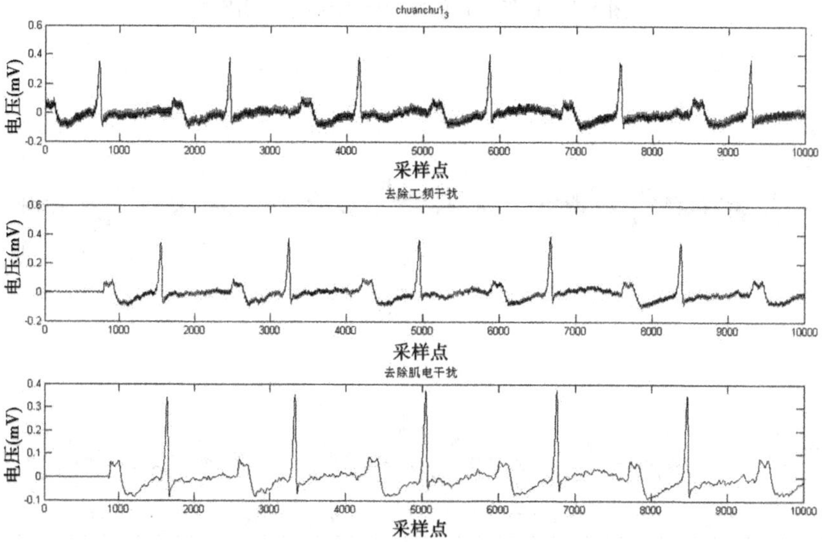

图 5-10　消除肌电干扰前后时域图对比

5.2.5.3　消除基线漂移高通滤波器的设计

在心电信号各种噪声中,对信号影响最大的是基线漂移噪声。上下波动和扭曲的心电图会令医生眼花缭乱,影响诊断,对于心电检测及自诊断系统而言,更是影响诊断正确性的重要因素。因此,在心电信号检测分析的过程中,抑制基线的漂移是必须要解决的问题。基线漂移是因呼吸、肢体活动或运动心电图测试所引起的。心电信号采样时不可避免地在电极与皮肤之间存在接触电阻,该电阻与放大器的输入阻抗形成分压网络,输入电压将随此电阻变化而变化,带来了心电信号基线漂移及幅值的波动,稍微剧烈的肢体运动将引起心电信号波形发生改变,严重地破坏了心电信号分析的准确性。基线漂移的频率很低,其范围为0.05 Hz 至几 Hz,其主要分量在0.1 Hz 左右,其幅度变化为心电信号幅值的15%左右。基线漂移噪声与心电图ST段的频谱非常接近,若滤除方法不当,就很容易引起ST段严重失真。基线漂移干扰信号的频率比较低,因此可以通过设计高通滤波器来去除基线漂移。消除基线漂移的高频滤波器频谱如图5-11所示,消除基线漂移前后时域图对比如图5-12所示,由图5-12可以看出,经过高通滤波器处理后可以很好地消除基线漂移噪声,为下一步胎儿心电信号的提取奠定了基础。

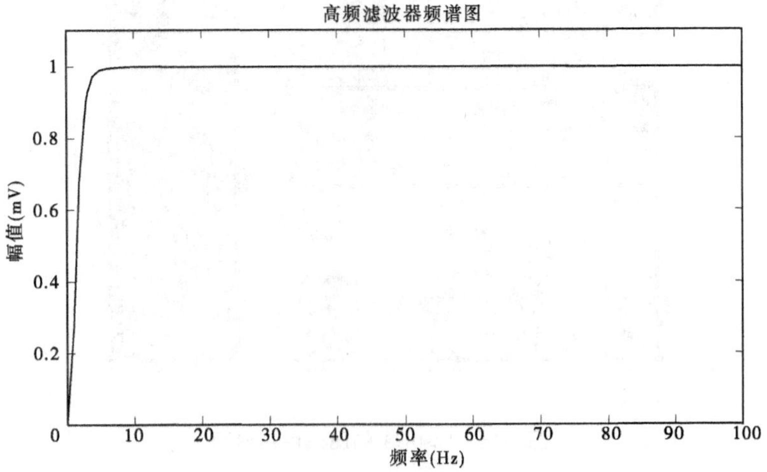

图5-11　消除基线漂移的高频滤波器频谱

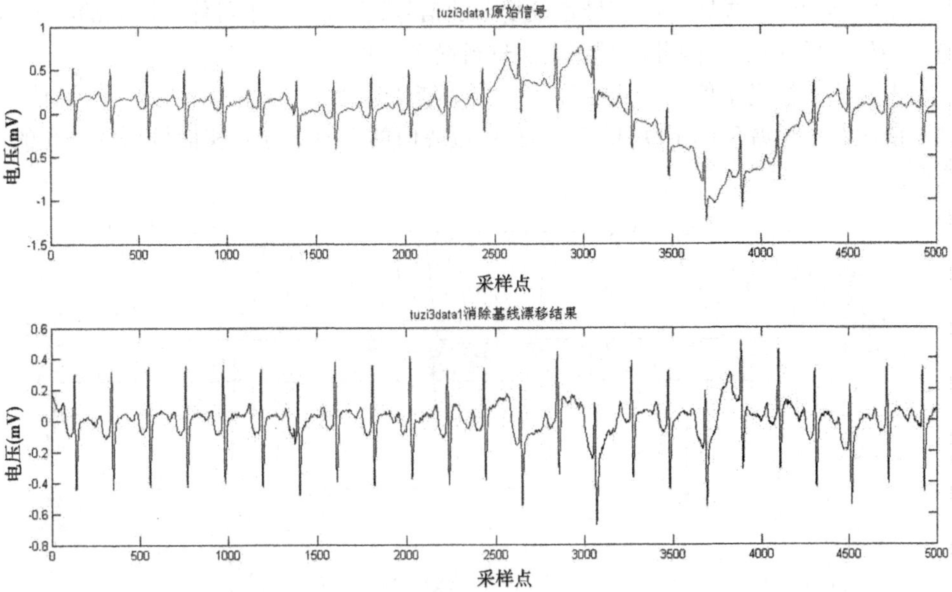

图5-12　消除基线漂移前后时域图对比

5.2.6　胎儿心电信号的盲源分离实验

采用本书第2.6.2节介绍的基于负熵极大化的FastICA算法对胎儿心电信号进行提

取，仿真实验采用基于 Matlab 的 FastICA 工具箱，是由 Hugo Gavert, Jarmo Hurri, Jaakko Sarela 和 Aapo Hyvarinen 等编写的基于负熵最大的固定点算法工具箱。可以直接调用 FastICA 函数，也可以在命令行输入 fasticag 来打开图形用户界面，如图 5-13 所示。

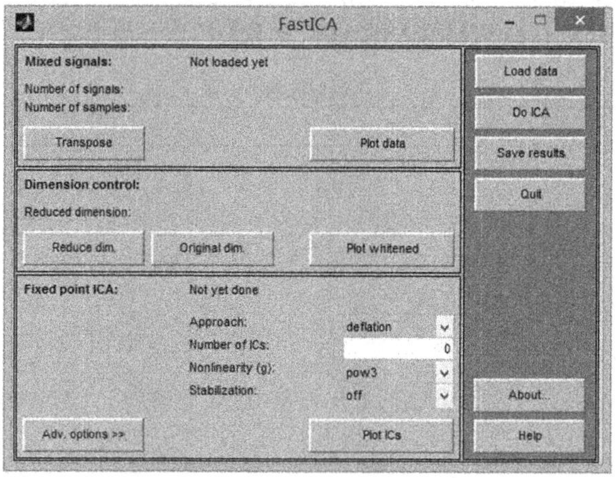

图 5-13　FastICA 的图形用户界面

点击 Load data 可以从 Workspace 中载入观测信号 $\boldsymbol{X}$，但是要注意这里 $\boldsymbol{X}$ 是一个 $N \times M$ 矩阵，行数 N 必须对应信号的个数，列数 M 对应样本点的数目。

由于从孕妇腹部提取出的信号是较复杂的信号，它既包含了母体和胎儿的心电信号，也包含各种各样的噪声，因此需对该算法进行简单的性能分析。

首先是用一组简单信号来测试算法的分离能力。如图 5-14 所示，为一组源信号，从上到下依次为单位幅值的 100 Hz 正弦波、单位幅值的 70 Hz 方波和信号功率为 0 的高斯白噪声。

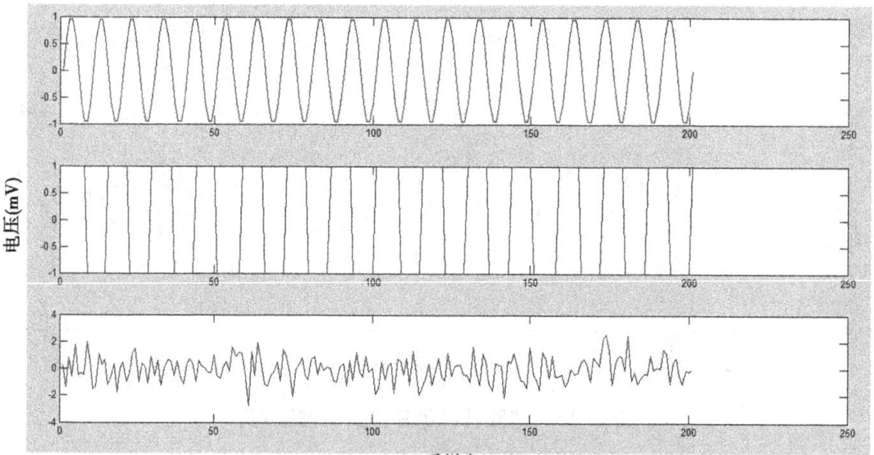

图 5-14　源信号

用一个 3 × 3 阶随机矩阵将其混合后得到的观测信号如图 5-15 所示。

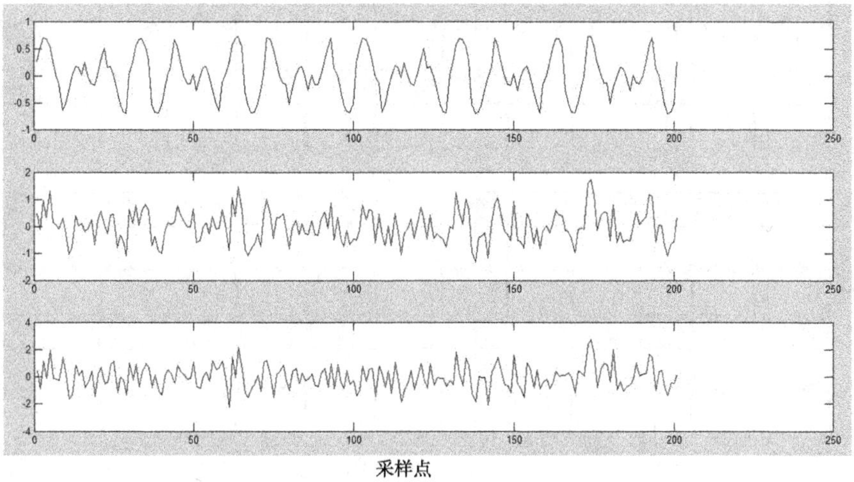

图 5-15　观测信号

然后对其进行 FastICA 处理，得到的分离结果如图 5-16 所示。

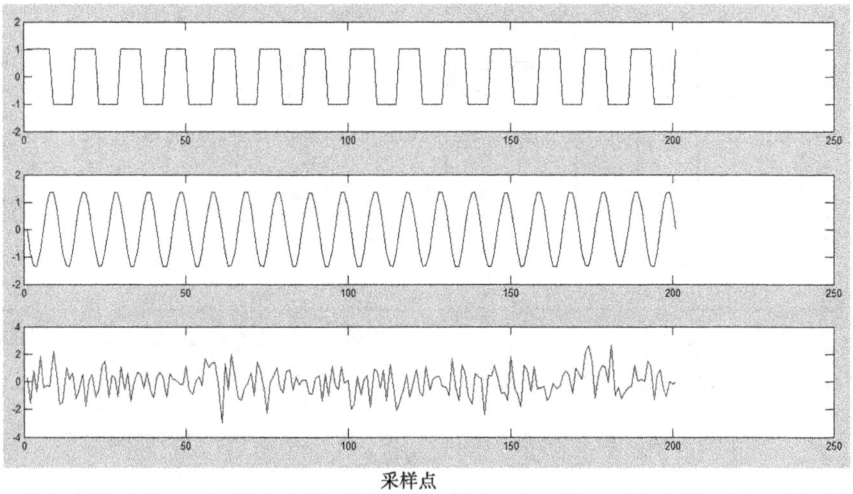

图 5-16　FastICA 分离出的结果

对比图 5-14 和图 5-16 后容易发现，除正弦波的幅值稍有差别外，分离的效果是非常好的，较好地再现了源信号的波形信息，说明该算法对简单信号的分离能力很好。

接下来，用此算法来提取胎儿心电信号，临床数据来源于 DaISy(Database for the Identification of Systems)数据库。该数据是用电极从孕妇体表记录的心电信号，采样频率为 250 Hz，采集时间为 10 s。该组数据共有八通道信号，其中前五道为母体腹部信号，后三道为母体胸部信号。将其做归一化处理，得到波形如图 5-17 和图 5-18 所示。

以上八个通道的信号均包含了母体心电信号、胎儿心电信号和其他各种干扰噪声等信号的混合。然后对其进行 FastICA 处理后得到的分离结果如图 5-19 所示。

可以看出其中第一、三、四、五路都应是母亲的心电成分，第二、六路是胎儿的心电成分，第七路为基线漂移，第八路难以辨认。

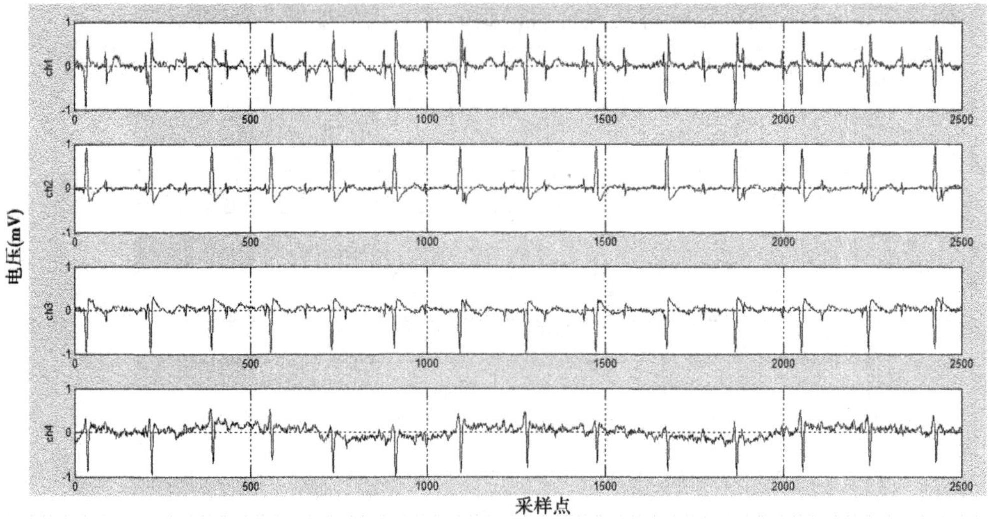

图 5-17　前四通道信号波形

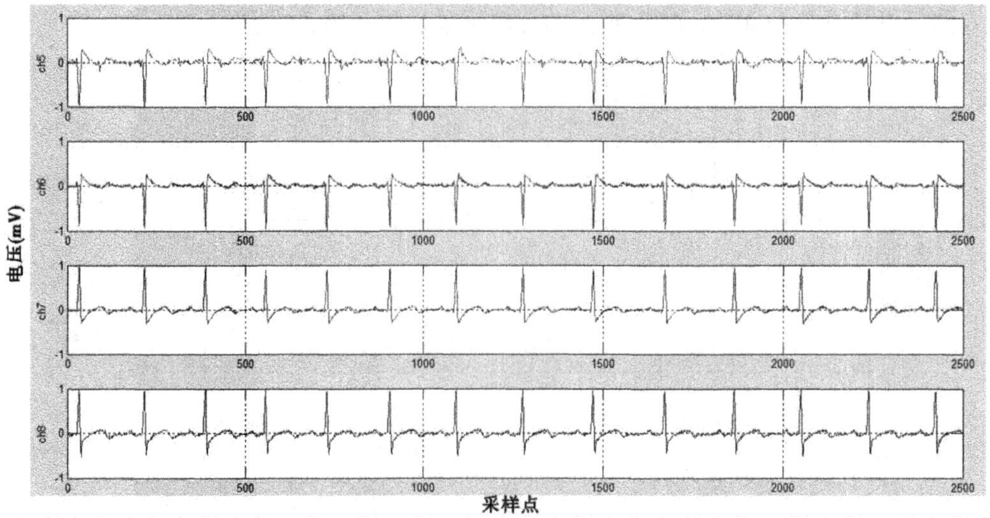

图 5-18　后四通道信号波形

从图 5-19 中可以看出,胎儿心电信号很好地分离了出来,放大图如图 5-20 所示。

从图 5-20 可以看出,分离效果非常好,不过还是有些微弱的母亲心电信号的残余。考虑到胎儿心电信号都包含在母体腹部信号中,母亲腹部信号中并不存在胎儿信号,因此理论上只用腹部信号应该也可以提取出胎儿心电信号。下面只用四路母体腹部心电信号来做一次实验,考虑到观测信号中第一道的胎儿心电信号很强,所以不用第一道,选用其他四路母体腹部信号来做,观测信号如图 5-21 所示。

四路腹部信号的分离结果如图 5-22 所示。

从图中可以看出,第一、二路都是母亲腹部的信号,第三路是胎儿的,第四路是基线漂移和其他的一些信号。母亲的心电信号没有单独提取出来,而是分离出了两路腹部信号的作为独立源,应该是算法将图 5-21 中第一路腹部信号和第二、四路的信号当成了两个

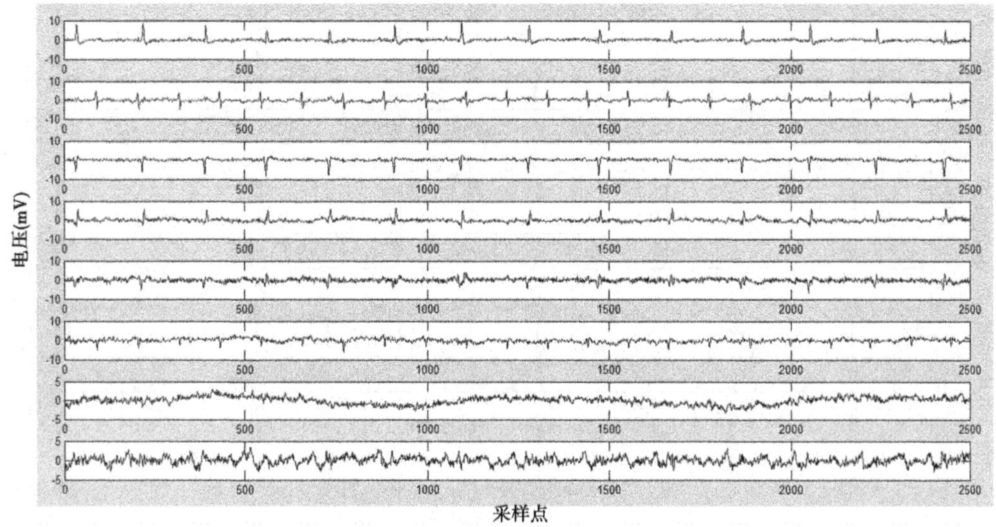

图 5-19　FastICA 处理后的波形图

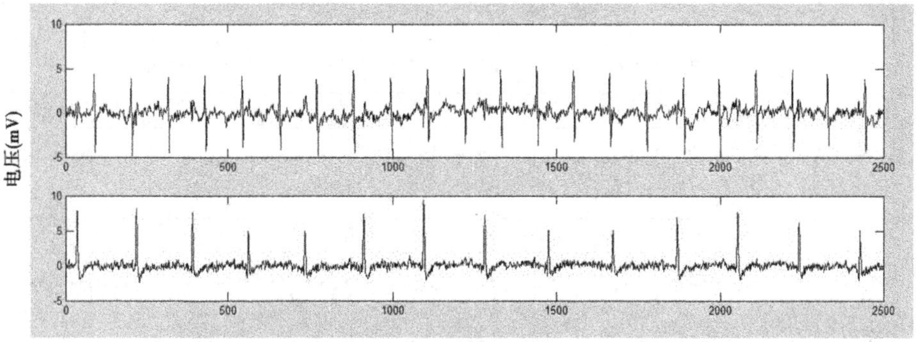

图 5-20　放大后的胎儿和母亲心电信号波形图

独立源来处理的结果。而基线漂移之所以没分开应该是因为输出信号数目不能多于观测信号数目,而之前已经分离了三路源信号,因此只能将其与其他噪声放在一起作为第四路输出。另外,从图 5-22 也可以看出,仅用四路腹部信号分离出的胎儿心电信号虽然不及八路导联分离的效果好,但也是令人满意的。

胎儿信号存在于母体腹部信号中,而腹部信号中往往存在许多强噪声,如工频干扰、基线漂移等。而且理论上这些噪声都来自不同的信号源,因此能够看成一个独立分量,那么应用该算法是能够分离出来的。以下研究该算法对基线漂移和工频干扰的分离能力。

对基线漂移的分离能力研究,用的数据是来自 PhysioBank 数据库,其中母亲胸部信号几乎是没有基线漂移的,因此可以去掉,仅留四路腹部来做,这四路腹部信号如图 5-23 所示。

从图 5-23 中可以看出,第一、三路基线漂移非常明显,而其他两路不十分明显,FastICA 处理结果如图 5-24 所示。

图 5-24 中,左边图是原始腹部信号,右边图是 FastICA 处理结果。可以看出,右边第

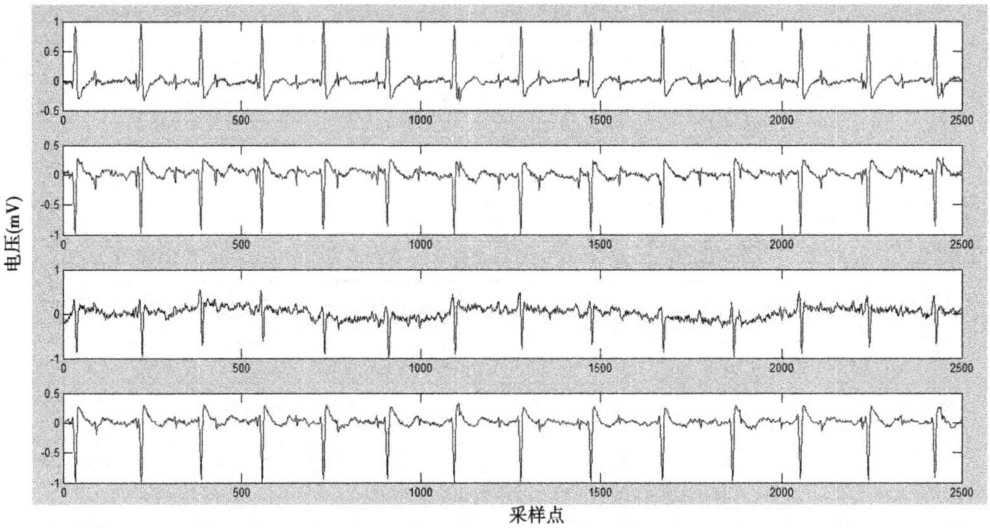

图 5-21　四路母体腹部信号

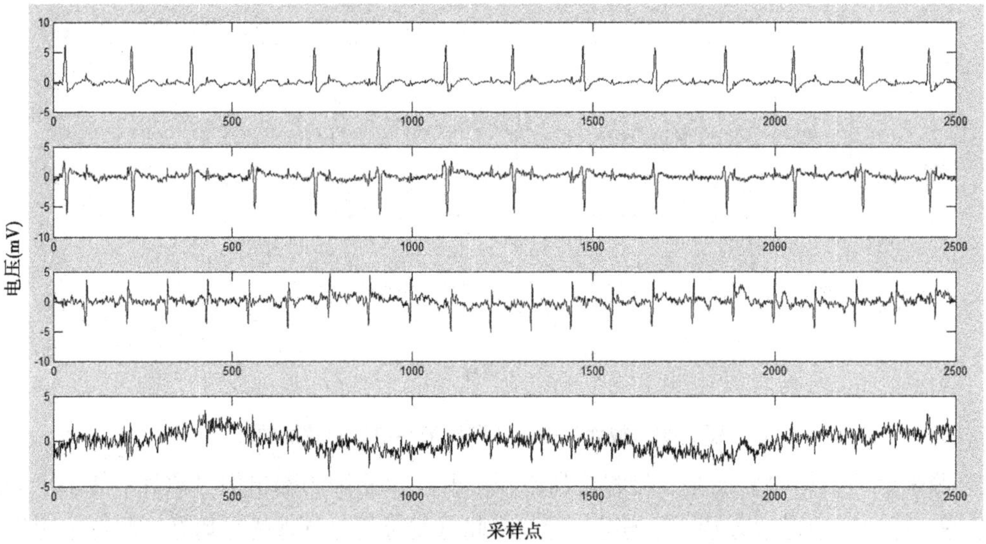

图 5-22　四路腹部信号的分离结果

二路是波形较好的心电,右边第三路是左边第一路基线的分离,另外两路很难看出是什么,可能是因为这四路信号都多多少少含有一些基线漂移,它将较容易分离出的基线和腹部信号分离出来,因而剩下的很难辨认。去掉第一路后的 FastICA 结果如图 5-25 所示。

图 5-25 中,右边第一路应该是左边第三路,右边第二路应该是左边第二路中的基线,而第三路略微有点像第一路上的基线。可再去掉最上面那路信号,得 FastICA 结果对比如图 5-26 所示。

从图 5-26 中可以看到,左边第一路基线被成功提取出来,但是波形是倒过来的。

通过上面这些实验,可以看出在各路信号均包含基线漂移的情况下,多导联数目可以分离出较好的信号,但是基线漂移被混合了起来,难以辨认属于哪路源信号,导联数目较

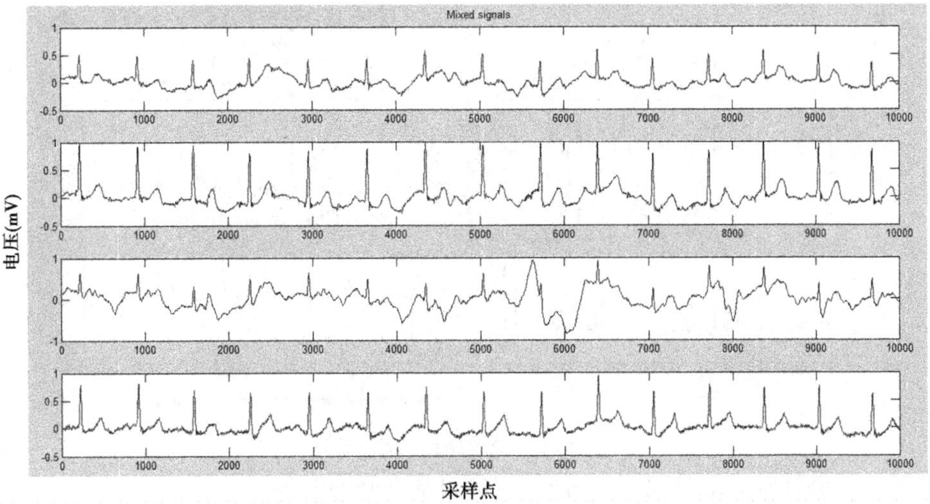

图 5-23　四路腹部信号

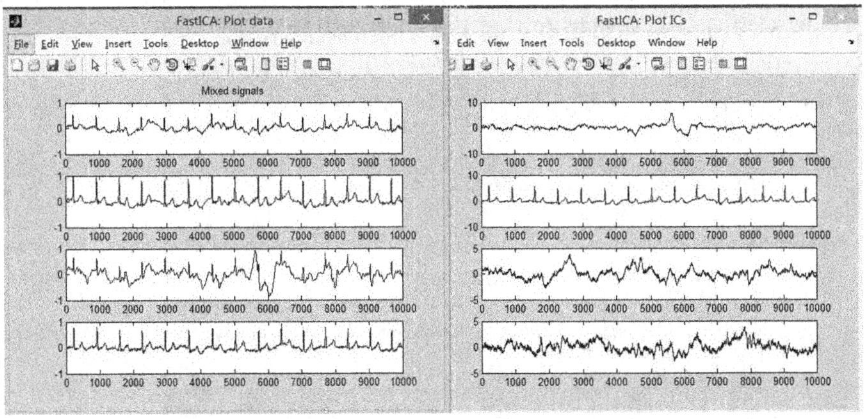

图 5-24　处理结果对比(一)

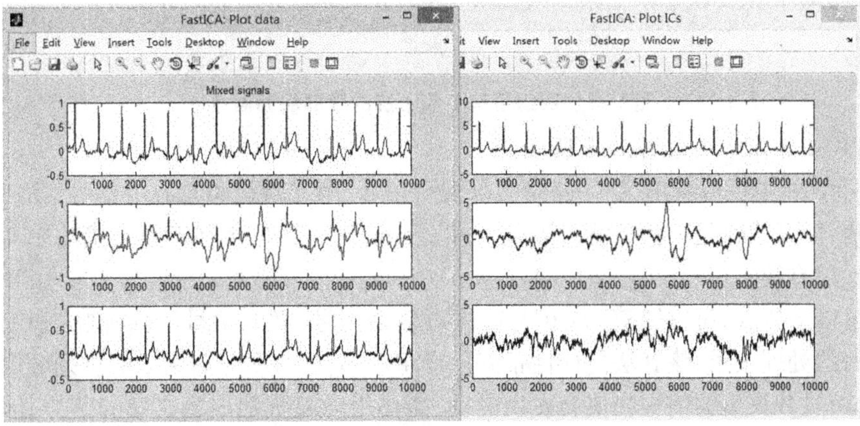

图 5-25　处理结果对比(二)

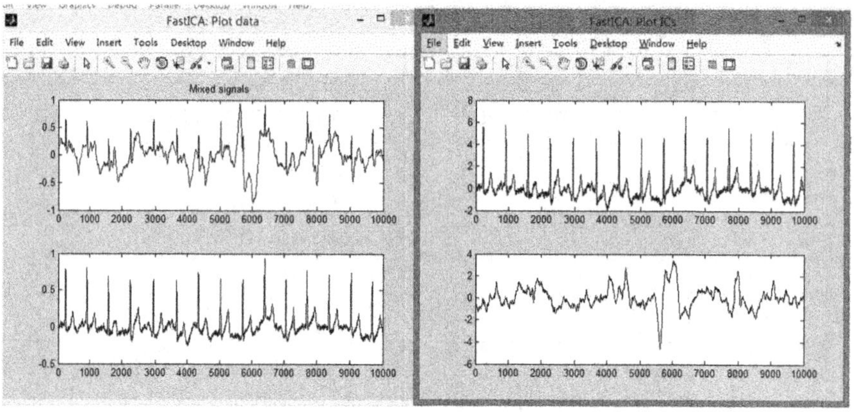

图 5-26　处理结果对比(三)

少,则基线能够被较好地分离,但是信号波形很难有好的改善。

由于在数据采集的时候往往会引入工频干扰,而理论上盲源分离是可以将工频干扰当作一个独立源分离出来的,不会影响到胎儿心电信号的分离,下面来做个简单的实验进行验证。如图 5-27 所示是四组带有工频干扰的腹部观测信号。

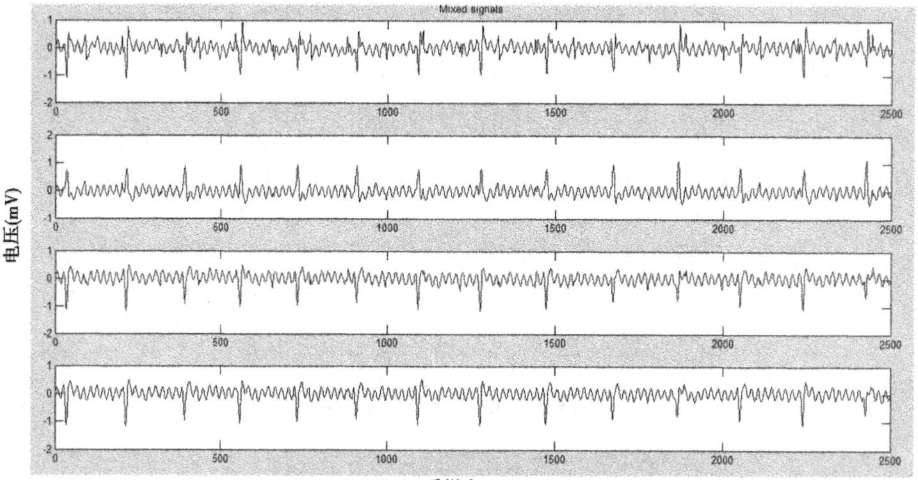

图 5-27　四组带有工频干扰的腹部观测信号

FastICA 处理结果如图 5-28 所示。

从图 5-28 中可以看出,第一路是腹部混合信号,第二路是胎儿心电信号,第三路是母亲心电信号,第四路是工频干扰。因此,可以看出,此算法对含有工频干扰的胎儿心电信号提取是很有效的。

通过以上研究,可以知道 FastICA 算法对复杂信号、微弱信号、基线漂移和工频干扰都有很好的处理效果,该算法鲁棒性很好。FastICA 方法每次分离结果的排列顺序都可能不一样,而且分离出的信号幅值会发生变动,需要用肉眼辨别出感兴趣的信号,因此很难实现机械化操作。此外,在分离出来的结果中仍有少量的母亲心电信号干扰,这可能会影响医生的诊断,可以通过增加多路导联信号来获取更好的分离结果。

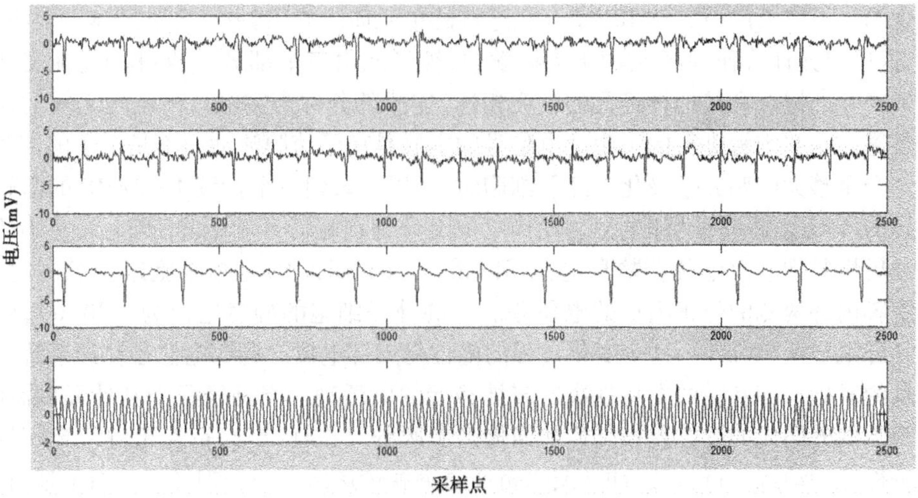

图 5-28　FastICA 处理结果

5.3　盲源分离应用于人体脑电信号提取

5.3.1　脑电信号的研究意义

大脑又称端脑，是脊椎动物脑的高级的主要部分，由左、右两半球及连接两个半球的中间部分，即第三脑室前端的终板组成。它是控制运动、产生感觉及实现高级脑功能的高级神经中枢。大脑是人的身体中高级神经活动中枢，控制着人体这个复杂而精密的系统。对人脑神经机制及高级功能进行多层次、多学科的综合研究已经成为当代脑科学发展的热点方向之一。人脑的结构和神经元如图 5-29 和图 5-30 所示。

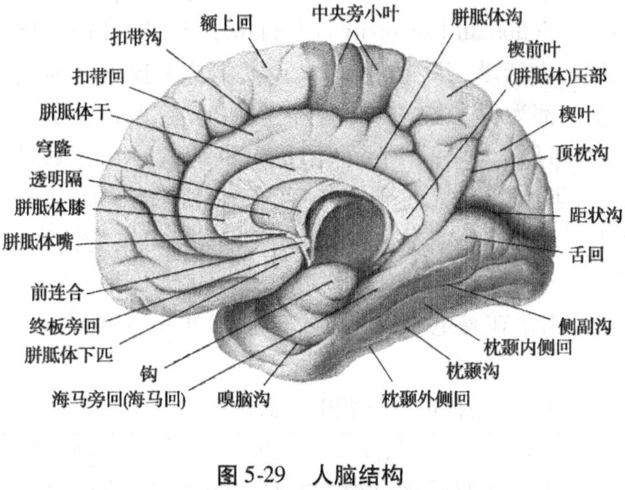

图 5-29　人脑结构

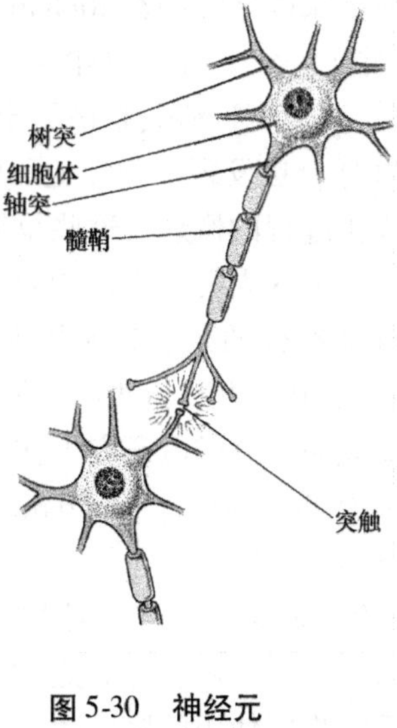

图 5-30　神经元

人的思维、语言、感知和运动能力都是通过大脑对人体器官和相应肌肉群的有效控制来实现的。人的大脑由大约 10^{11} 个互相连接的单元体组成，其中每个单元体有大约 10^4 个连接，这些单元体称作神经元。在生物学中，神经元由三个部分组成：树突、轴突和细胞体。神经元的树突和其他神经元的轴突相连，连接部分称为突触。神经元之间的信号传递就是通过这些突触进行的。生物电信号的本质是离子跨膜流动而不是电子的流动。每当有一个足够大的刺激去极化神经元细胞时，可以记录到一个持续 1 ~ 2ERP 的沿轴突波形传导的峰形电位——动作电位。动作电位上升到顶端后开始下降，产生一些小的超极化波动后恢复到静息电位。静息电位（Resting Potential，RP）是指细胞未受刺激时，存在于细胞膜内外两侧的外正内负的电位差。人的神经细胞的静息电位为 -70 mV，就是膜内比膜外电位低 70 mV。这个变化过程的电位是局部电位。局部电位是神经系统分析整合信息的基础。细胞膜的电特性决定着神经元的电活动。当神经元受到外界刺激时，神经细胞膜内外两侧的电位差被降低从而提高了膜的兴奋性，当兴奋性超过特定阈值时就会产生神经冲动或兴奋，神经冲动或兴奋通过突触传递给下一个神经元。由上述可知，膜电位是神经组织实现正常功能的基本条件，是兴奋产生的本质。膜电位使神经元能够接收刺激信号并将这一刺激信号沿神经束传递下去。在神经元内部，树突的外形就像树根一样发散，由很多细小的神经纤维丝组成，可以接收电信号，然后传递给细胞体。如果说树突是树根的话，那么细胞体就是树桩，对树突传递进来的信号进行处理，如果信号超过特定的阈值，细胞体就把信号继续传递给轴突。轴突的形状像树干，是一根细长的纤维体，它把细胞体传递过来的信号通过突触发送给相邻神经元的树突。突触的连接强度和神经元的排列方式都影响着神经组织的输出结果。而正是这种错综复杂的神经组织结构和复杂的信息处理机制，才使得人脑拥有高度的智慧。

生物电的发现是脑电的起源。1786 年意大利博洛尼亚大学的解剖学教授 Galvani 观察到青蛙外周神经和肌肉的带电现象，由此发现了生物电，并创立了动物电学说（animal electricity）。在此后的半个多世纪里，电生理仪器得到不断发展和改进。1875 年，英国利物浦皇家医学院助教 Richard Caton（1842 ~ 1926 年）首先在兔脑上观察到了自发脑电反应，并于同年 8 月，在英国《医学杂志》（British Medical Journal）上发表了《脑的电流》。15 年后，波兰克拉科夫雅格罗宁大学（Jagiellonian University of Krakow）的 Adolf Beck（1863 ~ 1942 年 ）也发现了狗和兔子的皮层脑电活动，并在他的博士论文中首次提出了脑电的去同步化过程的概念。这些早期的发现都为将来脑电的出现和发展奠定了基础。

最早的人类头皮脑电图是德国耶那大学精神科教授 Hans Berger（1873 ~ 1941 年）1924 年在他的儿子头皮上获得的。但出于谨慎，直到 5 年后，他才将自己的研究成果公开发表，并在此后近 10 年的时间里发表了 14 篇同一标题的有关人类脑电图的论文，这些论文成为后续脑电研究工作的基石。Berger 首次记录了人类的脑电活动，并将脑电活动命名为 electroencephalogram（EEG）。由于在脑电研究上的卓越贡献，Berger 被称为“人类脑电图之父”。

Berger 第一次记录到人的脑电活动是用两根白金针状电极通过颅骨缺损部插入大脑皮层而获得的。后来又发现这种脑电活动通过安置在头皮上的电极同样可以记录到，这也就是后来临床使用的脑电图。这使得脑电成为日后无创检测实验方法的首选方法之一。

虽然 Berger 的成果是具有极其重大意义的，但却不被当时大多数的生理学家和神经病学家承认。直到 1933 年,英国的著名生理学家 E. D. Adrian(1934 年的诺贝尔奖获得者)在当时设备最完善的剑桥大学生理学研究室同 B. Mathews 一起研究了脑电图,验证并且肯定了 Berger 的有关研究。之后,脑电的研究才得以快速发展,并被推广到全世界范围。1958 年,英国伦敦大学的美国学者 Dawson 研制出了一种用于平均瞬时脑诱发电位的电 - 机械处理装置,开创了脑诱发电位记录技术的新纪元,因此被后人称为临床脑诱发电位(Evoked Potential,EP)的创始人。脑诱发电位是对被试样本施以某种人为外界刺激(声、光、图像、味和触觉等)时,在人脑相应的部位诱发的一种电信号,它的发现为脑电研究另辟新途,被称为“窥视精神之窗”。

在这个过程中,脑电记录装置和描记技术都有了很大的改进,由最初的只能记录 1 或 2 个通道到后来逐渐出现了 6 导、8 导、16 导、32 导和 64 导。在研究领域,目前的脑电采集装置已经可以做到 512 个电极,大大提高了脑电记录的空间分辨率。脑电作为一种无创的检测手段,在神经生理学、心理学、病理生理学、认知神经科学、神经工程乃至社会心理学、信息与信号处理等诸多领域有重要的应用价值。但是由于早期技术的限制,当时的脑电研究都是进行目测分析,这种简单的定性分析很难在复杂多变的脑电波中直接发现具有意义的信息。直到 20 世纪六七十年代,随着计算机技术的迅速发展,脑电分析才进入了计算机分析时代,从而脑电波的定量分析有据可依,定性工作有了定量的支持,使脑电分析得出的结论更具有客观性和说服力。

脑电研究和临床诊断、监测紧密地结合在一起。1936 年英国的 W. G. Walter 根据脑瘤时慢波的出现部位,提出了脑瘤的脑电图定位方法,将脑电研究引入了临床诊断工作。脑电在临床上主要应用于癫痫、脑外伤、脑血管疾病、颅内炎症、睡眠障碍等神经科疾病,以及精神疾病包括精神分裂症、神经症和老年性精神病等的辅助诊断中。如今,脑电图设备已经被广泛地建立在综合医院或神经、精神科医院。脑电研究和临床应用都有了良好的发展。尤其是伴随着计算机技术的高速发展,脑电研究及应用也更加有了用武之地。

脑电不仅在研究和疾病诊断方面有突出的贡献,在功能康复等方面也起到了很大作用。利用脑电信号进行脑功能训练的技术起源于 20 世纪 70 年代,在 90 年代形成了第二个高峰,它成为一种生物反馈治疗技术的主要途径。目前该技术在美国已经普遍应用于医疗、教育领域,取得了明显的效果,在学术界也得到了很大程度的认可。在国内,许多知名院校和医院也已纷纷开展了这项工作。脑功能治疗技术是结合电子技术、临床医学、医学心理等学科的最新进展,以应用操作性条件反射原理及脑生物反馈治疗为手段,选择性地强化患者某一段失调的脑电波以达到治疗目的的高新技术。利用该技术设计实现的诊疗设备很好地补充了以往针对神经、精神障碍仅凭借药物控制的单一疗法,是通过对患者进行恢复性训练,以达到预期的治疗目的的新一代神经精神科诊疗设备。

脑机接口的研究在康复工程、军事等领域都有重要的应用价值,从而引起了全世界越来越多科学家和研究者的关注和重视。脑机接口技术是人脑与计算机或其他电子设备之间建立的直接交流和控制通道,它不依赖于脑的生物学输出通路,是一种全新的人体与人工机械信息交流和控制方式。而该系统的最核心技术就是对于脑电信号的分析处理,即特征提取。能否快速有效地提取出任务相关的特征是目前最大的课题。

脑机接口(Brain Computer Interface, BCI) 是在大脑与外部设备之间建立的直接的交流通道。脑机接口技术产生于20世纪70年代，是一种多学科的交叉技术，目前它在国际研究领域非常活跃，它涉及生物技术、生物医学工程、纳米技术、认知科学、信息技术、计算机科学、神经科学和应用数学等，成为众多学科科研工作者的研究热点。人的大脑是一个极其复杂的系统，研究人的思维机制、实现神经系统损伤患者与周围环境进行信息交换是神经学领域里的极其重要的一项研究课题。人体脑电信号综合地反映了大脑神经系统的思维活动，是分析脑状况和神经活动的主要依据。脑电信号与神经系统脑部疾病如脑血管病、癫痫、神经系统损伤等有着密切的关系。因此，脑电信号的分析处理和分类识别对脑部疾病的病态预报、辨识和防治具有很重要的意义。

BCI为人们提供了与外界进行交流和控制的另一种方式，人们可以不通过语言和动作来交流，而是直接通过脑电信号来表达思想、控制设备，这也为今后智能机器人的发展提供了一个更为灵活的信息交流方式。脑机接口是连接生物智能系统和人工智能系统的复杂平台，对脑机接口的研究是一项长期而艰巨的任务。最近10年来，脑机接口的研究有了可喜的发展。在全球范围内，越来越多的学者和教师等科研人员投入到脑机接口的研究热潮中来。

BCI装置的应用场合大致有如下四个方面：一是为思维正常但神经肌肉系统瘫痪（如脊髓（或脑干）损伤、肌萎缩性侧索硬化等）的病人设计出合适的BCI装置，让病人恢复对身体肌肉的控制和交流能力；二是当传统控制方式不能完全满足一些场景的控制要求时，为特殊环境作业人员提供辅助控制（如医疗手术、航空航天等）；三是可为人们提供另一种新的娱乐方式，例如用"思想"玩网络游戏等；四是在研究自动化控制的同时，加深对人类脑电活动规律的认知深度。

上述四个方面中第一个应用场景是目前最重要的应用，而随着研究的深入和扩展，其他更多的应用场合也正在不断地增加。时至今日，大多数BCI系统仍然处于实验室的理论研究阶段，直到最近几年，才逐渐看到其在实用的医疗器械装置中崭露头角。BCI系统将"电脑"与"人脑"完美地整合在同一个系统中，可以说实现了一句古话：心想事成。虽然目前BCI技术的开发中还存在许多技术难关尚未攻破，但从目前所取得的阶段性成果中我们已经看到了开发此类装置的重要科学价值及其广泛的应用前景。现在，使用脑机接口技术研制的人机交互系统在航空航天、智能控制和信息处理等领域也有着广泛的应用。

中国有3 200多万老年人需要不同形式的护理，而目前我国为老年人提供的服务设施严重短缺。同时，由于各种灾难和疾病造成的残障人士也很多，这就更加增大了对服务设施的需求。目前，许多发达国家采用服务机器人为老年人与残疾人士提供服务，用来提高他们的生活质量。但是，由于大多数服务机器人与人的交互方式都是通过声音、按钮等传统方式，而很多老年人及残障人士部分或完全丧失了自主控制肌肉的能力，甚至吞咽、说话都困难，因此这些人控制此类服务机器人的难度非常大。如何使这部分人群重新恢复对外部世界的控制能力以及与外部世界交流的能力，帮助他们重新返回现代社会是目前研究的热点。脑机接口是人脑与计算机或其他电子设备之间建立的直接的交流和控制通道。通过这种通道，人就可以直接通过脑来表达想法或操纵其他设备，而不再需要通过肢体的动作或语言，这是一种全新的通信和控制方式。由于其无创性、记录简单和高时间分辨率，利用脑电图方法获得人脑的电活动信号已成为脑机接口研究、神经障碍患者康复研究等领域的重要监测手段。

研究脑机接口有非常深远的意义，尤其是在脑机接口实用装置上。现在国内已经有很多科研单位及高校都在积极展开脑机接口的研究工作。并且，随着人们对脑机接口越来越深入的研究，目前已经有一些小组成功开发了一些基本可用的脑机接口原型。另外，有些企业也认为脑机接口的市场前景很广阔，正在着力开发医学或非医学应用的脑机接口产品。因此，人们在进行基础研究的同时，要及时地花时间开发真正实用的脑机接口系统，以便研究工作能跟上发展迅速的脑机接口潮流。

从上述脑电研究历史可以看出，探索脑电波，都是为了研究大脑的神经机制，并用于相关的疾病诊断以及康复训练中。

5.3.2　脑电信号的采集方式

脑电图在头皮外测量，电极仅仅用于接收信号，这是它最大的优势，不会对监控的大脑造成任何可能的损伤。而它的缺点也同样明显：在头皮外接收到的电信号不仅微弱，而且多个脑区的活动信号会叠加在一起，最终形成看起来十分混乱的波形，而这些缺点可以部分克服。微弱的电信号可以放大，而波形的分离早在 19 世纪就已经由法国数学家傅里叶解决。现在我们只需要解决脑电波和大脑思考行为的对应关系就可以了。

脑电信号的采集方式，从破坏性上可分为两类：有创和无创。有创采集方式由于要进行开颅手术而对大脑有一定的损伤；无创采集方式就不需要这种手术，从而对人脑没有什么损害。有创采集方式具体可分为完全植入型和皮层表面电极型。完全植入型就是将电极植入到大脑皮层中；而皮层表面电极型则是将电极放在大脑皮层的表面而不是真正植入大脑。1999 年，由 John Donoghue 领导的研究小组在 Nature 杂志上发表论文称，他们通过将一个微小的电极阵列植入了一名瘫痪病人的大脑运动皮层，从而使这位患者可以通过思维来操控外界设备，如打开电视机、移动假肢、使用键盘打字、移动鼠标等。皮层表面电极型和完全植入型相比较，两者虽然都需要做开颅手术，但皮层表面电极型却不需要将电极植入大脑皮层，而是放置在大脑皮层表面，这样对皮层神经元的损伤就很小，风险也更低些。尽管如此，对大多数用户而言，开颅手术还是难以接受的。因此，有创型的研究和实施一般都是在那些需要用大脑皮层电极来实现病灶精确定位的癫痫病人身上。目前使用最广泛的仍是基于头皮脑电的无创的脑机接口技术。但是，由于脑电信号在传输到头皮时已经衰减很多，信号十分微弱，要从如此微弱的脑电信号中提取意识信息是相当有难度的。在过去的 10 年中，科研工作者的研究方向主要集中在对头皮脑电信号的检测和分析上。

侵入式 BCI 又称为植入式 BCI，是一种有损型脑电采集技术，利用直接脑神经接口技术，通过外科开颅手术将电极阵列植入颅内，直接记录或刺激大脑神经元，从而实现和外界环境的交互。通过植入这些微装置于颅内神经中枢，可以更精准地监测大脑的活动、研究大脑机能、治疗脑部疾病、控制外部设备等。随着微机电技术、传感器技术、无线通信技术等技术的发展，新一代的可全植入、多功能的微装置也将实现。

还有一种无损植入型技术是非侵入式 BCI。非侵入式 BCI 使用头皮电极记录大脑活动产生的 EEG 信号。非侵入式 BCI 系统可以实现简单、无损的脑机交互。侵入式 BCI 和非侵入式 BCI 相比，侵入式 BCI 有损伤，但精确；而非侵入式 BCI 无损伤，但信号模糊，不易捕获,易被干扰。目前世界上的研究状况是不可兼得的,但随着生物技术和信号技术的发展,非侵入式 BCI 的检测精度也将逐渐上升,这种技术也将在以后的研究中处于主导地位,并且在实际使用中有着广泛的应用。

脑电图仪为放大百万倍的微伏级精密电子设备,它的使用环境及条件设备要求比较严格。通常应该选择在安静、避光和电磁干扰小的房间。临床使用的脑电图仪至少应有 8 个导联,此外还有 12、16、32 导联等多种规格型号。在认知研究中则一般使用 32、64、96 导联的脑电图仪。通常脑电图仪导联数目越多,所能获得的脑电时空信息越丰富。但是,电极数越多,除设备更昂贵外,在使用时安装电极的时间也越长,信息处理的复杂度也相应增加,因此应根据具体情况做出合理的取舍。

记录脑电图所使用的电极有漏斗状电极、针状电极和盘状电极等几种,此外还有一些需要放置在特定部位的特殊电极,如蝶骨电极、鼻咽电极、皮质电极和深部电极等。关于头皮电极的位置,有许多放置法,如 Montreal、Cohn 及 Gibbs 法等,但应用最多的是 10－20 系统法,即国际脑电图学会建议采用的标准电极安放法。为了区分电极和两大脑半球的关系,通常右侧用偶数,左侧用奇数。

10－20 系统电极法,其前后方向的测量是以从鼻根到枕骨粗隆连成的正中线为基准,将该距离分成 10 等份,按 10%、20%、20%、20%、20%、10% 的顺序做好标记。在此线左右等距的相应部位标定出左右前额点(F_{P1},F_{P2})、额点(F_3,F_4)、中间点(C_3,C_4)、顶点(P_3,P_4)和枕点(O_1,O_2),前额点的位置在鼻根上相当于鼻根至枕骨粗隆的 10% 处,额点在前额点之后相当于鼻根至前额点距离的两倍,即鼻根正中线距离 20% 处,向后中央、顶、枕诸点的间隔均为 20%,10－20 系统电极的命名即源于此。10－20 电极安放示意图见图 5-31。

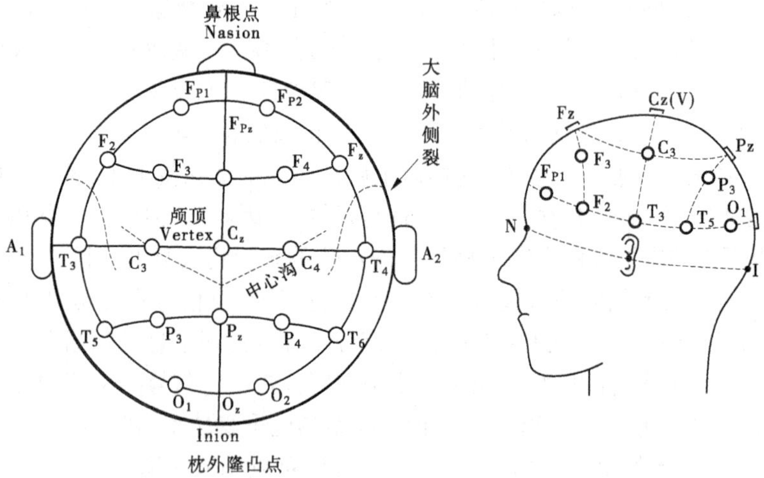

图 5-31　10－20 电极安放示意图

5.3.3　脑电波的分类

脑电波就是通过电极记录下来的脑细胞群的自发性、节律性电活动。以脑细胞电活动的时间为横坐标、电位为纵坐标,这样把时间与电位的相互关系记录下来的就是脑电图。正常的自发脑电一般处于几微伏到 75 μV 之间。而由心理活动所引起的脑电信号比自发脑电信号更为微弱，一般在 2 ~ 10 μV，通常被淹没在自发电位中，其成分不规则而复杂。脑电波的波形近似于正弦波。它主要是由脑皮质层大量的神经元同时发生突触后的电位变化所引起的。一般脑电信号见图 5-32。

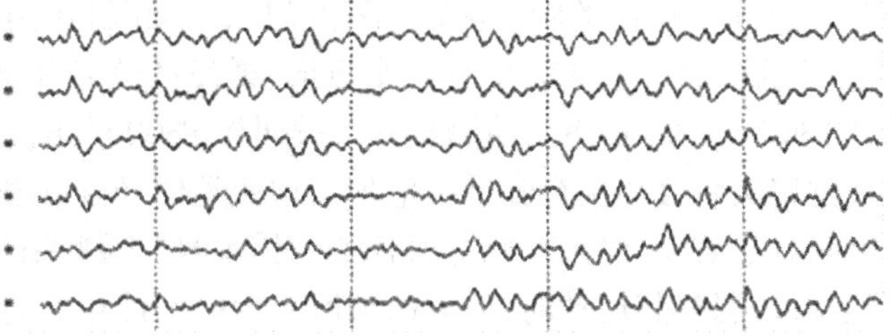

图 5-32　脑电信号

在安静状态下，大脑皮层神经细胞自发地表现出持续的节律性电位改变，称为自发脑电活动。它指在没有特定人为刺激的条件下，大脑细胞本身出现的电活动。节律是由频率大体一致的波构成的脑电图。正常成年人的脑电图的波形、频率、波幅和相位等都具有一定特点。人体依其个体差异、身体状况、脑电图的特征都会有所不同。传统上，对脑电图的波形主要是依据其频率的不同由人工划分的。通常来说，频率慢的其波幅比较大，而频率快的其波幅就比较小。一般按照频率进行分类以表示各种成分。目前共有几种不同的分法，下面介绍最常用的两种分法。

5.3.3.1　和田丰治分类

δ 波 0.5 ~3 Hz，θ 波 4 ~7 Hz，α 波 8 ~13 Hz，β 波 13 ~30 Hz，γ 波 >31 Hz。

5.3.3.2　Walter 分类

δ 波 0.5 ~3.5 Hz，θ 波 4 ~7 Hz，α 波 8 ~13 Hz，β 波 14 ~25 Hz，γ 波 >26 Hz。

1. α 波

健康人 α 波的平均振幅在 30 ~ 50 μV，主要分布于顶枕区，一般呈正弦样波。大多数健康成人的脑电波以 α 波为主要成分，在觉醒安静闭眼状态时出现的数量最多且振幅也最高。当进入睡眠时，α 波完全消失。清醒睁眼时或注意集中时其幅值降低，并由较高频率的 β 波代替。以 α 波的频率为基准，比 α 波频率慢的叫慢波，比 α 波频率快的叫快波。

2. β 波

β 波的频率范围为 14 ~ 30 Hz，波幅范围为 5 ~ 30 μV，它遍及整个大脑，以额叶和中央区最为显著。光刺激能使 β 波受到抑制，β 波与精神紧张及情绪激动有关，它们在期望和紧张状态下加强。

3. θ 波

θ 波的频率为 4 ~ 7 Hz，波幅范围为 10 ~ 40 μV，两侧对称，颞叶较明显，一般困倦时出现，是中枢神经系统抑制状态的表现。健康成人脑电图中仅散在出现少量 θ 波。θ 波是正常儿童脑电图中主要成分，成人脑电图中出现 θ 波表示为不正常波。θ 波出现与精神状态有关，在意愿受到挫折或抑郁时易出现，并可持续 20 ~ 60 s 之久，精神愉快时就消失。在老年期和病理状态下 θ 波是很常见的波形。

4. δ 波

δ 波出现在熟睡、婴儿及严重器质性脑病患者中，幅值在 100 μV 左右。该波只能在皮质内发生，而不受脑的较低级部位神经的控制。

5. γ 波

γ 波为 30 ~ 60 Hz 频率范围内的脑电活动，波幅较低，在额区和前中央区最为明显。

现在，基于 EEG 的脑机接口主要集中在两个方向：诱发的信号和自发的信号。当某个异常事件发生后的 300 ms 左右，将会检测出一个被叫作 P300 的电波峰值；当眼睛受到光或图像刺激后，视觉皮层将会产生视觉诱发电位。这两类信号可以通过诱发产生，并且判断准确率较高，但缺点是需要外界刺激，并且依赖人体本身的某些知觉才能工作。而当某侧肢体运动或者仅仅是想象其运动时，同侧的脑区产生的事件相关同步电位，通过反馈训练可以自主控制的皮层慢电位和自发的 α、β 等脑电信号，虽然不需要外界刺激，但是需要大量的特殊训练和适应过程。

5.3.4　脑电信号的盲源分离

脑电各种伪迹的消噪已有的方法集中在对脑电信号的时域和频域分析上以及时频分析方法，模版法去除眼动干扰，利用相关处理技术，但由于眼动伪迹自身的非平稳性，获得一个稳定的模板往往很困难。去除心电伪迹中，心电信号为短时的瞬时脉冲，利用小波变换的时频局部特性，可以在检测短时瞬变方面有较大优势，但无法克服频谱混叠的问题。另外，多维信号处理的主成分分析，也常常用于脑电信号的一些噪声去除中，但它是方差最大意义上的一种线性变换，无法表达高阶意义上的互不相关，因而难以得到理想的效果。为此人们提出了用盲源分离的方法分离各种伪迹。从不同位置同时记录多导脑电信号，这些脑电信号并非来源于同一个信号源。其中既有不同皮层或不同核团活动时传导出来的神经信号，可以来自几个信号源，又有眼动、肌电、心电等生物电活动传导来的信号，以及交流电噪声等外界的干扰信号。可以认为测量到的头皮信号是很多源信号的叠加。盲源分离能从脑电信号中分解出许多成分，成分的数目与脑电的导联数相同。这些成分彼此是相互独立的，每个成分可以看成一个源信号，通过这种方法可以从脑电中分离出各种伪迹成分，进而达到去除伪迹的目的。

对于取得多通道的脑电数据，使用 Matlab 工具箱 EEGLAB 采用的信息最大化的盲源分离算法来实现脑电的独立分量分解。

EEGLAB 是一个交互式 Matlab 工具箱。这个工具箱被广泛用来处理各类 EEG、MEG 以及其他电生理数据，尤其是其中所包含的独立分量分析（ICA）、时频分析算法以及其他各类信号处理算法，包括去噪算法，为信号处理人员提供了一个非常方便直观的平台。EEGLAB 是在 Linux 系统下使用 Matlab 6.1 开发出来的，之后经过改进，现在可以在 Linux、Windows，以及 Mac OS 等系统下通过 Matlab 6（R13）以及 Matlab 7（R14）使用。

这里使用 EEGLAB 来对一个右颞叶癫痫病例的脑电进行分析。总体思路为，使用 ICA 来分离 10 通道的脑电进行独立分量分解。根据分量在各电极的权重贡献来建立各脑电地形图。分析各独立分量的时频特征，以及高频段脑电中各 IC 所占的贡献度。

由于 EEGLAB 所有的为标准 62 导联电极埋藏位置图，故我们需要根据该病例的 12

通道脑电信号(两通道参照电极)来拟合并选出标准导联中病人所用到的 12 导联,生成电极分布图 2D 与 3D,如图 5-33 所示。其中,P2、P4、P6、P8 模拟的为颞叶电极,而 CP4、C4、FC4、F4、F6、F8 模拟的为额叶电极。使用第一、二部分得出该病人的病灶在 P6、P8 之间,为右颞叶癫痫患者。

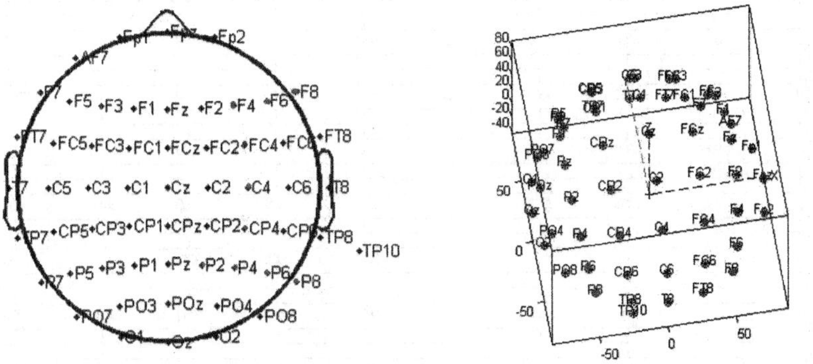

图 5-33　电极埋藏图 2D 与 3D

病人的包含癫痫发作起始期的原始脑电图如图 5-34 所示。

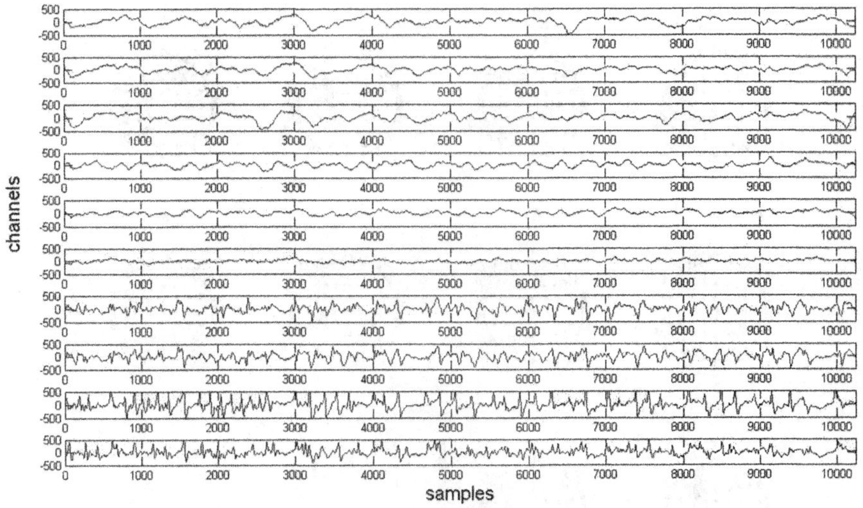

图 5-34　样本病例 EEG 信号

病人脑电经过 ICA 分解之后的 10 个独立分量如图 5-35 所示。

信号段进行独立分量分析后得到的权重矩阵,根据每个独立分量在各个电极点所占权重,结合插值,绘出各独立分量的权重地形图,分别为 2D 与 3D,如图 5-36、图 5-37 所示。

根据之前的分析所得可知,该病人病灶在第 9、10 通道,也就是在电极 P6、P8 所在区域。因此可以得出,其中 IC1、IC2、IC5 在病灶区所占权重很大,也就是说此三个独立分量源可能就在病灶附近。另外,IC3 的权重最大处也在 IC1、IC2、IC5 的 2D 和 3D,如图 5-38 ~ 图 5-40所示。

得到 10 个 IC 分量之后,对各个分量进行分析。从前面对信号的时频分析得出结论,高频信号,特别是 100 ~ 200 Hz 信号对癫痫信号非常敏感。由于 IC 代表了大脑内部放电

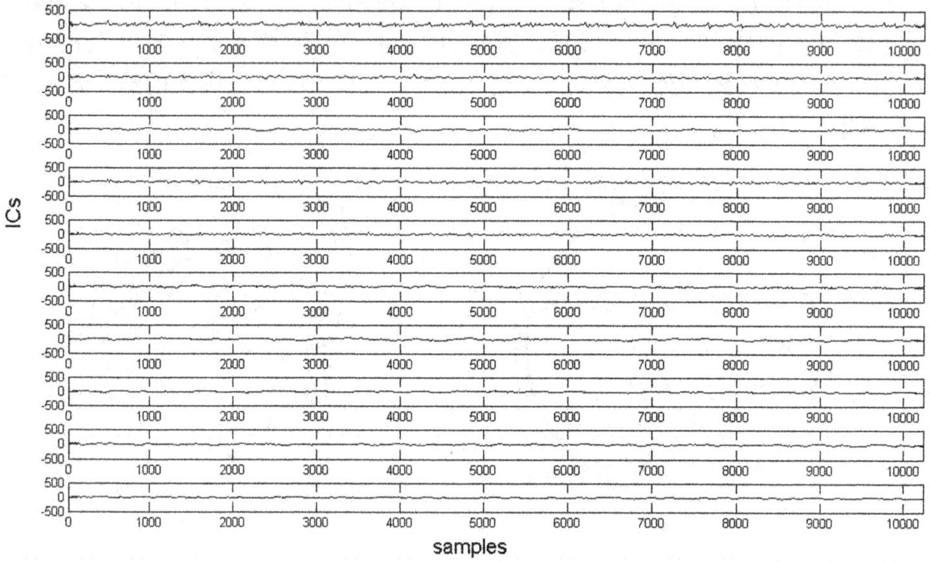

图 5-35　10 个独立分量

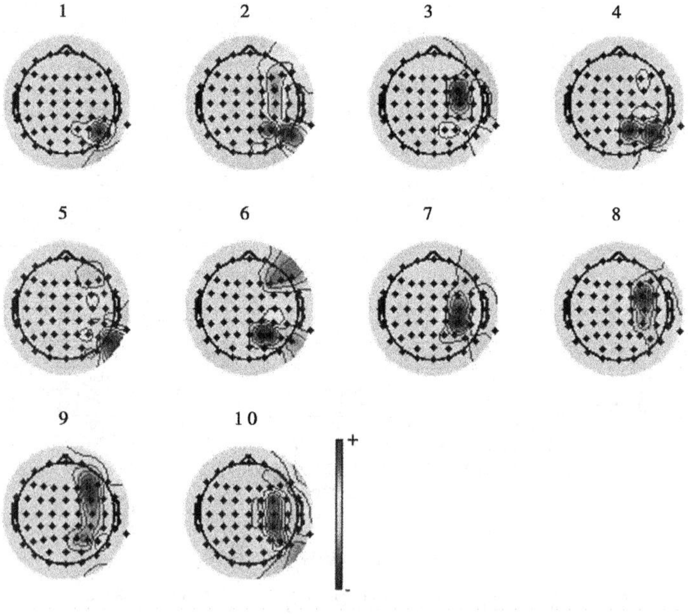

图 5-36　2D 的 ICA

源的位置,也就是说,癫痫发作是由于病灶的放电源出现病理性放电引起的。而这种病理性放电产生的信号,必然包含了高频振荡,或者说比其他放电源在癫痫发作时所包含的高频分量更多。可对高频段信号所包含的 IC 贡献量进行分析。这里列举 70 Hz、120 Hz、150 Hz、180 Hz 信号的权重地形图来分析,如图 5-41 所示。

图 5-41 中,在频谱图上方列出了该频率信号在大脑中的权重分布地形图,以及贡献

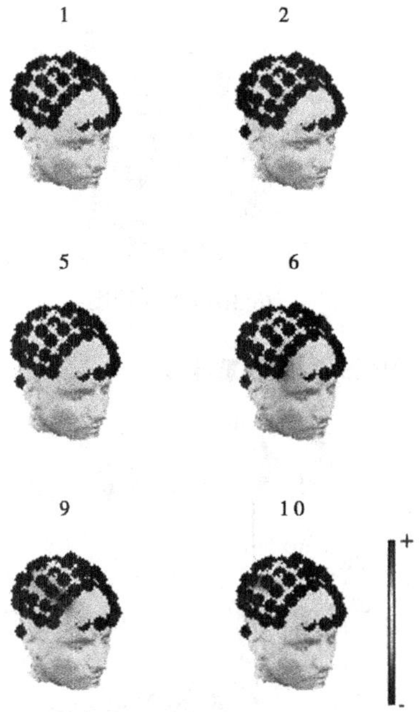

图 5-37　3D 的 ICA

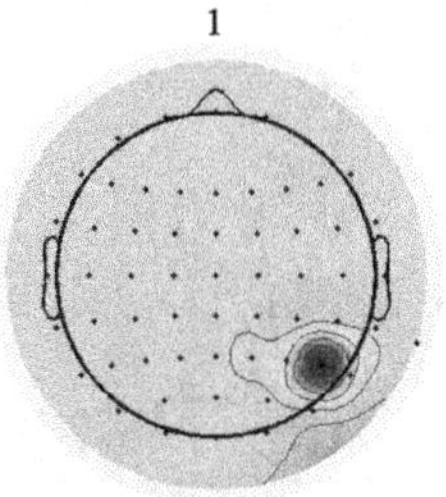

(a)2D权重地形图

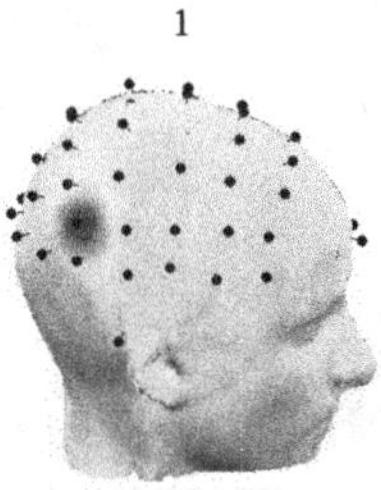

(b)3D权重地形图

图 5-38　IC1 的 2D 权重地形图和 3D 权重地形图

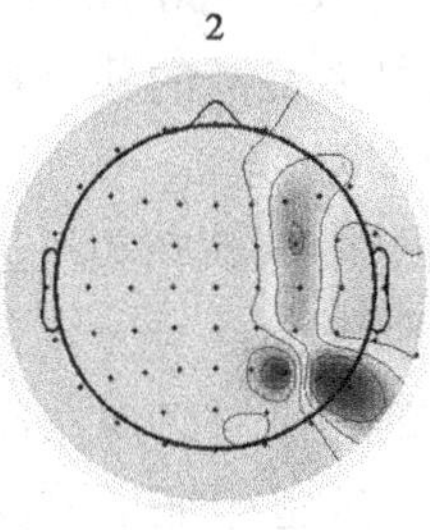

(a)2D权重地形图

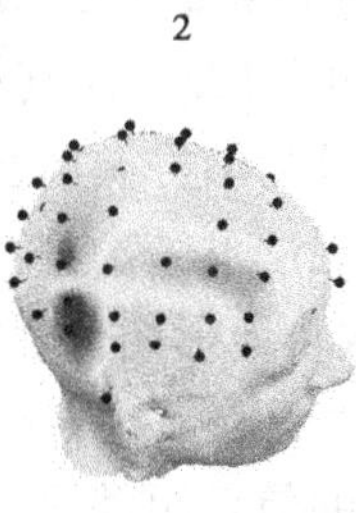

(b)3D权重地形图

图 5-39　IC2 的 2D 权重地形图和 3D 权重地形图

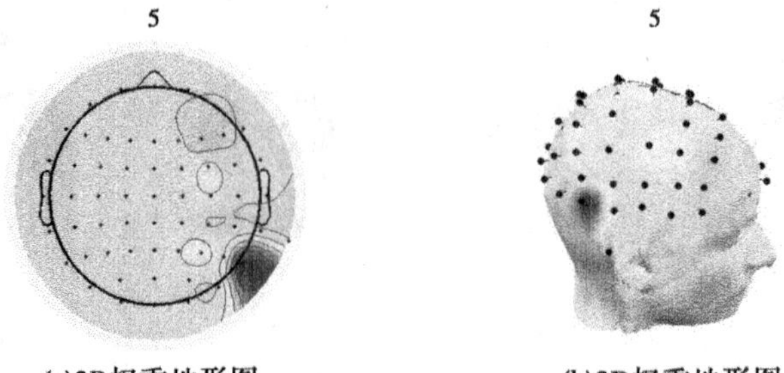

(a)2D权重地形图　(b)3D权重地形图

图 5-40　IC5 的 2D 权重地形图和 3D 权重地形图

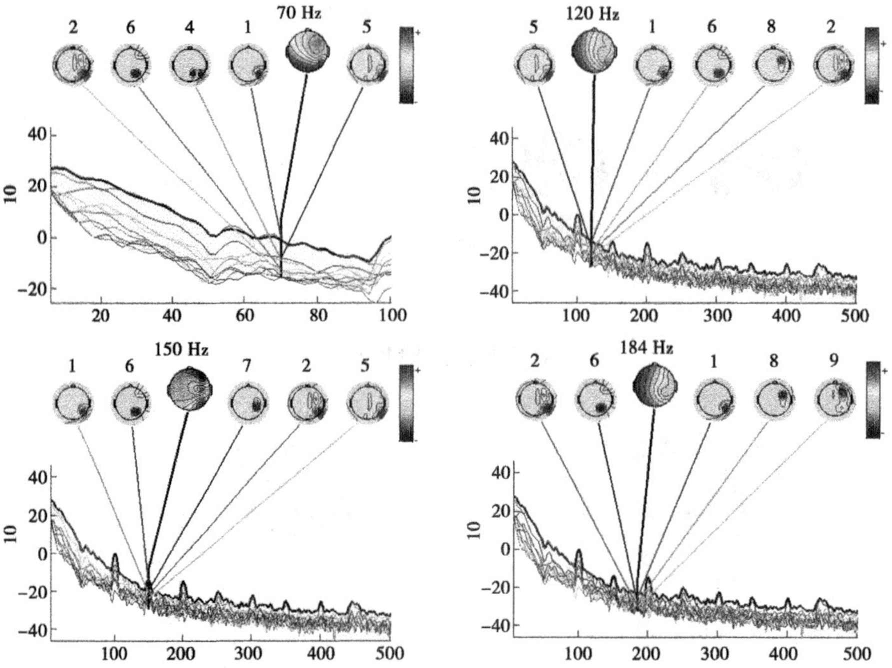

图 5-41　70 Hz、120 Hz、150 Hz、180 Hz **信号段的各** IC **贡献率**

率最高的 5 个 IC 分量,其中 5 个 IC 分量贡献率为由左到右排列。图中可以看到,70 Hz 信号段贡献率最高的为 IC2,120 Hz 贡献率最高的为 IC5,150 Hz 贡献率最高的为 IC1,180 Hz 贡献率最高的为 IC2。而其他高频中所占贡献率最高的几乎都是这 3 个 IC 分量。可以推测,处在病灶处的信号源确实是高频振荡的始发放电源。

另外,也对之前无法下结论判断是否有敏感性的 200 ~ 500 频段进行了分析。这里展示几个频率信号的权重地形图,如图 5-42 所示。

从图 5-42 中可以看出,220 Hz、260 Hz、410 Hz 的信号源出现在预定病灶处,但是 360 Hz、460 Hz、480 Hz 的信号源并非在病灶附近出现。这也印证了前面所得出的结论,300 Hz 以上的高频信号,包括快速涟波,在本书所取得的样本中并没有表现出对癫痫发作的敏感性。推测这可能是由于这个频段的高频信号过于衰弱,以致受到太多干扰。

同时,对每个 IC 分量的频谱进行了分析比对。图 5-43 是 10 个 IC 的频谱图以及随着时间能量变化图。

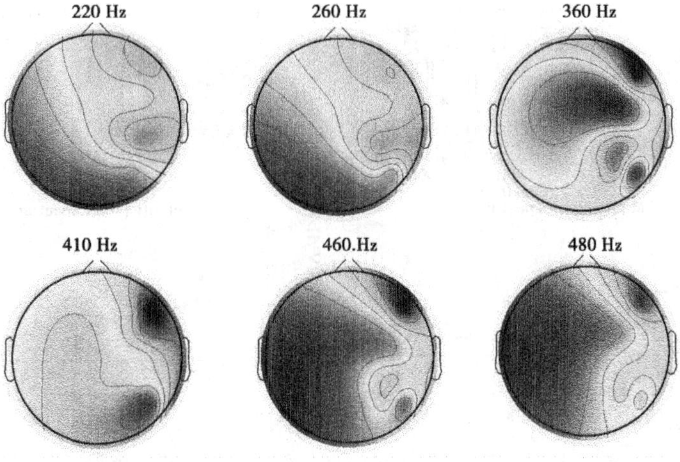

图 5-42　220 Hz、260 Hz、360 Hz、410 Hz、460 Hz、480 Hz 信号在大脑中所占权重的地形图

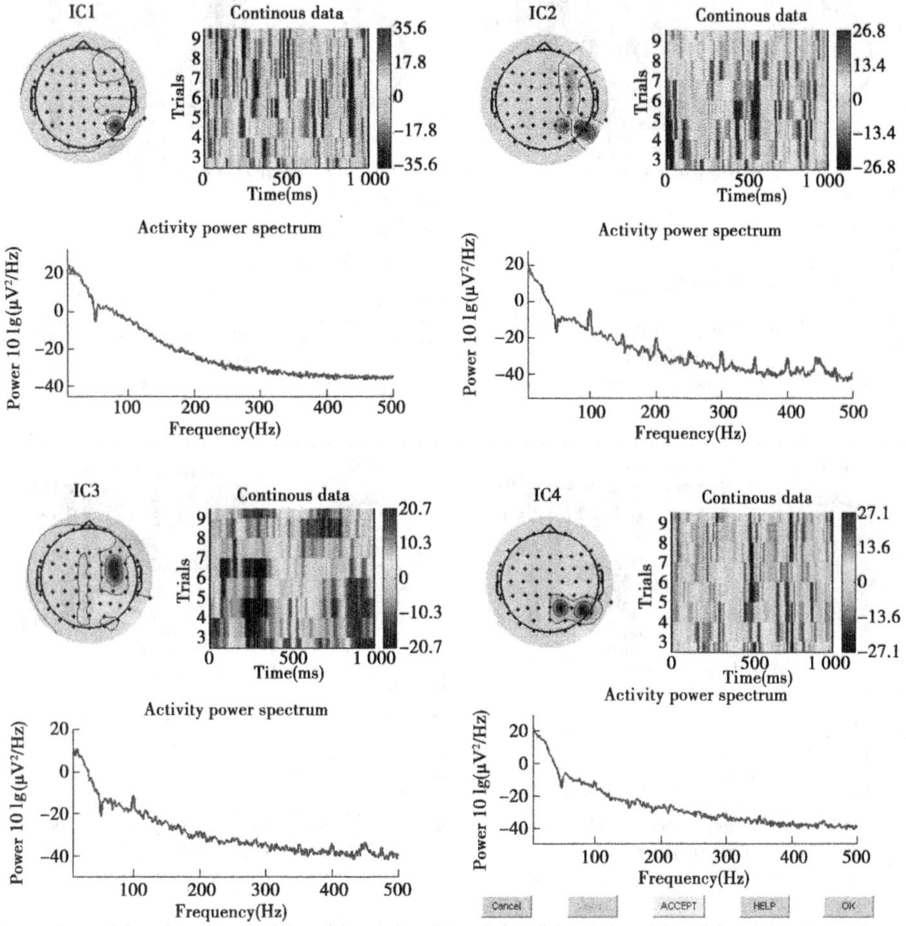

图 5-43　10 个独立分量的时频分析图

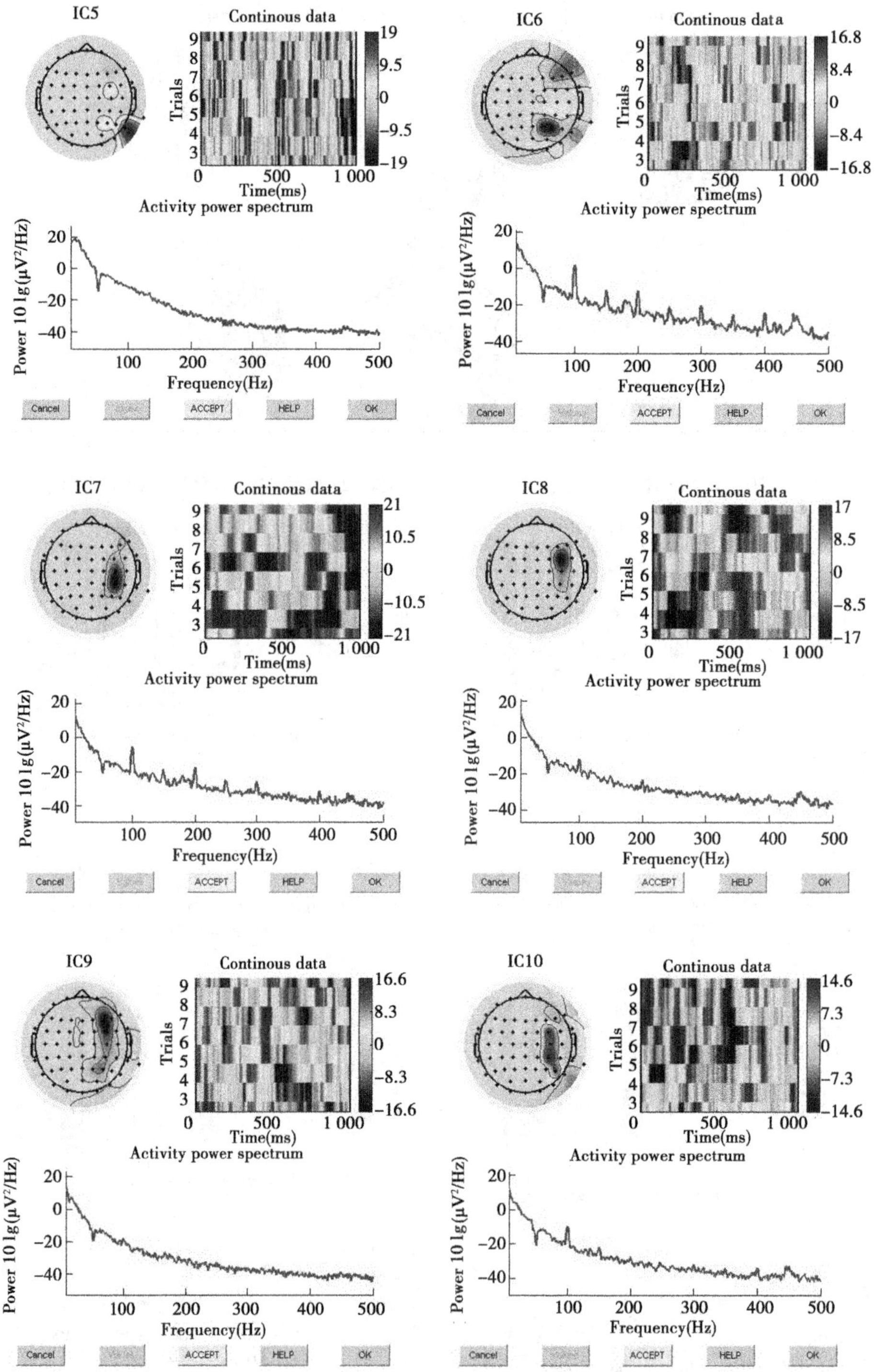
IC5
Continous data
Trials
Time(ms)
Activity power spectrum
Power 10 lg(μV²/Hz)
Frequency(Hz)
Cancel
ACCEPT
HELP
OK
IC6
Continous data
Trials
Time(ms)
Activity power spectrum
Power 10 lg(μV²/Hz)
Frequency(Hz)
Cancel
ACCEPT
HELP
OK
IC7
Continous data
Trials
Time(ms)
Activity power spectrum
Power 10 lg(μV²/Hz)
Frequency(Hz)
Cancel
ACCEPT
HELP
OK
IC8
Continous data
Trials
Time(ms)
Activity power spectrum
Power 10 lg(μV²/Hz)
Frequency(Hz)
Cancel
ACCEPT
HELP
OK
IC9
Continous data
Trials
Time(ms)
Activity power spectrum
Power 10 lg(μV²/Hz)
Frequency(Hz)
Cancel
ACCEPT
HELP
OK
IC10
Continous data
Trials
Time(ms)
Activity power spectrum
Power 10 lg(μV²/Hz)
Frequency(Hz)
Cancel
ACCEPT
HELP
OK

续图 5-43

从图 5-43 中我们可以看到,IC1 和 IC5 的频谱相对其他 IC 而言,在 50 ~ 200 Hz 处有着明显的抬高,几乎处在 - 20 ~ 0 dB 内,其他 IC 在该频段的能量处于 - 40 ~ - 20 dB 内。这也验证了这两个信号源在癫痫发作期扮演着高频振荡始发放电源的角色,从而经过 ICA 的分析,也进一步验证了之前推断的样本病人病灶的准确性。

5.3.5　小结

本节介绍了盲源分离方法在人体脑电信号提取中的应用,以大脑皮层内部癫痫异常放电源为例进行研究,推断出病例的病灶位置以及癫痫发作区域。

首先使用 EEGLAB 对脑电进行预处理,制作通道电极分布图,生成 2D 和 3D 电极分布图,以便绘出大脑地形图,并使用 EEGLAB 中所采用的最大信息化算法对多通道脑电信号进行独立分量分解,得到独立的信号源;然后根据独立分量在各个通道中所占的权重绘出独立分量在大脑皮层的权重分布图,找出处在之前推断的癫痫灶附近的独立分量;最后对独立分量对整体信号频率的贡献进行分析,得出在病灶附近的独立分量对高频信号(50 ~ 100 Hz)的贡献率最大,同时对 200 Hz 之后的贡献率进行比对,发现并非全部来自癫痫区域的独立分量的贡献。通过对各个独立分量进行的时频分析可知,癫痫病灶附近的独立分量在 100 ~ 200 Hz 处的频谱能量相对其他分量而言有明显的提高,进一步验证了高频振荡的放电源在癫痫区域,为高频振荡对癫痫发作的敏感性提供了证明。

随着盲源分离在脑电信号处理领域的深入发展,目前已经被科研以及临床领域当作一种主要的大脑功能及疾病分析手段。当前脑电研究的发展趋势逐渐倾向于多模态脑电分析和研究,也就是将脑电与其他大脑成像或者信号提取技术(核磁成像、近后外成像、血氧含量成像等)相结合,通过拟合、重建等方法来得到更加精确、全面的大脑数据,从而提高临床诊断及科学研究的效率和准确率。由于脑电信号是直接提取大脑皮层神经元发放的电信号,所以所得数据是各种大脑研究途径中最真实可靠的。在多模态脑电的研究中,脑电信号处于一个基准地位。可见,基于盲源分离的脑电信号处理技术在脑电研究中将具有极大的发展前景。

5.4　盲源分离应用于人体肌电信号分解

5.4.1　肌电信号的生理学基础

人体骨骼肌的活动是由中枢神经系统内部运动神经元复杂的脉冲引起的。这些脉冲由脑、脊髓通过相应的运动神经通道到达肌纤维,肌肉随之出现相应的收缩,而当神经脉冲减少后则出现相应的松弛,伴随肌肉活动产生的电活动即肌电(Electromyographic, EMG)。动作表面肌电信号(Action Surface Electromyographic, ASEMG)是在人体前臂发生动作时,从骨骼肌表面通过电极记录下来的神经肌肉活动发放的生物电信号。肌电信号是一种复杂的生物医学信号,具有很强的非平稳性和非线性。

表面肌电(Surface EMG ,SEMG)是当肌肉兴奋收缩时,所有激活的肌纤维动作电位在皮肤表面电极处综合叠加的结果。骨骼肌在发挥功能时,肌纤维就收缩,肌肉的收缩在肌纤维内部有一系列的生物化学变化,同时有动作电位的变化。如果用一种实时的肌电电极将这种动作电位变化显示出来,就形成一种波形图,称为肌电图。从信号分析的角度讲,也可称为肌电信号。它是肌肉中许多运动单元动作电位在时间和空间上的叠加,反映了神经、肌肉的功能状态。肌纤维产生的动作电位,即为肌电信号。

肌电信号产生机制如下:当神经系统命令肌肉收缩时,运动神经元的细胞体将产生冲动,该冲动通过细胞体的轴突传递到肌纤维处,然后与肌纤维融合,使神经与肌肉的接点释放化学物质乙烯胆碱,引起肌膜的去极化,从而产生肌纤维的动作电位,而与每个神经元联系着的肌纤维不止一条,这些部分合在一起就构成了运动单元。动作电位沿着肌纤维分别向各个方向传播,引起了肌纤维内的一系列变化,导致构成肌纤维的肌凝蛋白和肌球蛋白相互重叠,从而产生了肌纤维的收缩,这些肌纤维分别属于不同的运动单元,单个运动单元内肌纤维几乎是同步兴奋的,而各个不同的运动单元之间的兴奋是相互独立的。因此,SEMG 又可被看成是所有产生的运动单元动作电位串(Motor Unit Action Potential Trains, MUAPT)的综合叠加。MUAPT 就是一系列运动单元动作电位,它是 SEMG 的基础。当脊髓中枢发出收缩指令时,会有一系列兴奋信号,即神经脉冲序列沿着运动神经元轴突传导至神经肌肉接头处,这样就诱导出一个运动单元动作电位序列。不同的收缩力,对应的产生运动单位数目不同,所有被募集的运动单位的 MUAPT 叠加后形成表面肌电信号。由此看来,生理电信号在肌纤维中的传播导致了肌肉的收缩,同时传播中的电信号在人体软组织中引起电流场,并在检测电极间表现出电位差,当检测点位于皮肤表面处,检测电极是表面电极时,此时检测的信号即为表面肌电信号。

骨骼肌是人体运动系统的主要组成部分,人在生活和劳动中所进行的躯体运动都是以骨骼肌的活动为基础的。肌体的运动需要完整的神经系统和骨骼肌功能,骨骼肌纤维是运动单位的最终效应器,它具有兴奋性和收缩性,在大脑中枢神经系统的调控下,骨骼肌的各块肌肉相互协作配合将兴奋(收缩)作用于骨骼,产生了人体各部分的协调运动,同时肌肉细胞上会产生电位的变化,即肌电信号。肌电信号的产生过程如图 5-44所示。

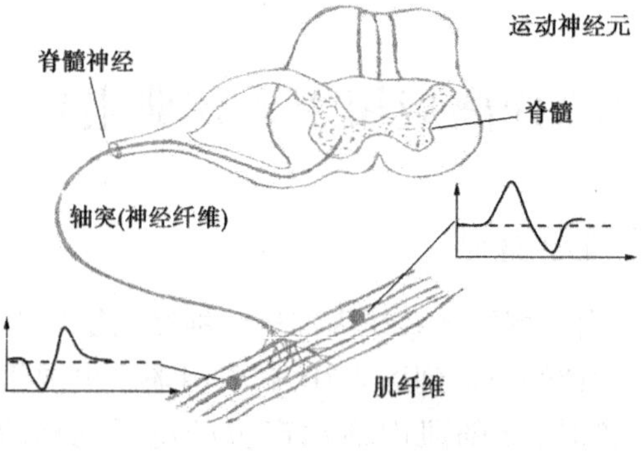

图 5-44　肌电信号的产生过程

肌电信号发源于作为中枢神经一部分的脊髓中的运动神经元。运动神经元的细胞体处在其中,其轴突伸展到肌纤维处,经终板区与肌纤维耦合(是生化过程性质的耦合)。与每个神经元联系着的肌纤维不只一条,这些部分合在一起,构成所谓的运动单元。肌肉的运动是受意识控制的,当大脑发出兴奋并向下传导后,中枢神经系统的运动神经元的胞体和树突在来自突触的刺激下产生电脉冲(动作电位),此电脉冲沿神经元的轴突传导到末梢的神经与肌肉的接点,当运动神经接触到肌肉时,其轴突分支到许多肌纤维上,每一分支终止在肌纤维上形成突触叫作运动终板,传导到轴突末梢的动作电位使神经与肌肉的接点释放化学物质乙酰胆碱,乙酰胆碱使运动终板的离子通透性发生变化产生终板电位,此终板电位又使肌细胞膜达到去极化阈值电位,产生肌纤维的动作电位,并沿着肌纤维向两方传播,引起了肌纤维内的一系列变化,便产生了肌纤维的收缩,大量肌纤维收缩产生肌肉力。由此可见,电信号(肌纤维的动作电位)的传播导致了肌肉收缩,同时传播中的电信号在人体软组织中引起电流场,并在检测电极间表现出电位差,即肌电信号。

各肌纤维在检测点上表现出的电位波形,其极性与终板和检测点的相对位置有关,又和纤维与检测点间的距离有关,相距愈远,幅度愈小。各肌纤维在检测点间引起电位的总和构成运动单元的动作电位(MUAP)。由于轴突上的电发放是脉冲序列,因此检测点间引起的也是动作电位的序列(MUAPT)。最后,生理肌电图则是许多运动单元产生的MUAPT的总和。以上就是形成生理肌电信号的基本过程,神经-肌肉系统组成框图如图5-45所示。

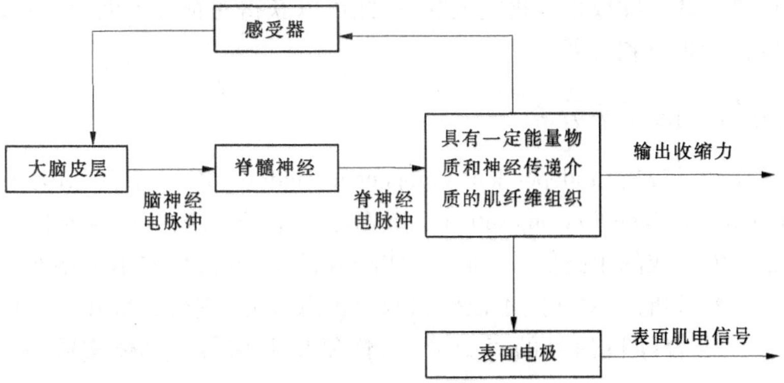

图5-45　神经-肌肉系统组成框图

肌电信号是一种极微弱电信号,信号幅度在0~5 mV,针电极记录的肌电信号的频带为5~1 000 Hz,采用表面电极时肌电信号的能量主要集中在1 000 Hz以下,波士顿大学神经肌肉研究中心发现利用双极型模型得到的肌电频谱分布在20~500 Hz,绝大部分频谱集中在50~150 Hz。表面肌电放大器的频带一般设置为10~500 Hz,针电极肌电放大器的频带一般设置为20~1 000 Hz。

尽管肌电信号在不同肌肉中有所不同,不同人的肌电信号也有很大的个体差异,多方面因素对肌电信号参数都会产生影响,但仍有一定的规律性。

肌电信号一般有以下典型特征:

(1)肌电信号是一种交流电压,它在幅值上与肌肉产生的力大致成比例。肌肉松弛和紧张度与产生的表面肌电电压幅度之间存在着良好的线性关系。

(2)肌电信号是一种微弱的电信号。肌电信号的幅度范围一般在0~5 mV,肌肉收缩时为60~300 μV;松弛时为20~30 μV,而且一般不会超过噪声水平。对于健康人,肌电幅度的峰峰值可达1~3 mV。对于残肢者,其肌电幅值一般小于350 μV,有的甚至不足 1 μV,比正常人减小数倍至几十倍。

(3)采用表面电极时,肌电信号能量主要集中在 1 000 Hz 以下,频谱分布在 20 ~ 500 Hz,主要集中在 500 Hz 以下,300 Hz 以上显著减弱。其中,绝大部分频谱集中在 50 ~ 150 Hz。功率谱最大频率随肌肉而定,通常在 30 ~ 300 Hz。

(4)频域参数比时域参数更能反映肌电特征。当力大小稍有变化时,其时域波形变化较大,而频域特征变化不是很大。

(5)同一块肌肉在做不同动作时,其幅值频率特性曲线形状仍然相似,从而说明不同肌肉的肌电发放存在着一定的规律性。肌电信号的生理学基础和特点为肌电信号的应用及采集系统的设计提供了理论基础和参考。

肌电信号是由于肌肉兴奋或活动而形成的复杂生物电过程,是多个运动单位兴奋发放的运动单位动作电位序列沿肌纤维传播在检测电极处的时间、空间叠加合成的结果,是与肌肉收缩紧密相关的神经肌肉活动电特性的表现,在生理上与肌肉组织自身的生物化学过程、具体的收缩过程以及相关神经肌肉控制系统存在着复杂的联系。EMG 分解与提取是能够提供观察中枢神经系统的各单个运动神经元活动状态的唯一途径,它是通过检测运动单位的募集数和发放率变化完成的,由此可以获得对神经疾病患者运动控制机制病理学变化的正确理解和解释。

5.4.2　肌电信号的盲源分离

本节以独立分量分析(Independent Component Analysis,ICA)结合总体经验模态分解(Ensemble Empirical Mode Decomposition, EEMD)为例介绍肌电信号的盲源分离过程。将多路随机信号混合成的单路信号,通过总体经验模态分解,重构出多路本征模态函数,利用改进的主成分分析法,对多路本征模态函数提取主元,进行二次降维,再利用独立分量分析技术完成混合随机信号的盲源分离,恢复出源信号。具体实施方案如图 5-46 所示。

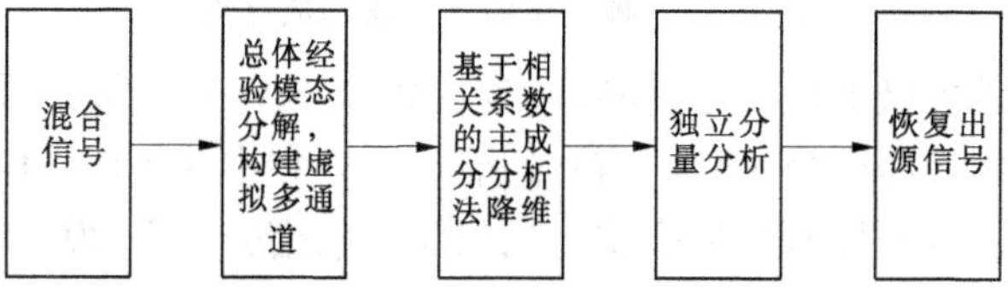

图 5-46　实施方案

肌电信号的盲源分离算法的具体流程如图 5-47 所示。

5.4.2.1　总体经验模态函数分解

经验模态函数分解(Empirical Mode Decomposition, EMD)是建立在信号自身的局部时间的特性基础上,可以将任意的信号转化为若干本征模态函数(Intrinsic Mode Function,IMF),并表示为其和的形式,这样就把较为复杂的信号重构成了多路拥有瞬时频率的单分量信号,不仅增大了信息量,而且拥有了更多实际的物理意义。分解出来的 IMF 一般没有固定的数学模型,只是反映了隐藏在数据中的某一种模态。一个 IMF 需要满足如下两个条件:

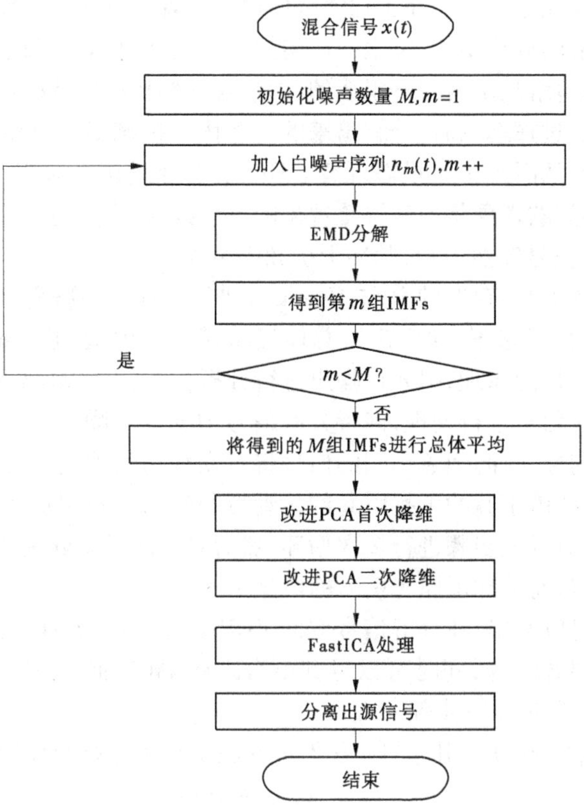

图 5-47　肌电信号的盲源分离算法流程

(1)在信号的全部时间范围内,局部过零点数目需要等于极值点数量或者至多差别量是一个。

(2)从任何时刻为起点算起,局部最大值构成的上包络线和局部最小值构成的下包络线的均值必须等于零,即函数在局部上相对于时间轴是对称的。

上面第一个条件相当于传统的平稳高斯过程中的窄带要求;第二个条件把对信号的条件限制由全局转变成局部,避免了由于信号不对称的特点造成的瞬时波动。实际中第二个条件应该为“函数的局部均值为零”,但现实中面对的大多数信号都为很难定义“局部时间尺度”的非平稳信号,所以把要求改成了信号的局部波形对称。虽然只要满足上述两个条件的信号就可以称为 IMF,但是现实中观测到的混合信号很难遇到只是单分量成分的信号,一般都包含多个分量成分。鉴于此,1998 年 N. E. Huang 等学者在 IMF 基础上提出了经验模态分解算法,此算法在数据自身的时间尺度的基础上,需要满足下面几点假设:

(1)函数应该最少包含一个极大值和一个极小值。

(2)函数的局部时间特性由极值之间的间隔唯一确定。

(3)若函数中缺少极值点但含有拐点,则可通过对函数求导来求出极值,然后用积分的方法求得分解结果。

由于 EMD 自身的性质,可以把信号表示成一系列 IMF 和的形式,因此在实际的许多工程项目中都会涉及此方法。但在工程实践中逐渐发现该算法有着模态混叠的弊端。即在对信号包络线求解的算法中，若发生一些突然的扰动，就会对极值点分布产生不利的影响，以至于所求得的包络是由两部分组成的，即包含突然扰动导致的局部中包络和真正的信号包络。这样在通过筛选以后，分解出来的一些固有模态函数分量就包含了不同的时间尺度的交叉的状态从而产生了模态混叠。Huang 等经过认真研究，提出了一种新的假设，认为信号之间的间歇现象是导致混叠现象的关键因素，但是对间歇现象起决定作用的通常是突然扰动（如信号突然中断、脉冲干扰和噪声等）。

根据以上描述的 EMD 存在的弊端，Huang 等进行了深入的研究，最终取得了突破，成功地对 EMD 算法进行了修正，即提出了总体经验模态分解法（Ensemble EMD，EEMD）。此种算法利用辅助分析的原理，引入白噪声进行分析，不同于 EMD 算法，EEMD 在对信号进行分解之前首先对信号进行处理，向待分解信号中加入白噪声，由于白噪声自身特性，比如具有分布的均匀性，时间间隔不同的信号将自动均匀地映射到与白噪声相应的时间间隔上去，同时使一些由于脉冲干扰引起的扰动变得平滑。对引进了白噪声的信号进行模态的重新分解，针对以上步骤进行多次循环，然后对每次数据处理后所获得的模态函数分量进行集合平均，从而消除了原先引入的白噪声。

通过以上对比可以看出，在分解信号方面 EEMD 比 EMD 更具有优越性，EEMD 不仅能成功地解决模态混叠问题，同时可以得到更合理的 IMF，而且对瞬态干扰能够进行平滑。EEMD 算法可以通过以下步骤实现：

（1）向待分解信号 $x(t)$ 中引进归一化处理的服从正态分布的高斯白噪声 $n(t)$：

$$\tilde{x}(t) = x(t) + n(t) \tag{5-5}$$

（2）对所得到的信号进行经验模态分解，得到一组 IMFs：

$$\tilde{x}(t) = c(t) + r(t) \tag{5-6}$$

（3）对上述步骤（1）、（2）进行重复计算 n 次，注意每一次引进新的白噪声，得到多组 IMFs：

$$\tilde{x}(t) = \sum_{i=1}^{n} c_{ij}(t) + r_j(t) \tag{5-7}$$

式中，$c_{ij}(t)$ 是第 j 次信号进行分解后得到的第 Z 个本征模态函数；$r_j(t)$ 是第 j 个余量函数。

（4）对得到的多组 IMFs 进行总体平均运算，算得分解信号的 IMF 组合：

$$c'_i(t) = \sum_{j=1}^{n} c_{ij}(t) \tag{5-8}$$

$$r'_i(t) = \sum_{j=1}^{n} r_j(t) \tag{5-9}$$

经过总体经验模态分解后信号可以表示成多个 IMF 之和，即

$$x(t) = \sum_{i=1}^{n} c'_i(t) + r'(t) \tag{5-10}$$

式中，$c'_i(t)$ 是第 i 个固有模态函数；$r'(t)$ 是余量函数。

5.4.2.2　基于似然函数的 FastICA 算法

芬兰赫尔辛基技术大学的 Aapo Hyvarinen 等提出了快速 ICA 算法（FastICA），又被称

作固定点(Fixed-Point)算法,由于其收敛速度快,分离效果好,这种算法在解决大规模问题上做出了很大的贡献,被广泛应用于盲信号处理领域。FastICA 算法是一种利用批处理的方式进行快速寻优迭代的方法,即每一步的迭代运算中都会存在着大量样本数据参与。目前,主要有三种形式的 FastICA 算法:基于负熵、基于峭度、基于似然函数。本节采用基于似然函数的固定点算法,整体运算流程如下:

(1)对观测到的混合信号进行去均值处理:

$$\tilde{x} = x - E(x), x = \tilde{x}/std(\tilde{x}) \tag{5-11}$$

(2)对经过去均值后的信号 x 进行白化处理,得到信号 z:

$$z = Qx \tag{5-12}$$

(3)令 $p=1$,N 为待分离独立成分的数目,任意选取一个初始权向量 $\boldsymbol{W}$,并令

$$\|\boldsymbol{W}\|^2 = 1 \tag{5-13}$$

(4)令 $k=1$,对权向量 $\boldsymbol{W}$ 进行基于似然函数的迭代:

$$\boldsymbol{W}^{+} = \boldsymbol{W} + diag(a_i)\{diag(\beta_i) + E[g(\boldsymbol{W}z)(\boldsymbol{W}z)^{\mathrm{T}}]\}\boldsymbol{W} \tag{5-14}$$

(5)正交化去相关处理:

$$\boldsymbol{W}_p = \boldsymbol{W}_p - \sum_{j=1}^{p-1}\langle \boldsymbol{W}_p, \boldsymbol{W}_j\rangle \boldsymbol{W}_j \tag{5-15}$$

(6)归一化处理:

$$\boldsymbol{W}_p = \boldsymbol{W}_p / \sqrt{\boldsymbol{W}_p^{\mathrm{T}}\boldsymbol{W}_p} \tag{5-16}$$

(7)如果 $\boldsymbol{W}_p$ 为收敛,$k = k+1$,回到步骤(4);

(8)令 $p = p+1$,如果 $p \leqslant N$,回到步骤(3),否则算法结束。

5.4.2.3　仿真实验

表面肌电信号 sEMG 作为人体皮肤表面形成的电信号,在康复医学、体育科学等领域都有重要的研究意义,但现实中采集到的肌电信号会伴有心电信号 ECG、噪声等干扰,如何分离出要研究的肌电信号成为大家共同关心的问题。本实验以 sEMG 和 ECG 的混合信号为例进行分离,步骤如下:

(1)对两路 sEMG 信号和 ECG 信号(图 5-48 (a)为 sEMG 信号,图 5-48(b)为 ECG 信号),进行线性混合得到输出信号,如图 5-49 所示。

(2)对混合随机信号进行 EEMD 分解处理,提取本征模态函数 IMF。图 5-50 为经 EEMD 分解得到的多路本征模态函数分量 IMFs。

(3)求各分量与混合混沌信号的相关度,提取相关度大于 0.3 的分量,如图 5-51 所示为根据相关度首次降维。再对首次降维分量进行主成分分析、二次降维,如图 5-52 所示为 PCA 二次降维。

(4)进行 ICA 处理,分离出肌电信号和心电信号,如图 5-53(a)所示为恢复出的人体表面肌电信号,图 5-53(b)为恢复出的心电信号。

计算以上盲源分离后得到的 sEMG 保真度为 0.862,ECG 的保真度为 0.963 ,且利用该算法进行二次降维后再进行独立成分分析,耗时为 0.43 s,迭代次数为 23。通过选用总体经验模态分解算法重构出多路本征模态函数分量,并且利用改进的 PCA 算法提取信号中含有信息量多的成分,进行二次降维,针对剩余的信号分量再进行独立成分分析处

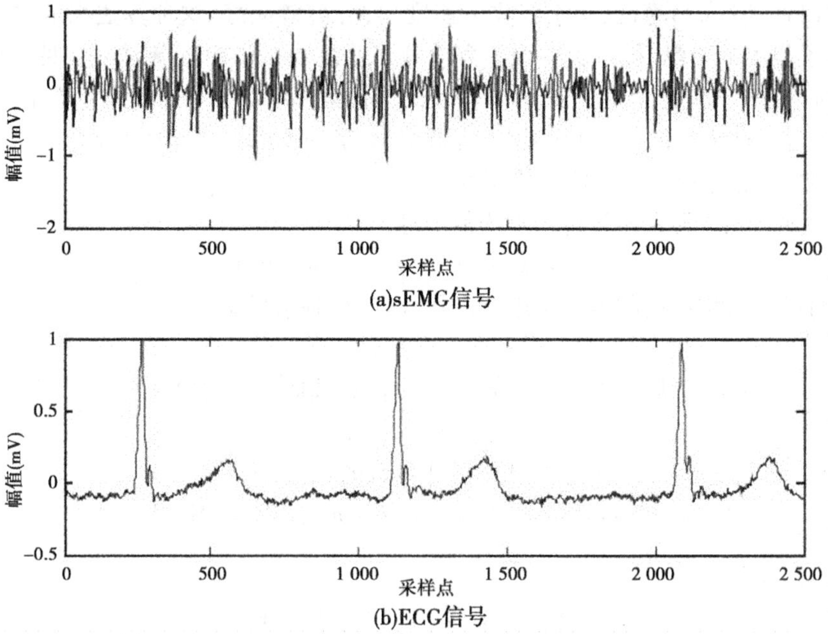

图 5-48　两路信号

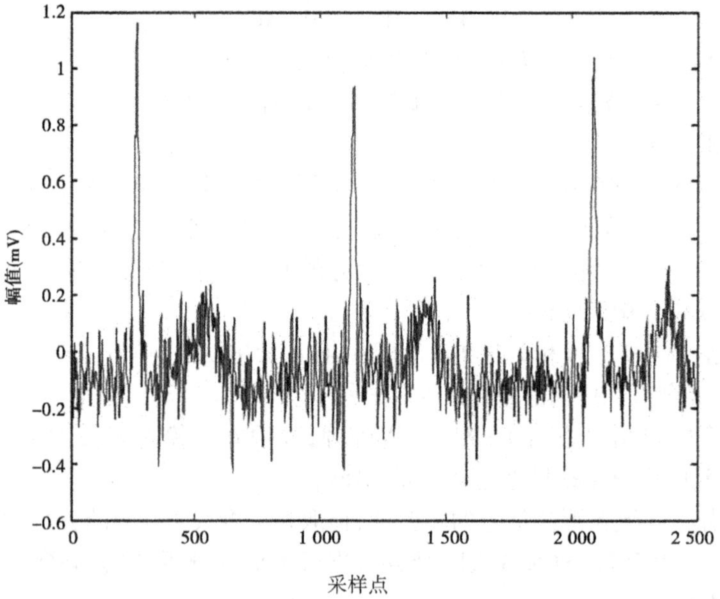

图 5-49　混合信号

理，这样明显减少了中期选取有用信号的时间，并且减少了个人经验对整个分离处理过程的影响，提高了自适应程度，使得算法更加智能；同时二次降维之后，降低了后期盲源分离的复杂度，使得迭代次数减少，处理速度更快。

通过以上仿真实验可以看出，在进行总体本征模态分解后再进行盲源分离，明显提高了肌电信号的保真度，并且分离效果较好。

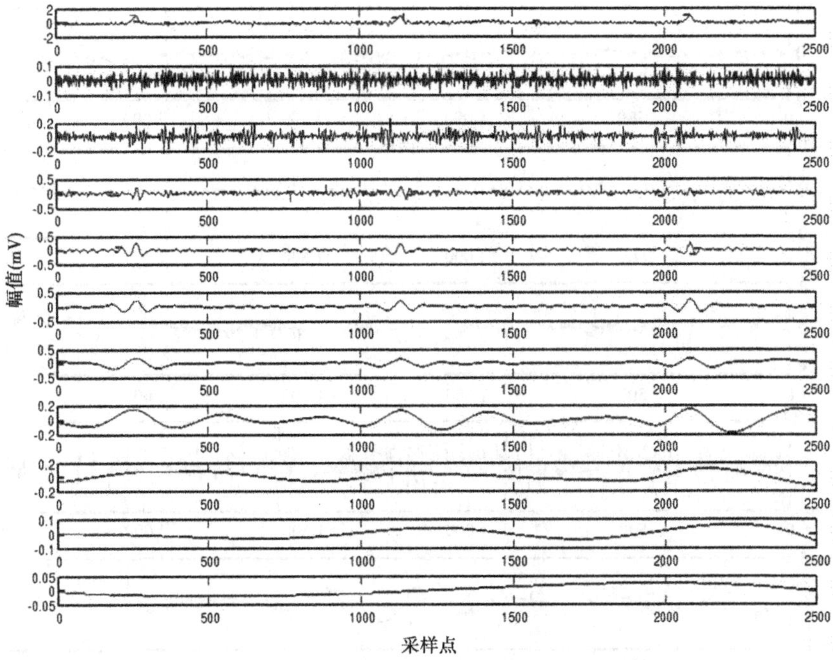

图 5-50　经 EEMD 分解得到的多路本征模态函数分量

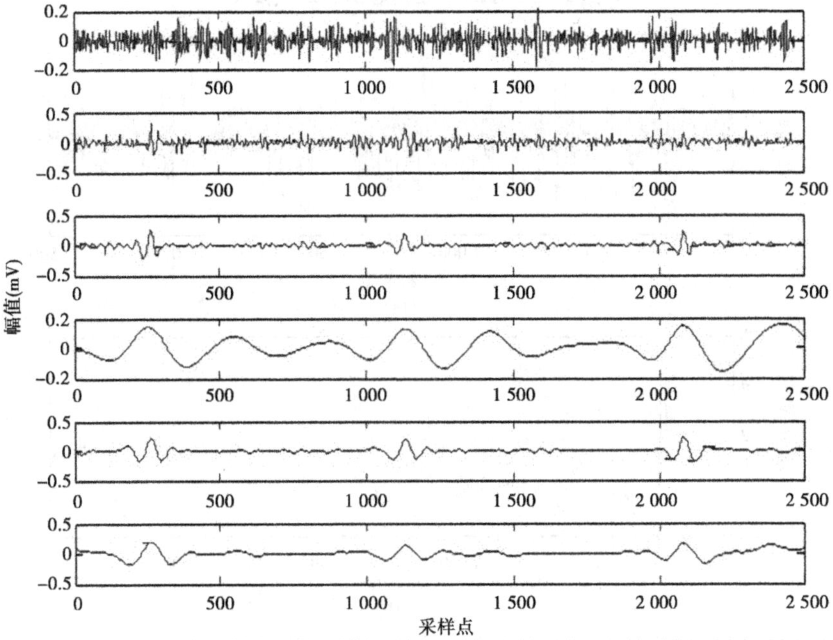

图 5-51　多路本征模态函数首次降维

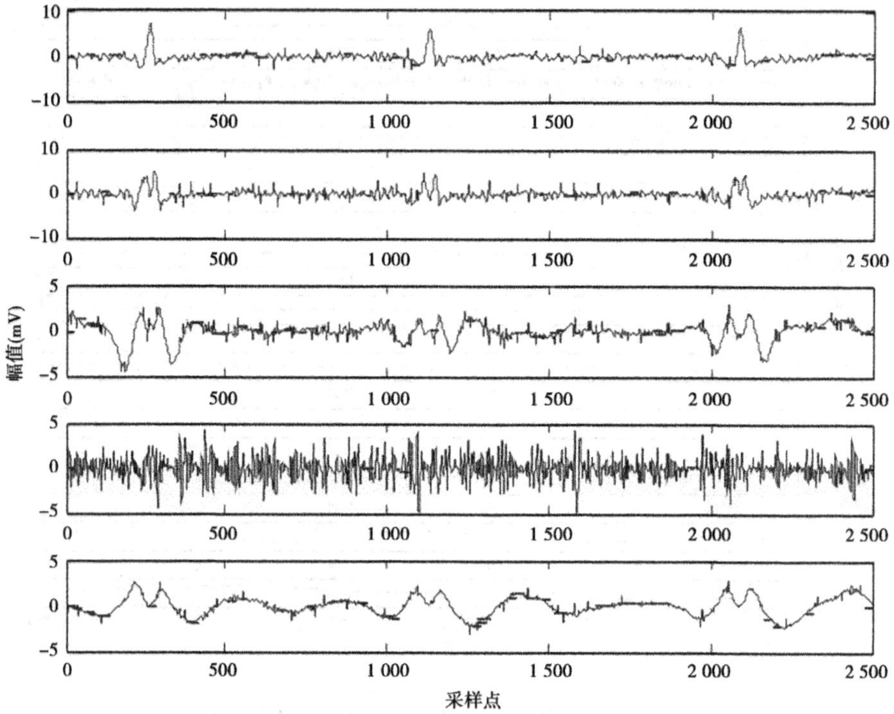

图 5-52　多路本征模态函数二次降维

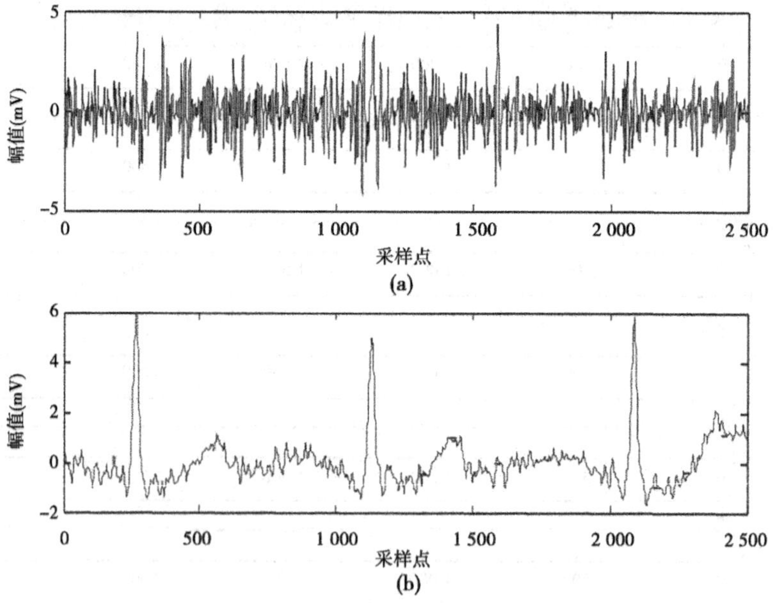

图 5-53　ICA 分离出的信号

第 6 章　通信信号的盲源分离及应用

6.1 引　言

无线通信是信息时代市场潜力最大、发展最快和应用前景最广的领域之一,是国家未来重点发展的对象。第三代移动通信(3G)的确立、第四代移动通信(4G)的发展以及第五代移动通信(5G)的兴起,都给无线通信这个领域带来了无限生机和活力。人们日益增长的追求高速率、高效率和高性能的通信要求,都将促使未来无线通信技术的进一步革新,因此迫切需要致力于对新型信号处理方法的研究,以达到满足未来国家发展和人们日常生活的通信需求。

无线通信环境中,通信系统接收到的观测信号通常是多个通信信号与未知干扰信号的混合信号,而且在复杂电磁环境中往往还会受到同频段内施放的恶意干扰信号,以致通信信号与干扰信号在时频域上均相互重叠,难以通过传统的信号处理方法将两者分开,如频域滤波。传统的信号处理方法一般是以消耗通信系统的频率资源或功率资源为代价来换取检测性能和抗干扰性能,且受限于先验信息的获取情况,自适应能力较差,不能有效解决日益增长的通信资源需求和通信容量需求之间的矛盾,因此需要研究对先验信息条件放宽和自适应性强的新型的信号处理方法,即盲信号处理理论。图 6-1 给出了盲源分离在无线通信中的应用模型。

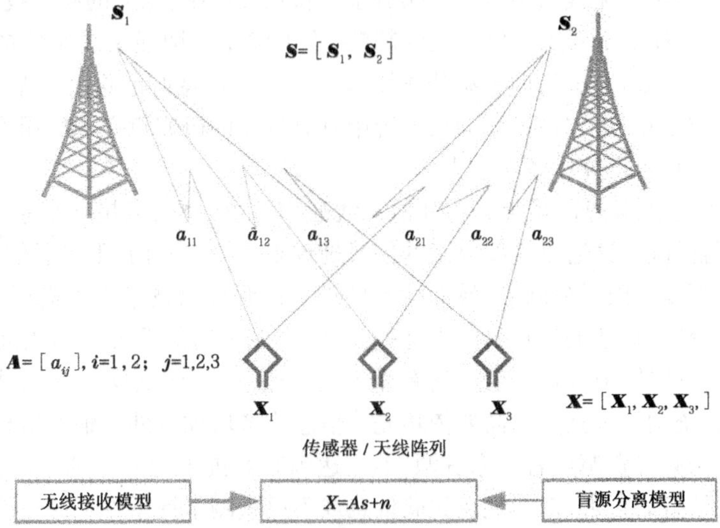

图 6-1　盲源分离在无线通信中的应用模型

近年来,众多国内外学者致力于无线通信系统中盲源信号分离理论与方法的研究,以求达到增强信号检测能力和抗干扰能力的目的。盲源分离是一种功能强大的信号处理方法,它可以仅从接收的混合信号中依据源信号的统计特性分离出不可观测的源信号,而且需要的先验信息极少,具有“盲”和“自适应”的特性。“盲”意指两个方面的内容:一是源信号不可观测;二是系统特性或传输信道的先验信息未知。“自适应”意指不需要烦琐地对导频参数进行估计,是无监督处理方式。盲源分离在无线通信系统中的应用研究正处于发展阶段,相关新的应用方向不断涌现,如图 6-2 所示。

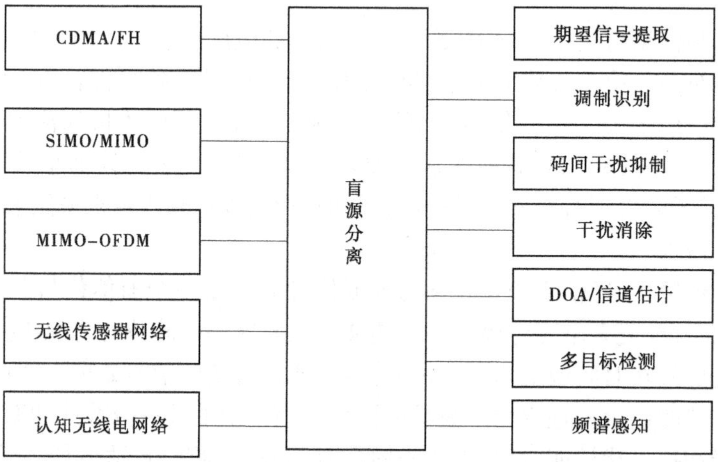

图 6-2　盲源分离在无线通信系统中的应用

同时,盲源分离和无线通信这两个领域也各自在发展中,相关的新型技术革新也正在涌现。5G 和绿色通信是未来通信发展的趋势,为了优化和增强无线通信系统的性能,需要依靠新型的信号处理技术,而盲源分离技术不失为一种良好的选择。基于盲源分离具有盲自适应的技术特点,它在无线通信系统中具有重要的研究意义和应用价值,尤其在卫星通信的抗干扰技术研究中意义重大。

图 6-3 给出了卫星通信系统。和其他无线通信系统一样,卫星通信系统需要提高频谱效率和抗干扰性能,这通常需要复杂的信号处理来支撑。然而,卫星通信系统中星上功率和处理能力严重受限,将面临严峻的技术挑战。盲源分离技术以不需要或者只需要少量训练序列/导频数据辅助信息的技术优势,可以为卫星通信系统节约频谱资源,提高系统的频谱效率。此外,卫星通信信道具有开放性特点,信道环境复杂,难以精确估计且易受干扰影响,传统的抗干扰方法需要依赖先验信息或者增加额外的辅助信息来抑制干扰,需要耗费更多的频带资源或者功率资源,不能达到有效抗干扰的目的。而盲源分离技术放宽了对先验信息的需求,对在缺乏先验信息或不可预测干扰条件下的通信,具有抗干扰的技术优势。尤其在军事通信中,盲源分离在通信对抗、非合作通信和雷达信号侦察与分选等方面具有重要的技术优势,值得重点研究。

在国防科技领域中,飞机、巡航导弹作为典型的攻击武器,具有飞行速度快、命中精度

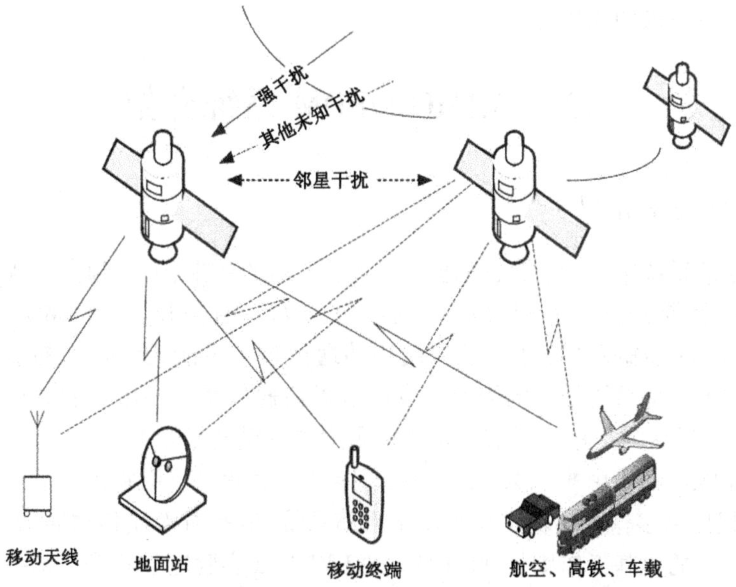

图 6-3　卫星通信系统

高、雷达散射截面面积小、低空突防能力强、不易被发现等特点，这大大提高了武器的突防和杀伤能力，随着这些战术性能的提升，对于低角雷达探测、跟踪低空目标的准确性需求也随之提升。飞机、导弹等战略性武器的低空突袭现已成为首选的作战手段，低空突袭是针对目标物的飞行高度在 500 m 以下的低空盲区，在这个盲区内，地球曲率将限制雷达视距，周围地形会阻碍电磁波的传播，地、海主瓣杂波以及气象杂波再施加多重影响，这些都对低空突袭的飞行物作了有利掩护，另外防空武器探测、跟踪目标物需要一定的调度时间，致使雷达不能准确跟踪目标，甚至不能够发现，从而使低空突袭的飞行物能够迅速而隐秘地深入敌区，有效地破坏敌军的防空能力。

我国的许多高精度雷达在低角探测跟踪低空飞行的目标时受到多径误差的影响，主要是由于地海面引起的镜面反射或漫散射，形成多路径效应，这使得雷达不仅接收到目标至雷达的直达波信号，也会接收到反射回波信号，雷达所接收总信号的回波幅度和相位就会因此产生变化，使得目标仰角的估计存在较大误差，最终导致无法准确跟踪目标。直达波信号与反射回波信号都来自同一个目标，它们是极度相关的，在时、频、空域（又称为波束域）中，尤其是在小波基构造空间和高维子空间中，常规的雷达都很难对此相干性非常高的多路径信号进行区分，无法辨认目标的真实信号。尤其当设备天线的仰角小于一个波束宽度时，多路径效应表现得更加明显，雷达角跟踪系统出现摆动从而产生角度误差，致使雷达无法稳定跟踪、测向以及获取目标的真实信息。

针对雷达探测跟踪低空飞行目标的情况，可以用盲源分离算法对雷达接收的总信号进行处理，消除多径信号，提取出目标至雷达的直达波信号，进而获得目标的真实信息。而如何能够获取较好的分离效果，则需要进一步研究如何改进算法，提高盲分离算法的分离性能。

本章将针对盲源分离技术在无线通信领域的应用展开讨论，通过理论分析和仿真实验验证盲源分离技术的优越性。

6.2 MIMO-OFDM 系统介绍

6.2.1 MIMO 技术介绍

在移动通信系统中，人们对传输速率提出了更高的要求，但是频谱资源总是有限的，要支持高速率就要开发具有极高频谱利用率的无线通信技术。MIMO（Multiple-Input Multiple-Output，即多输入多输出）是无线移动通信领域智能天线技术的重大突破之一。该技术可以在不增加系统带宽的情况下成倍地提高通信系统的容量和频谱利用率，因此 MIMO 技术被广泛认为是移动通信系统必须采用的关键技术之一。

实际上 MIMO 技术由来已久，早在 1908 年马可尼就提出用它来抗衰落。在 20 世纪 70 年代有人提出将多输入多输出技术用于通信系统，但是对无线移动通信系统 MIMO 技术产生巨大推动的奠基工作则是 90 年代由 AT&T Bell 实验室学者完成的。1995 年 Teladar 给出了在衰落情况下的 MIMO 容量；1996 年 Foshinia 给出了一种多输入多输出处理算法——对角-贝尔实验室分层空时（D-BLAST）算法；1998 年 Tarokh 等讨论了用于多输入多输出的空时码；1998 年 Wolniansky 等采用垂直-贝尔实验室分层空时（V-BLAST）算法建立了一个 MIMO 实验系统，在室内实验中达到了 20 bit/s/Hz 以上的频谱利用率，这一频谱利用率在普通系统中极难实现。这些工作受到各国学者的极大注意，并使得多输入多输出的研究工作得到了迅速发展。MIMO 系统模型如图 6-4 所示，它利用多天线来抑制信道衰落。MIMO 技术是指在发射端和接收端分别设置多副发射天线和接收天线，其出发点是将多发送天线与多接收天线相结合，以改善每个用户的通信质量（如差错率）或提高通信效率（如数据速率）。

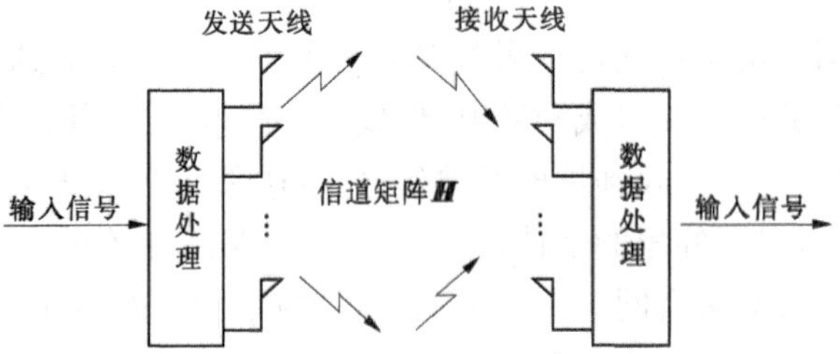

图 6-4 MIMO 系统模型

MIMO 技术实质上是为系统提供空间复用增益和空间分集增益，空间复用技术可以大大提高信道容量，而空间分集则可以提高信道的可靠性，降低信道误码率。通常，多径要引起衰落，因而被视为有害因素，然而对于 MIMO 来说，多径可以作为一个有利因素加以利用，MIMO 技术的关键是能够将传统通信系统中存在的多径衰落影响因素变成对用户通信性能有利的增强因素，MIMO 技术有效地利用随机衰落和可能存在的多径传播来成倍地提高业务传输速率，因此它能够在不增加所占用的信号带宽的前提下使无线通信的性能改善几个数量级。假定发送端有 N 个发送天线，有 M 个接收天线，在收发天线之间形成 $M \times N$ 信道矩阵 $\boldsymbol{H}$，在某一时刻 t，信道矩阵为

$$\boldsymbol{H} = \begin{bmatrix} h_{11} & h_{12} & \cdots & h_{1N} \\ h_{21} & h_{22} & \cdots & h_{2N} \\ \vdots & \vdots & \vdots & \vdots \\ h_{M1} & h_{M2} & \cdots & h_{MN} \end{bmatrix} \tag{6-1}$$

其中，$\boldsymbol{H}$ 的元素是任意一对收发天线之间的增益。对于信道矩阵参数确定的 MIMO 信道，假定发送端不知道信道信息，总的发送功率为 ρ，与发送天线的数量 M 无关；接收端的噪声用 $N \times 1$ 向量 $\boldsymbol{h}$ 表示，是独立零均值高斯复变量，各个接收天线的噪声功率均为 σ^2；发送功率平均分配到每一个发送天线上，则容量公式为

$$C = \log_2\left[\det\left(I_M + \frac{\rho}{N}\boldsymbol{H}\boldsymbol{H}^H\right)\right] \quad (\text{bit/s/Hz}) \tag{6-2}$$

令 M 不变，增大 N，使得 $\frac{1}{N}\boldsymbol{H}\boldsymbol{H}^H \to I_M$，这时可以得到容量的近似表达式：

$$C = M\log_2(1 + \rho) \quad (\text{bit/s/Hz}) \tag{6-3}$$

从式(6-3)可以看出，此时的信道容量随着天线数量的增大而线性增大。也就是说，可以利用 MIMO 信道成倍地提高无线信道容量，在不增加带宽和天线发送功率的情况下，频谱利用率可以成倍地提高。利用 MIMO 技术可以成倍提高信道的容量，同时可以提高信道的可靠性，降低误码率。前者是利用 MIMO 信道提供的空间复用增益，后者是利用 MIMO 信道提供的空间分集增益。

数据子流的独立性和数据在各个天线间的分配方式是影响系统性能的关键因素。MIMO 系统能够充分利用信号的所有空时频域的特性，具有以下优点：

(1)利用或者减少多径衰落。MIMO 技术可以充分采用多径的各种发射/合成技术，提升无线通信系统的性能。

(2)消除共道干扰。MIMO 系统能够采用多用户检测技术或自适应波束形成技术对共道干扰进行有效抑制或删除。

(3)提高频谱利用率。阵列天线能够降低共道干扰和多径衰落的影响，因而在一定的信噪比条件下能够降低误码率，或者在一定的误码率条件下可以降低检测所需要的信噪比。MIMO 系统能够抑制或消除共道干扰和码间干扰，同时利用分集技术提升接收信号的信噪比，因此基站和移动端的发射功率可以获得一定程度的降低，同时削弱空间电磁干扰的影响、延长移动终端电池的使用时间、降低系统对功率控制精度和器件的要求。

由于 MIMO 通信能够极大地提高系统的频带利用率，满足高速率通信的需求，从其提出以来即得到了大量的研究开发人员和工程技术人员的广泛关注和研究，MIMO 技术已成为当前第四代移动通信中最有发展前景的技术之一。

6.2.2　OFDM 技术基础

OFDM（Orthogonal Frequency Division Multiplexing，即正交频分复用）技术是一种新型的、高效的多载波调制技术，它能够有效地对抗多径传播，使受到干扰的信号能够可靠地

接收。无线信道的频率响应曲线大多是非平坦的，而 OFDM 技术的主要思想就是在频域内将给定信道分成许多正交子信道，在每个子信道上使用一个子载波进行调制，并且各子载波并行传输，这样，尽管总的信道是非平坦的，也就是具有频率选择性，但是每个子信道是相对平坦的，并且在每个子信道上进行的是窄带传输，信号带宽小于信道的相应带宽，因此就可以大大消除信号波形间的干扰。

1971 年 Weinstein 成功地将 DFT 用到并行传输系统中作为调制解调的手段。这样，不但可以去掉频分复用所需要的子载波振荡器组、解调用带通滤波器组，并且可以利用那些很方便就可以实现快速傅里叶变换（FFT）的专用器件来实现全数字化的调制解调过程。

解决 OFDM 复杂性问题的主要进展是在调制和解调中使用了 FFT。这一进展同时发生在数字信号处理技术引入 MODEM 设计的时期。这一技术主要包括将输入信息打包成每组数据为 N 个复数码元的多个组，每组中的一个复数码元在一个子信道上传输；实现时对每组数据进行 IFFT 后串行的传输；在接收端对信号取样后，对每组数据进行 FFT，恢复所传输的信息。这种形式的 OFDM 通常称为离散多音频（DMT）。传输线路上的信号频谱与 N 个并行的 QAM 信号的频谱是一致的，就是以码元速率为间隔的 N 个频率的信号。每个这样的 QAM 信号传输原来输入的每一个复数码元。与早期的 OFDM 系统类似，每个 QAM 信号的频谱形状为 $\sin(kf)/f$，其频谱在其他子载波中心频率处为零。

DMT 技术最重要的优点是 FFT 算法的高效性。N 点 FFT 仅需要 $N\log_2 N$ 量级的乘法，而不是直接计算 DFT 所需的 N^2 量级的乘法。如果 N 为 2 的幂次，算法将非常高效，虽然一般情况下 N 不一定为 2 的幂次。由于 FFT 的使用，DMT 系统与相当的使用均衡技术的单载波系统相比，一般每单位时间将需要更少的计算量。两种系统的总的成本相比，谁更低仍然是不清楚的，但是在大多数情况下它们的成本将近似相同。

在过去的几十年中，OFDM 技术和 DMT 技术已经得到了广泛的应用。OFDM 技术在很多无线应用中特别成功，其在多径环境下具有优良性能。无线接收机的难点是需要检测出经过时间和频率选择性衰落的信号。OFDM 技术与适当的编码和交织技术相结合，对于抗无线信道的干扰具有优良的性能。

正交频分复用（OFDM）技术与频分复用（FDM）技术非常相似。OFDM 技术是将高速的数据流通过串/并变换，分配到速率相对较低的若干个子信道中进行传输，不同的是，OFDM 的频谱利用率更高。与 FDM 的主要区别有以下几方面：

（1）在平常的广播中，每一个基站在不同的频率上发送信号，有效地运用 FDM 来保证每个站点的分割间隔，广播中每个站点都没同位和同步。但在 OFDM 信号内所有的子载波都在时间和频率上同步，使得子载波间的干扰被严格控制。这些复用的子载波在频域中交错重叠，又因为调制的正交性且采用循环前缀作为保护间隔，所以不会发生载波间干扰（ICI）。

（2）对于 FDM 系统而言，传输的信号必须在两个信道之间存在频率间隔来防止干扰，因此降低了系统频谱利用率。而 OFDM 的子载波正交复用技术大大提高了频谱利用率，如图 6-5 所示。

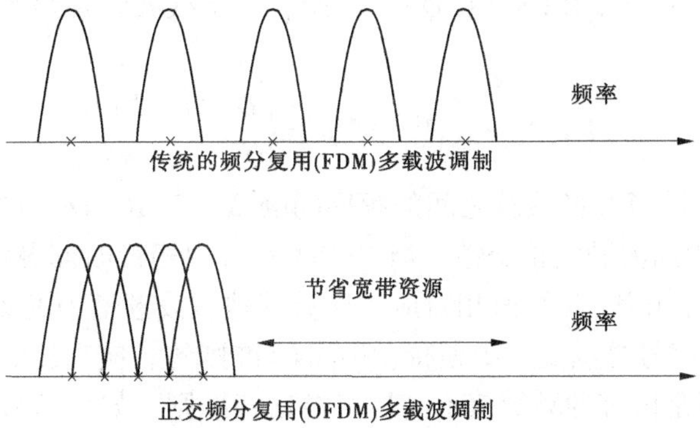

图 6-5　FDM 与 OFDM 频率利用率的比较

一个完整的 OFDM 系统实现框图如图 6-6 所示。

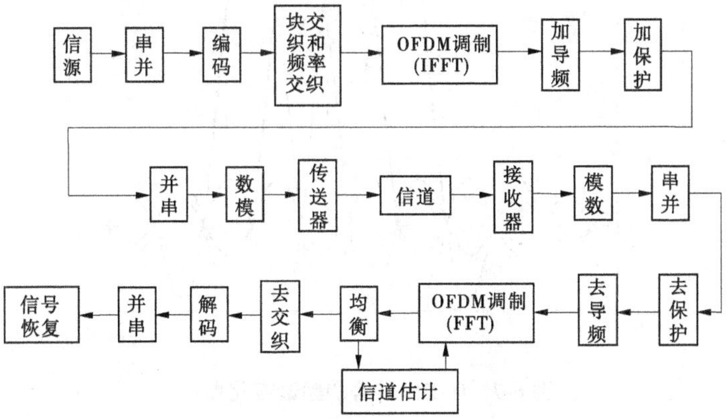

图 6-6　OFDM 系统实现框图

OFDM 的基本原理是将一高速数据流分解成在多个子载波上同时传输的低速数据流。对于每个子载波而言，由于数据速率较低，所以符号周期增长。符号周期的增长就使得由信道造成的相对时间弥散变小。从频域角度分析，OFDM 将整个传输频带分割成多个带宽较窄的子带。信道在整个频带上呈现频率选择性衰落，但在每个子带上则呈现平坦衰落的特性。而且，通过引入一定的保护间隔，OFDM 符号间的干扰几乎可以完全消除掉。

在传统的频分复用中，各载波的信号频谱互不重叠，频谱利用率较低。在 OFDM 系统中，各子载波在整个符号周期上是正交的，即加于符号周期上的任何两个载波的内积等于零，因此各子载波信号频谱可以互相重叠，大大提高了频谱利用率。由于 OFDM 系统中的载波数量多达几百上千，所以在实际应用中不可能使用几百个振荡器和锁相环进行调制。随着 DSP 技术的飞速发展，采用快速傅里叶变换（FFT），利用高速 DSP 芯片实现 OFDM 的调制与解调，可大大降低系统成本。假设 OFDM 信号发射周期为$[0,T]$，包含了

一组子载波,每个子载波采用 PSK 或 QAM 调制。各子载波间要满足正交性,如式(6-4)所示:

$$\int_0^T e^{j2\pi f_k t} * (e^{j2\pi f_i t})^* dt = \begin{cases} T & (i = k) \\ 0 & (i \neq k) \end{cases} \tag{6-4}$$

可以证明,只要适当选择载波之间的频率间隔 Δf,使 $\Delta f = 1/T$,即可使各载波在整个 OFDM 信号的符号周期内满足正交性。当 OFDM 符号由矩形时间脉冲组成时,每个调制载波的频谱为 $\sin x/x$ 形状,其峰值相对应于所有其他载波频谱中的零点,如图 6-7 所示。从图中可知,OFDM 符号是满足奈奎斯特(Nyquist)准则的。应当注意的是,在这里,不是信号的时域表示,而是信号的频域表示满足奈奎斯特准则。如果信号的频谱满足奈奎斯特准则,那么子载波间的干扰就可以消除。

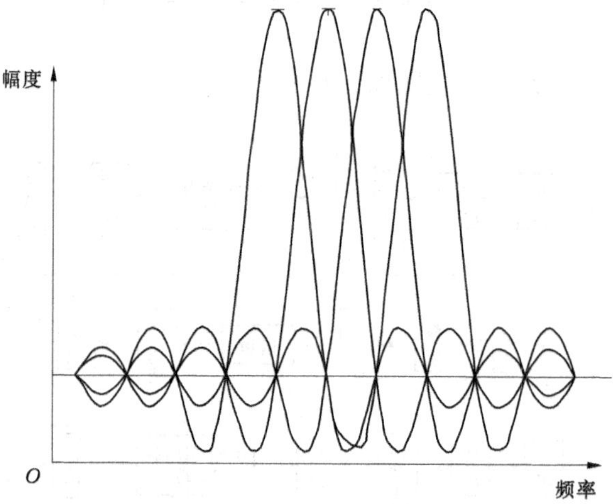

图 6-7 OFDM 信号的频谱变化曲线

从时域上看 QAM 调制。每个 OFDM 信号都包含了一组子载波,每个子载波采用 PSK 或表示 PSK 或 QAM 符号。一个开始于 $t = t_s$ 的 OFDM 系统可以表示为

$$s(t) = \begin{cases} \mathrm{Re} \sum_{t = N_S/2}^{N_N/2 - i} d_{i + N_N/2} \exp[j2\pi(f_c - \frac{i + 0.5}{T})(t - t_s)] & (t_s \leqslant t \leqslant t_s + T) \\ 0, t < t_s \text{ 或 } t \geqslant t_s + T \end{cases} \tag{6-5}$$

OFDM 符号的低通等效复基带表示为

$$s(t) = \begin{cases} \sum_{t = -N_S/2}^{N_N/2 - i} d_{i + N_N/2} \exp[j2\pi(\frac{i}{T})(t - t_s)] & (t_s \leqslant t < t_s + T) \\ 0, t < t_s \text{ 或 } t \geqslant t_s + T \end{cases} \tag{6-6}$$

从式(6-6)可知,一个 OFDM 符号中各子载波的幅度和相位可能不一样。另外,由于正交性,各子载波的周期都是符号周期的整数分之一,或者说,各子载波的频率是符号速率的整数倍。

$$\begin{aligned}&\int_{s}^{T+t_s}\exp\left[-j2\pi\frac{j}{T}(t-t_s)\right]\sum_{i=-N_s/2}^{N_s/2-l}d_{i+N_s/2}\exp\left[j2\pi\frac{i}{T}(t-t_s)\right]\mathrm{d}t\\&=\sum_{i=-N_s/2}^{N_s/2-l}d_{i+N_s/2}\int_{s}^{T+t_s}\exp\left[-j2\pi\frac{i-j}{T}(t-t_s)\right]\mathrm{d}t=d_{j+N_s/2}T\end{aligned}\tag{6-7}$$

图 6-8 中左边的串/并单元读取一帧信号所需的串行数据流 N_f bit,分为 N 组分别进行 QAM 映射,其中第 i 组包含 n_i bit 的码元,且满足:

$$\sum_{l=1}^{N}n_i=N_f\tag{6-8}$$

这里 N 表示传输中实际使用的子载波数量。n_i bit 的码元为映射第 i 个子信道的调制矢量符号,即 $d(i)=a(i)+jb(i)\,(i=0,1,2,\cdots,N-1)$。信道中如果有较高的信噪比,可采用16-QAM、64-QAM 的调制方法。如果信噪比较低,则可使用 BPSK 映射调制。

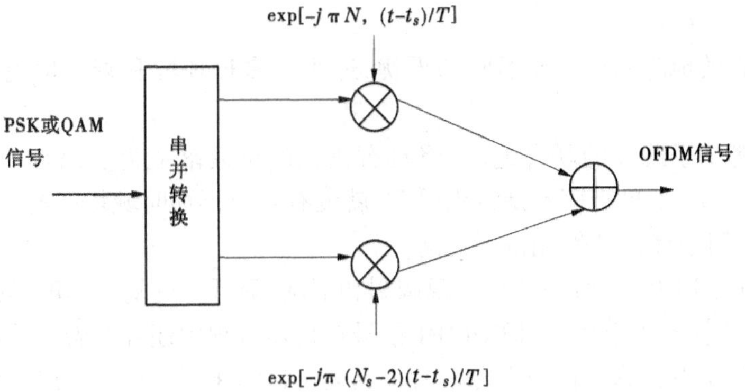

图 6-8　经串并转换后得到的 OFDM 信号过程

在接收端,输入信号分成 N 条支路,分别用各子载波混频和积分,恢复出子载波上调制的信号,再经过并串变换和常规 QAM 解调就可以恢复出数据。由于子载波的正交性,混频和积分电路可以有效地分离各个子信道,如式(6-9)所示:

$$\begin{aligned}\hat{d}(m)&=\int_0^{T_S}\sum_{n=0}^{N-1}d(n)\exp(j\omega_n t)\exp(-j\omega_m t)\,\mathrm{d}t\\&=\sum_{n=0}^{N-1}d(n)\int_0^{T_S}\exp[j(\omega_n-\omega_m)t]\,\mathrm{d}t\\&=\sum_{n=0}^{N-1}d(n)\int_0^{T_S}\exp\left[\frac{j2\pi(n-m)}{T_S}t\right]\mathrm{d}t\\&=d(m)\end{aligned}\tag{6-9}$$

OFDM 技术存在很多技术优点,在 3G、4G 中被广泛运用,在通信方面确实存在很多优势:

(1)频谱利用率很高,在窄带带宽下能够发出大量的数据,这一点在频谱资源有限的无线环境中很重要。而且 OFDM 技术能同时分开至少 1 000 个数字信号,码间干扰非常小,并且 OFDM 信号间的相邻子载波相互重叠,从理论上讲其频谱利用率非常接近奈奎斯特极限。

(2)由于通信路径上传送数据的能力会随时间的变化而发生变化,而 OFDM 技术能够持续不断地监视传输媒质上通信特性的突发变化,所以 OFDM 能动态地与之相协调,并且接通和切断相应的载波来保证通信持续、精确地进行。

(3)该技术可以自动地检测在传输介质下哪一个特定的载波存在较高的信号衰减或干扰脉冲,并能采取合适的调制措施使指定频率下的载波通信成功。

(4)该技术能提供队列服务,克服传输介质中外界信号的干扰,因此 OFDM 技术适合在高层建筑物、居民密集和地理上突出的地方以及将信号散播的地区使用。高速的数据传播及数字语音广播都期望降低多径效应对信号的影响。

(5)OFDM 技术的最大优点是抗频率选择性衰落及窄带干扰能力强。在单载波系统中,单个衰落或干扰将导致整个通信链路失败,而在多载波系统中,只有很小一部分载波会受到干扰。

(6)可以有效地降低信号波形间的干扰,适用于多径环境和衰落信道中的高速数据传输。

(7)通过各个子载波的联合编码,将具有很强的抗衰落能力。OFDM 技术已经利用了信道的频率分集,如果衰落不是特别严重,就没有必要再加时域均衡器。通过将各个信道联合编码,就可以使系统性能得到提高。

(8)OFDM 采用 IFFT 和 FFT 来实现调制和解调,降低系统复杂程度;易于 DSP 实现。

虽然 OFDM 拥有以上优点,但 OFDM 信号在传输过程中还存在着一些不足:

(1)对相位噪声和载波频偏十分敏感。这是 OFDM 技术一个十分致命的缺点,整个 OFDM 系统对各个子载波之间的正交性要求分外严格,任何一点小的载波频偏都会破坏子载波之间的正交性,引起码间干扰,同样,相位噪声也会导致码元星座点的旋转、扩散,从而形成码间干扰。而单载波系统就没有这个问题,相位噪声和载波频偏仅仅是降低了接收到的信噪比,而不会引起互相之间的干扰。

(2)峰均功率比过大。OFDM 信号是由多个正交子载波信号组成的,而且这些子载波信号由不同的调制符号独立调制。与传统的恒包络的调制方法相比,OFDM 调制存在一个很高的峰值因子。由于 OFDM 信号是很多小信号的总和,这些小信号的相位是由传输的数据序列决定的。对于某些数据,这些小信号有可能同相,而在幅度上叠加在一起从而产生很大的瞬时峰值幅度。而峰均功率比过大,将会增加 A/D 和 D/A 的复杂性,而且会降低射频功率放大器的效率。同时,在发射端,放大器的最大输出功率就限制了信号的峰值,这会在 OFDM 频段内和相邻频段之间产生干扰。

(3)所需线性范围宽。由于 OFDM 系统峰值平均功率比大,对非线性放大更为敏感,因此 OFDM 系统调制比单载波系统对放大器的线性范围要求更高。

正是由于 MIMO 技术与 OFDM 技术具有各自的特点,只有将两者结合,才能大大地提高无线通信系统的信道容量和传输速率。利用 MIMO 技术和 OFDM 技术两者各自的特点,结合形成的 MIMO-OFDM 系统,将空间分集、时间分集以及频率分集有机结合起来,从而能够大大地提高无线通信系统的信道容量和传输速率,有效抵抗信道衰落和抑制干扰，被业界认为是构建宽带无线通信系统最关键的物理层传输方案。由于 OFDM 技术能够将频率选择性衰落转化为若干个平坦衰落的并行子信道，因此 MIMO-OFDM 系统中的任意一个子载波上的输入输出关系相当于一个平坦衰落信道 MIMO 系统。

如图 6-9 所示，在 MIMO-OFDM 系统中，每根发射天线的通路上都有一个 OFDM 调制器，每根接收天线上都有一个 OFDM 解调器。

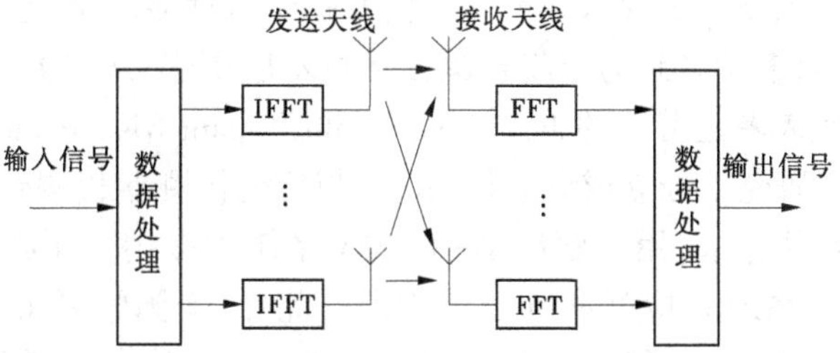

图 6-9　$N_t \times N_r$ MIMO-OFDM 系统结构框图

由于 OFDM 技术能够将频率选择性衰落转化为若干个平坦衰落的并行子信道，因此 MIMO-OFDM 系统中的任意一个子载波上的输入输出关系相当于一个平坦衰落信道 MIMO系统，可以表示为

$$\boldsymbol{y}_k[t] = H_k[t]\boldsymbol{x}_k[t] + \boldsymbol{n}_k[t] \tag{6-10}$$

式中，$\boldsymbol{y}_k[t]$ 表示第 t 个时隙（这里一个时隙指一个 OFDM 符号）、第 k 个 OFDM 子载波上 $N_t \times 1$ 的接收向量；$\boldsymbol{x}_k[t]$ 表示第 t 个时隙、第 k 个子载波上 $N_t \times N_r$ 的 MIMO 复信道系数矩阵，这里假定信道系数在每个 OFDM 符号周期内保持不变，N_r 为接收天线数目；$\boldsymbol{n}_k[t]$ 表示第 t 个时隙、第 k 个子载波上 $N_r \times 1$ 的接收天线上复高斯噪声向量，其每个元素的均值为 0，方差为 σ^2。

这里，向量 $\boldsymbol{n}_k[t]$ 满足 $E\{\boldsymbol{n}_k[t]\boldsymbol{n}_k[t]^H\} = \sigma^2 \boldsymbol{I}_{n_r}$，其中 $\boldsymbol{I}_{n_r}$ 表示 $\boldsymbol{n}_t \times N_r$ 的单位阵，$E\{\square\}$ 表示数学期望；$\boldsymbol{n}_k[t]^H$ 表示 $\boldsymbol{n}_k[t]$ 的共轭转置。

6.3　MIMO-OFDM 系统的盲信道估计方法

信道估计和预测是无线信号处理技术中的经典课题，又是新兴课题，对无线信道的估计和预测能力将直接影响并决定信道传输能力和利用效率。信道描述了信号从发端到收端所经历的一切媒介，包括从发射机到接收机之间信号传播所经过的物理媒质，如电缆信道、光缆信道、无线信道等。其中，无线传播信道具有很大的随机性，会引起传输信号幅度、相位和频率的失真，产生符号间干扰等，对接收机的设计提出了很大的挑战，这就要求对无线信道进行估计和预测。信道估计器是接收机的一个重要组成部分。在理论研究中，为了更好地描述信道对信号的影响，引入了信道模型统计的方法，通过研究信号在特定环境下的特性来进行信道建模。

美国学者 Adel Belouchrani 和 Moeness G. Amin 发表于 IEEE 和 Elsevier 信号处理期刊的两篇论文，首次将盲源分离技术应用于扩频系统中进行盲信号分离。他们的研究来源于美国空军研究所与美国维拉诺瓦大学合作的项目“Time-Frequency Receiver for Nonstationary Interference Excision in Spread Spectrum Communication Systems”。2000年4月这份报告公开发布了盲源分离在扩频系统中的重要研究成果,由此激发了无线通信盲源分离关键技术研究的热潮。Adel Belouchrani 和 Moeness G. Amin 主要开展了基于盲源分离的扩频信号干扰消除工作,分析了扩频信号盲分离的信噪比性能和误码率性能,得出了盲源分离可以有效改善扩频系统的接收误码率性能和抗干扰性能的结论。

2000~2008年,众多学者致力于将盲源分离技术应用于DS-CDMA系统中的研究,这项研究工作的突出代表者是芬兰的Jyrki Joutsensalo、Tapani Ristaniemi、Karthikesh Raju和Toni Huovinen。他们研究了独立成分分析(ICA)与传统检测器相融合的ICA-RAKE、ICA-MMSE、ICA-SIC等多种算法,用于解决DS-CDMA系统中多用户干扰问题和外部干扰问题,增强了DS-CDMA系统的检测和抗干扰能力。此外,美国学者David L.OVERBYE与Malay Gupta在此期间也研究了盲源分离在DS-CDMA系统中优化性能的相关问题,结合盲源分离增强DS-CDMA传统检测器的性能和利用通信系统中可以获取的先验信息来优化DS-CDMA系统性能。

2008年以来,盲源分离技术在无线通信系统中的研究集中在三个方面:盲多用户检测、盲干扰抑制以及盲扩频序列估计。三个方面的研究彼此相互联系,都可为优化和增强DS-CDMA系统接收性能提供技术支撑。从现有的DS-CDMA系统盲源分离研究成果看,DS-CDMA的分离模型、分离算法和抗外部恶意干扰等方面都取得了一定的进展,但是还存在一些关键技术问题,如DS-CDMA系统在低信噪比条件下、一般信道环境下以及短数据块条件下的多用户分离检测问题,仍需要研究解决。

盲源分离在MIMO与OFDM系统中的应用研究工作,主要表现在信道估计、盲波束成形、调制码盲识别、盲均衡与检测等方面,得到了大量国内外学者的关注。2005年,美国学者Kai Dietez完成了关于盲源分离的MIMO系统的盲辨识问题——信号调制识别和信道估计的博士学位论文;2006年,Mikhael W.B.提出了最优块自适应ICA算法,用于实现MIMO系统中在时变混合的盲源分离问题;2007年,荷兰学者Jakob van de Laa完成了关于盲源分离的MIMO系统盲辨识和盲源分离的博士学位论文;2010年,国内学者李钊提出了基于ICA的多用户MIMO下行传输策略,解决了无可用信道信息条件下的MIMO通信问题;2012年,国内学者张路平开展了盲源分离的MIMO信号调制方式盲识别研究工作,采用JADE盲源分离算法,通过信号的频谱特征分析,实现了MIMO通信下的6种调制方式的识别。目前的研究主要是关注MIMO发射机天线数和接收机天线数相同的情况,即正定的盲源分离模型,未来的关键技术问题在于欠定模型下的盲源分离问题研究。

盲源分离在MIMO-OFDM系统方面的研究,具有代表性的是英国利物浦大学的学者J. Gao、Teng Ma、Xu Zhu和A.K. Nandi,他们共同研究了基于ICA的MIMO-OFDM盲接收问题,降低峰均比(PAPR),实现盲均衡。同时,他们在OFDMA和OFDM方面也有重要的研究成果。2014年,他们研究了基于ICA的OFDMA系统频偏估计与纠正算法,验证了基于ICA的OFDM半盲均衡绿色通信的性能。近期芬兰学者M. G. S. Sriyananda发表了多篇结合盲源分离原理的OFDM抗色噪声和干扰的研究文章,文中通过采样的方式,建立了OFDM盲源分离的模型,用梯度最优化的方法,实现了信号的分离检测并仿真分析了其性能。结合无线通信系统的发展现状,盲源分离在 MIMO-OFDM 和 OFDM 系统中的研究仍然是热门,还有众多的关键技术问题需要解决。

盲信道估计是利用信道的统计信息诸如循环平稳特性等进行信道估计。由于无需传输导频信号和训练序列,从而节约了成本,提高了系统的有效数据传输效率,但此类算法处理数据量大,算法复杂,收敛速度慢,在实际中很少使用。盲信道估计算法不需要在发送信息中插入训练序列,节约了带宽。盲估计算法的实现需要利用发送信息内包含的统计信息。这通常需要在接收端对接收信号进行复杂的数学运算,算法的运算量一般都很大,不适合应用于对时延要求比较高的实时系统。半盲信道估计是使用尽量少的导频信号或训练序列来确定盲信道估计算法所需的初始值,然后利用盲估计算法进行跟踪、优化,最后获得信道参数。该算法是导频辅助算法和盲估计算法之间的一个折中。半盲估计算法降低了盲估计算法的运算复杂度,并加快了其收敛速度,对半盲估计算法的研究将成为未来研究的重点。

由于无线电波传播的物理环境常常难以控制,无线通信的信道特性是时变的,而信道的时变特性是提高无线通信系统容量和可靠性的主要障碍,因此快速实时的信道估计和均衡是必要的。传统的信道估计和均衡技术是采用训练序列,训练序列的使用不仅浪费了部分有用带宽,而且需要发射机与接收机的有效协作才能有效地工作。比如在高频通信中,用来发射训练序列的时间最多可以占到整个发送时间的 50%。在 GSM 系统中,发射训练序列也是一笔很大的开销,因此近年来出现了大量关于盲信道估计和均衡的技术。除所发送的原始符号串所固有的先验信息外,盲技术无需使用训练序列,从而提高了系统带宽利用率,并使发射机与接收机的协同性要求降低,因此盲技术在提高系统容量和可靠性方面深有潜力,在高速率移动通信系统中也显示出特别的优势。

基本的盲估计问题可以用图 6-10 所示模型来描述,在接收端只有接收信号 Y 是可用的,只能用 Y 来辨识信道传递函数 H,而在传统的信道估计方法中(比如训练序列辅助信道估计方法),输入信号 S 的信息也是可用的。

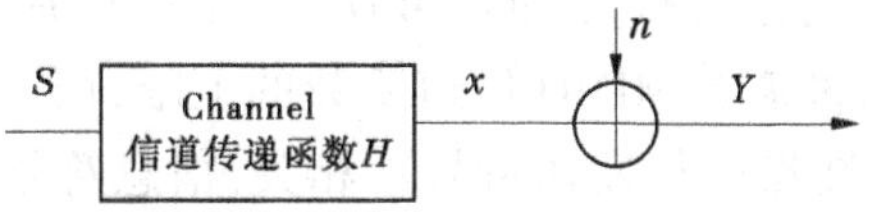

图 6-10　盲信道估计问题的模型

盲信道估计的重点在于对信道结构和输入信号特性的利用。常见的情况是已知输入信号的统计特性描述(概率分布、二阶或高阶矩),通过对输出信号的统计特性进行分析来估计信道。一个具体例子就是,当输入信号引入了周期平稳性时,仅仅利用输出信号的二阶统计就能对非最小相位信道进行估计信道的盲估计是信道盲估计问题的关键所在。

目前,盲估计算法主要分为两大类:第一类是基于高阶统计量的算法;第二类是基于二阶统计量的算法。在高阶统计量方法中, 直接利用源信号的高阶统计特性从输出信号的高阶累积量中首先估计信道参数, 然后恢复源信号, 也可以一步估计源信号, 即盲反卷积、盲逆滤波。二阶统计量方法主要包括两大类算法, 即子空间算法和最大似然算法。

子空间算法结构简单，但需要知道排序的准确信息，这在实际中很难做到。最通用的盲信道估计算法是最大似然算法，其最大优点是可以从有限的采样数据中获得好的参数估计。因此,该算法可以提供一个研究其他方法性能的框架。在实际的通信系统中，有一些短少的发送数据在接收端往往是已知的，但是这部分数据数量太少，不能单单依靠基于训练序列的方法来估计信道，还要靠盲估计的方法。但显然这部分已知数据会给接收端提供大量的信道信息，信道半盲估计方法就是和谐地利用已知数据和盲估计的信道估计方法。

MIMO-OFDM 系统的盲信道估计不需要大量周期性的训练序列,不改变数据传输的连续性,利用系统固有的冗余,减少或避免了训练成本,提高了系统带宽有效性,不存在训练成本带来的硬性容量损失,其对容量的影响主要表现在估计精度,但是这一影响会随着信道的改善而减小。此外,在某些通信系统,如雷达和声呐通信中,训练符号是不存在的,这时就只能依靠接收数据和已知的输入统计特性来恢复信道和原始信号。因此,信道盲估计可以很好地与 MIMO-OFDM 系统技术相结合,这提高了带宽有效性,增大了容量,这对于解决当前频谱资源紧缺是一种很好的方式,能够适应未来通信的发展并成为信道估计的主流。

用噪声子空间方法来对 MIMO 信道进行识别,需要

$$\begin{aligned}\boldsymbol{r}(n) &= \tilde{\boldsymbol{H}}_s(n) + \boldsymbol{\eta}(n) = \tilde{\boldsymbol{H}}\boldsymbol{\omega d}(n) + \boldsymbol{\eta}(n)\\ &= \boldsymbol{Ad}(n) + \boldsymbol{\eta}(n)\end{aligned} \tag{6-11}$$

式中,矩阵 $\boldsymbol{A}$ 为列满秩。

定理 1 给出了列满秩的充分必要条件。

定理 1:在 $M_t \leqslant M_r, L \leqslant (Q-D)$ 的条件下,当且仅当 $\mathrm{rank}(\boldsymbol{H}(\omega_N^i)) = M_t, k_0 \leqslant i \leqslant k_0+D-1$ 时,矩阵 $\boldsymbol{A}$ 列满秩。

该定理将 SISO-OFDM 系统的识别条件进行统一且推广到 MIMO-OFDM 系统中。由定理 1 可以看出,基于子空间方法的 MIMO-OFDM 信道的识别要求频域的 MIMO 信道矩阵列满秩。另外,该识别条件需要 MIMO 信道阶数的上限,而不需确切知道信道的阶数。假设信道满足定理 1,且加性噪声与发送符号不相关,信息符号向量 $\boldsymbol{d}(n)$ 的自相关矩阵 $\boldsymbol{R}_{dd}=E\{\boldsymbol{d}(n)\boldsymbol{d}(n)^H\}$ 列满秩。接收信号向量 $\boldsymbol{r}(n)$ 的自相关矩阵 $\boldsymbol{R}_{rr}=E\{\boldsymbol{r}(n)\boldsymbol{r}(n)^H\}$ 可进行特征值分解,其特征向量 $\boldsymbol{U}$ 可分为向量 $\boldsymbol{U}_s$ 和向量 $\boldsymbol{U}_n$,由它们分别构成信号子空间 $span(\boldsymbol{U}_s)$ 和噪声子空间 $span(\boldsymbol{U}_n)$:

$$\boldsymbol{U} = [\boldsymbol{U}_s \mid \boldsymbol{U}_n] = [u_1, \cdots, u_{JDM_r} \mid u_{JDM_r} + l, \cdots, u_{(JQ-L)M_r}] \tag{6-12}$$

由于 $span(\boldsymbol{A})$ 和 $span(\boldsymbol{U}_s)$ 共用维数为 JDM_t 的空间,且与 $span(\boldsymbol{U}_n)$ 正交,故有以下正交关系:

$$u_k^H A = 0 \quad (JDM_t + l \leqslant k \leqslant (JQ-L)M_r) \tag{6-13}$$

定义 $(L+1)M_r \times l$ 维信道响应向量 $\boldsymbol{h}_i$ 及信道系数矩阵 $\boldsymbol{H}$ 分别为

$$\boldsymbol{h}_i \triangleq [\boldsymbol{h}(0)[:,i]^{\mathrm{T}}, \boldsymbol{h}(1)[:,i]^{\mathrm{T}}, \cdots, \boldsymbol{h}(L)[:,i]^{\mathrm{T}}]^{\mathrm{T}} \quad (1 \leqslant i \leqslant M_t) \tag{6-14}$$

令矩阵 $\boldsymbol{H}'$ 同 $\boldsymbol{H}$ 具有相同的维数;令 $\tilde{\boldsymbol{H}}'$ 为一个由 $\boldsymbol{H}'$ 构造的非零矩阵,其构造方法与

由 $\boldsymbol{H}$ 构成 $\widetilde{\boldsymbol{H}}$ 的方法相同。另外,将 $\widetilde{\boldsymbol{H}}'\omega$ 表示为 $\boldsymbol{A}'$,$\sum_{l=0}^{L}\boldsymbol{h}'(l)z^{-l}$表示为 $\boldsymbol{H}'(z)$。可得以下定理 2 和引理 1。

定理 2:假设当 $J\geqslant 2, M_t\leqslant M_r, L\leqslant (Q-D)$ 时矩阵 $\boldsymbol{A}$ 列满秩,则当且仅当 $span(\boldsymbol{A}')$ 等于 $span(\boldsymbol{A})$ 时,$\boldsymbol{H}'=\boldsymbol{H\Omega}$,其中 $\boldsymbol{\Omega}$ 为 $M_t\times M_t$ 维可逆矩阵。

通过定理 2 将 SISO-OFDM 系统中的标量信道模糊度扩展为 MIMO-OFDM 系统中的矩阵信道模糊度。信道模糊度是盲信道估计方法所固有的,可通过插入少量导频来消除。

引理 1:在 $M_t\leqslant M_r$ 及 $L\leqslant\lfloor (JD-l)/M_t+l\rfloor$ 的情况下,假设 $\boldsymbol{h}(0)$、$\boldsymbol{Ah}(L)$ 和 $\boldsymbol{H}(z)$ 对所有的 z 都列满秩,则当且仅当 $\boldsymbol{H}'$列满秩且 $span(\boldsymbol{A}')$ 等于 $span(\boldsymbol{A})$ 时,$\boldsymbol{H}'=\boldsymbol{H\Omega}$,其中 $\boldsymbol{\Omega}$ 为 $M_t\times M_t$ 维可逆矩阵。

由于引理 1 允许在 $J\leqslant 2$ 时对 MIMO 信道进行估计,故我们可通过只用一个 OFDM 符号来实现对 MIMO 信道的估计。虽然引理 1 中的条件比定理 2 中的要严格,但是可注意到引理 1 中并没有增加对 CP 数及 VC 数的限制。因此,只要条件满足,就可以实现对没有 CP 的 MIMO 信道的估计,这就增加了传输带宽的效率。显然,以上定理和引理同样适用于没有 VC 的 MIMO-OFDM 系统,只需令 $k_0=0$ 同时 $D=N$ 即可。

由式(6-13)的正交关系可知,在实际中只有噪声子空间可以利用。通过最小化二次代价函数

$$C(\widetilde{\boldsymbol{H}})=\sum_{k=JDM_t+1}^{(JQ-L)M_r}\|\hat{\boldsymbol{u}}_k^H\boldsymbol{A}\|_2^2=\sum_{k=JDM_t+1}^{(JQ-L)M_r}\|\hat{\boldsymbol{u}}_k^H\widetilde{\boldsymbol{H}}_\omega\|_2^2 \tag{6-15}$$

可获得信道矩阵估计。

将估计的 $(JQ-L)M_r$ 维特征向量 $\hat{\boldsymbol{u}}_k$ 平均分为 $JQ-L$ 个相等的段,如下:

$$\hat{\boldsymbol{u}}_k=\begin{bmatrix}\hat{\boldsymbol{v}}_1^k\\ \hat{\boldsymbol{v}}_2^k\\ \vdots\\ \hat{\boldsymbol{v}}_{JQ-L}^k\end{bmatrix} \tag{6-16}$$

构建 $(L+1)M_r\times JQ$ 维矩阵 $\hat{\boldsymbol{V}}_k$,即

$$\hat{\boldsymbol{V}}_k=\begin{bmatrix}\hat{\boldsymbol{v}}_1^k & \hat{\boldsymbol{v}}_2^k & \cdots & \hat{\boldsymbol{v}}_{JQ-L}^k & 0 & \cdots & 0\\ 0 & \hat{\boldsymbol{v}}_1^k & \hat{\boldsymbol{v}}_2^k & \cdots & \hat{\boldsymbol{v}}_{JQ-L}^k & \cdots & 0\\ \vdots & \vdots & \vdots & \vdots & \vdots & \vdots & \vdots\\ 0 & \cdots & 0 & 0 & \hat{\boldsymbol{v}}_2^k & \cdots & \hat{\boldsymbol{v}}_{JQ-L}^k\end{bmatrix} \tag{6-17}$$

定义矩阵 $\boldsymbol{\psi}$:

$$\boldsymbol{\psi}=\sum_{k=JDM_r}^{(JQ-L)M_r}\hat{\boldsymbol{v}}_k(I_J\otimes\boldsymbol{W}^*\boldsymbol{W}^T)\widetilde{\boldsymbol{V}}_k^H \tag{6-18}$$

可将代价函数重新写为$\sum_{i=1}^{M_t}\boldsymbol{h}_i^H\boldsymbol{\psi}\boldsymbol{h}_i$,限制 $\|\boldsymbol{h}_i\|_2=1(1\leqslant i\leqslant M_t)$,可获得信道系数矩阵的估计为

$$\hat{\boldsymbol{H}} = [\hat{\boldsymbol{h}}_1, \hat{\boldsymbol{h}}_2, \cdots, \hat{\boldsymbol{h}}_{M_f}] = \arg \min_{\| h_i \|_2} \left(\sum_{i=1}^{M_t} \boldsymbol{h}_i^H \boldsymbol{\psi} \boldsymbol{h}_i \right) \tag{6-19}$$

因此,式(6-18)的信道响应向量的估计就与矩阵 $\boldsymbol{\psi}$ 的最小的 M_t 个特征值所对应的特征向量有关,若 $\boldsymbol{\psi}$ 的最小 M_t 个特征向量表示为 $\hat{\boldsymbol{h}}_1, \hat{\boldsymbol{h}}_2, \cdots, \hat{\boldsymbol{h}}_{M_f}$,则信道系数矩阵的估计为

$$\hat{\boldsymbol{H}} = [\hat{\boldsymbol{h}}_1, \hat{\boldsymbol{h}}_2, \cdots, \hat{\boldsymbol{h}}_{M_f}] = [\hat{\boldsymbol{h}}'_1, \hat{\boldsymbol{h}}'_2, \cdots, \hat{\boldsymbol{h}}'_{Mf}] \boldsymbol{\Omega} \tag{6-20}$$

式中,$\boldsymbol{\Omega}$ 为 $M_t \times M_t$ 维的信道模糊矩阵。

6.4　MIMO-OFDM 系统的盲信道估计仿真实验

为评价 6.3 节介绍的盲信道估计方法的性能,可采用 1 发 4 收的 MIMO-OFDM 系统。其中的信噪比采用的范围为 0~25 dB,采样量 $T=1\ 000$,仿真次数 $N_m=2$,接收天线 $L=4$,信道阶数 $M=4$,平滑阶数 $N=5$,均衡延迟 $d=9$。

子载波的数目为 20,信息符号 $d_j(n,k)$ 为独立同分布的 QAM 信号。假设在每次信道估计期间,信道为时不变信道,且加性噪声为空间不相关的复高斯白噪声,均值为 0,方差由信噪比 SNR 决定如下:

$$SNR = 10 \lg \frac{E\{| s_1 * h_{1i} + s_2 * h_{2i} |^2\}}{\sigma_\eta^2} \tag{6-21}$$

式中,$*$ 表示卷积;s_j 表示第 j 根发射天线发射的符号;h_{ij}表示第 i 根发射天线和第 j 根接收天线间的信道冲击响应向量。为了测量系统性能,采用归一化均方误差($NRMSE$)作为性能的测量标准:

$$NRMSE = \sqrt{\frac{1}{N_m M_t M_r (L+1)} \sum_{k=1}^{N_m} \sum_{i=1}^{M_t} \frac{\| \boldsymbol{h}_i^{(k)} - \hat{\boldsymbol{h}}_i^{(k)} \|_2^2}{\| \boldsymbol{h}_i^{(k)} \|_2^2}} \tag{6-22}$$

式中,N_m 为 Monte Carlo 实验的次数,上标 k 表示第 k 次 Monte Carlo 实验;$\boldsymbol{h}_i^{(k)}$ 和 $\hat{\boldsymbol{h}}_i^{(k)}$ 分别表示真实信道响应向量和估计信道响应向量。

图 6-11 是一个子空间盲信道估计的均方误差的曲线,表示的是均方误差随信噪比变化的曲线。从图中可以看出,MSE 随着信噪比的增加而呈现一种下降的趋势。这说明信噪比越大,均方误差越小,经过仿真得到的结果越接近于理论值。

经过仿真后的均方误差的数据结果为:

MSE =

Columns 1 through 10

0.0218　0.0166　0.0156　0.0117　0.0111　0.0066　0.0066

0.0036　0.0031　0.0046

Columns 11 through 20

0.0047　0.0038　0.0022　0.0033　0.0021　0.0013　0.0013

0.0014　0.0013　0.0010

Columns 21 through 25

0.0008　0.0008　0.0011　0.0006　0.0004

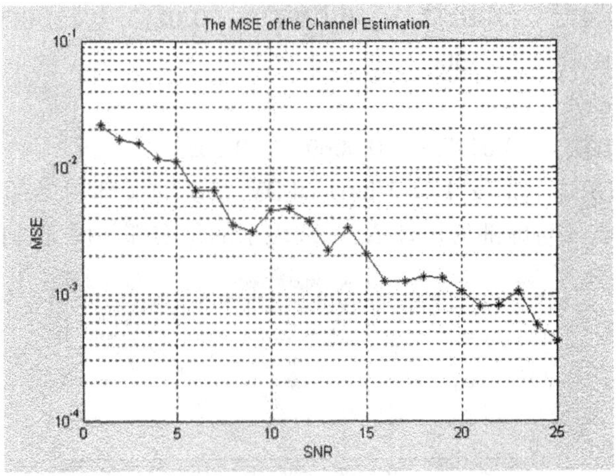

图 6-11　均方误差随信噪比变化的曲线

图 6-12 是一个子空间盲信道估计的平均偏差的曲线,表示的是平均偏差随着信噪比的变化曲线。从图中可以看出,平均偏差 bias 随着信噪比的增加也呈现出一种下降的趋势。所以,可以得出结论,信噪比越大,平均偏差数值越小。所得到的估计值就越接近于真实值。平均偏差越小,对 MIMO-OFDM 系统的影响就越小,因此应该尽量减小平均偏差。

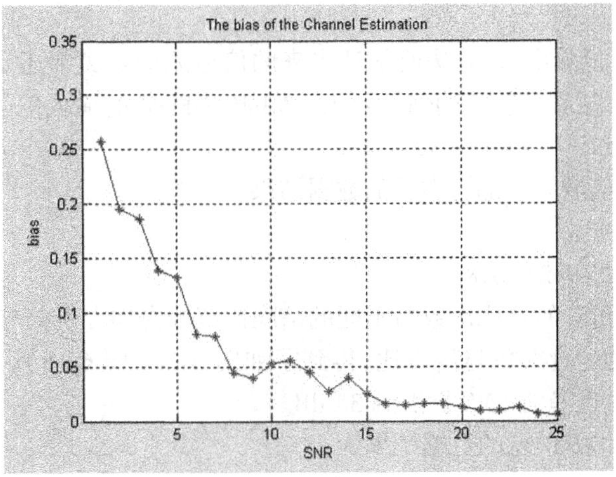

图 6-12　平均偏差随信噪比变化的曲线

经过仿真后的平均频偏的数据结果为:

bias =

Columns 1 through 10

0.2573　0.1949　0.1862　0.1390　0.1330　0.0802　0.0788

0.0440　0.0393　0.0530

Columns 11 through 20

0.0558　0.0441　0.0272　0.0397　0.0253　0.0154　0.0152

0.0161　0.0164　0.0130

Columns 21 through 25

0.0097　0.0100　0.0127　0.0069　0.0053

图 6-13 表示的是这个 1 发 4 收 MIMO-OFDM 系统的实部与虚部信道估计曲线。图中的圆圈表示的是实部与虚部的估计值,曲线表示的是实部与虚部的精确值。

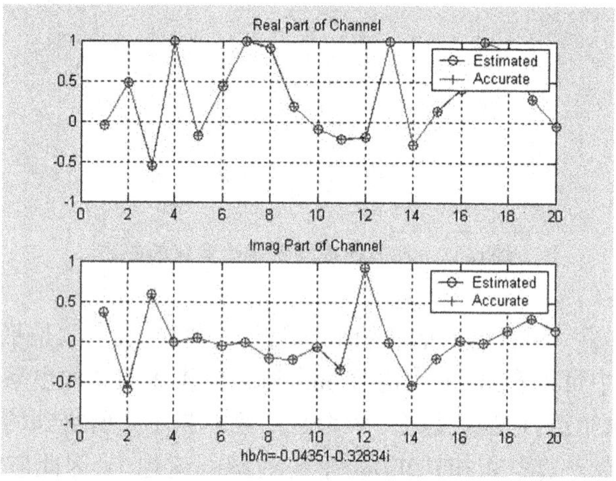

图 6-13　信道实部与虚部的估计曲线

从图 6-13 中可以看出,该算法所估计出来的信道无论是实部还是虚部,都很逼近仿真信道,这说明该算法具有较好的估计效果。MIMO-OFDM 的输入信号 QAM 为仿真信道为 0.04351-0.32834i。

经过仿真后的信道的实部与虚部的数据结果:

qh =

2.2274e-005 -1.4942e-018i

为了比较不同仿真的迭代次数与不同的信噪比范围内均方误差与平均偏差的变化曲线,我们改变了它的仿真次数与信噪比,得到了如图 6-14 ~ 图 6-16 所示的仿真图和数据结果。其中,$N_m = 5$,选择的 *SNR* 扩展到 35 dB。

经过仿真后的均方误差的数据结果为:

MSE =

Columns 1 through 10

0.0276　0.0200　0.0197　0.0178　0.0103　0.0106　0.0066

0.0062　0.0055　0.0050

Columns 11 through 20

0.0038　0.0029　0.0030　0.0022　0.0020　0.0022　0.0016

0.0013　0.0013　0.0012

Columns 21 through 30

0.0009　0.0006　0.0008　0.0008　0.0006　0.0005　0.0004

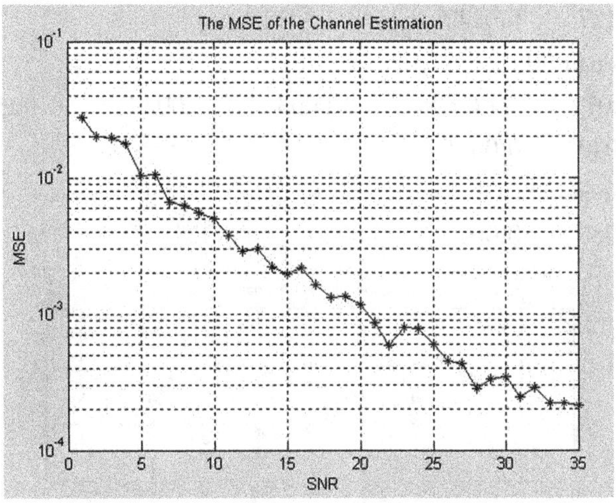

图 6-14　均方误差随信噪比变化的曲线

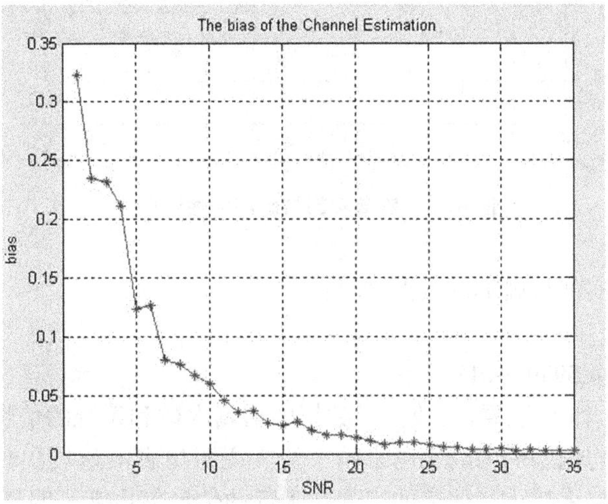

图 6-15　平均偏差随信噪比变化的曲线

0.0003　　0.0003　　0.0003

Columns 31 through 35

0.0002　　0.0003　　0.0002　　0.0002　　0.0002

经过仿真后的平均频偏的数据结果为：

bias =

Columns 1 through 10

0.3228　　0.2344　　0.2316　　0.2109　　0.1235　　0.1259　　0.0804

0.0759　　0.0674　　0.0602

Columns 11 through 20

0.0456　　0.0351　　0.0360　　0.0266　　0.0238　　0.0270　　0.0203

0.0161　　0.0157　　0.0140

Columns 21 through 30

0.0102　　0.0072　　0.0098　　0.0093　　0.0073　　0.0055　　0.0052

0.0035　　0.0040　　0.0041

Columns 31 through 35

0.0030　　0.0036　　0.0026　　0.0026　　0.0025

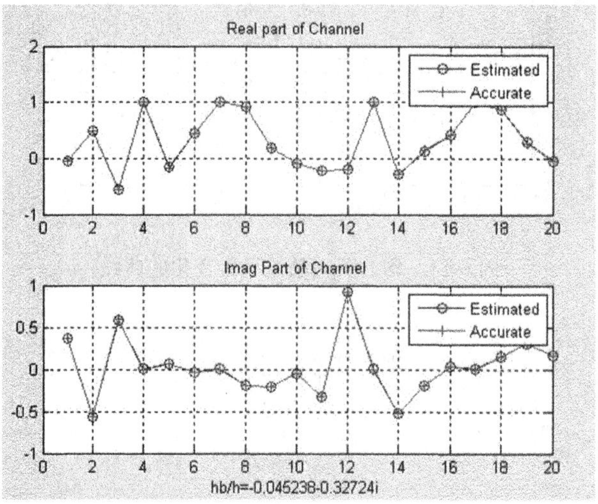

图 6-16　信道实部与虚部的估计曲线

经过仿真后的实部与虚部的数据结果：

qh =

3.3769e-006 -4.5939e-018i

从图 6-14、图 6-15 可以看出，改变了数据的仿真次数和系统的信噪比的取值范围，得到的均方误差和平均偏差的曲线也越来越平滑。说明仿真的迭代次数越多，平均偏差和均方误差的数值也越来越小。信道的实部与虚部的估计值也有了明显的变化。这对于我们研究 MIMO-OFDM 系统有很大的帮助。根据不同的、多次的仿真实验，可以得出一个结论：信噪比越大，噪声对 MIMO-OFDM 系统的影响越小，得到的信道估计越准确。采用子空间盲信道估计方法，得到的信道传输结果的估计值与真实值比较接近，大大提高了信道的利用率。

在仿真条件相同的情况下，把 MIMO-OFDM 与 OFDM 的盲信道估计做了一个对比。图 6-17 是 OFDM 系统采用盲估计算法进行仿真得到的。主要描述了 *MSE* 随着 *SNR* 的变化曲线。图中的横坐标为 *SNR* 的取值范围，纵坐标为 *MSE* 在各 *SNR* 点的取值。*SNR* 的取值范围也为 0~35 dB，在这个范围内，观察 *MSE* 的变化趋势，可以得到结论：*MSE* 随着信噪比 *SNR* 的增大在不断地降低，在信噪比大于 15 以后，均方误差的改变基本保持不变了。这样不利于信道估计的准确性。而图 6-14 所表达的比图 6-17 内容较为丰富。

在同样的信噪比范围内，均方误差随着信噪比的增加在不断地减小，不断地降低。没有出现均方误差下降到某个阶段而保持不变的情况。在这一点上，MIMO-OFDM 系统的

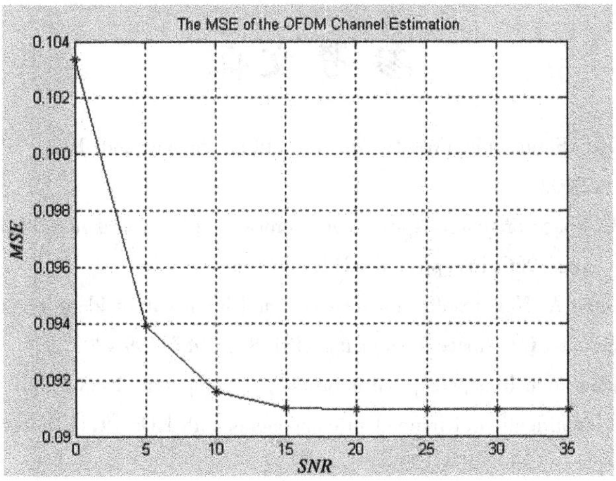

图 6-17　OFDM 系统盲信道估计的 *MSE* 与 *SNR* 的关系曲线

信道估计比 OFDM 系统的信道估计要更为精确。所以,采用 MIMO-OFDM 系统更有利于减少信道估计错误,提高系统的有效数据传输效率和系统容量。

参考文献

[1] Andrzej CICHOCKI, Shun-ichi AMARI. Adaptive Blind Signal and Image Processing [M]. JOHN WILEY&SONS, Ltd.2002.

[2] Herault J, Jutten C. Space or time adaptive signal processing by neural network models[J].AIP Conference Proceedings, Aug 1986, 151, pp: 206-211.

[3] Giannakis G S, Swami A. New result on state-space and input-output identification of non-Gaussian processing using cumulants[C].Proceedings of the SPIE'87, 1987:199 -205.

[4] Linsker R. Self-organization in a perceptual network[J]. Computer, 1988, 21:105-117.

[5] Cardoso J F. Blind identification of impendent components with HOS [C]. Proceedings of the Work Shop on Higher-Order Spect, 1989: 174-179.

[6] Common P. Separation of stochastic processes[C]. Proceedings of the Work Shop on Higher-Order Spect, 1989: 157-160.

[7] Belouchrani A, Abed-Meraim K, Cardoso J F. Blind source separation technique using second-order statistics[J].IEEE Transactions on Signal Processing. Feb 1997, 45: 434-444.

[8] Jutten C, Herault J. Blind separation of sources, Part 1:An adaptive algorithm based on neuromimatic chitecture[J]. Signal Processing, 1991, 1-10.

[9] Sorouchyari E. Blind separation of sources, Part III: Stability Analysis [J]. Signal Processing, 1991, 24(1):21-29.

[10] Common P. Blind separation of sources, Part II:Problem statement [J].Signal Processing, 1991, 24(1): 11-20.

[11] Common P. Independent component analysis, a new concept? [J]. Signal Processing, 1994, 36(3):287-314.

[12] Jen-Tzung Chien, Hsin-Lung Hsieh. Convex Divergence ICA for Blind Source Separation[J]. IEEE Transactions on Audio, Speech, and Language Processing, 2012, 20(1):302-313.

[13] Zarzoso V, Comon V.Robust independent component analysis by iterative maximization of the kurtosis contrast with algebraic optimal step size[J]. IEEE Trans. Neural Networks, 2010, 21(2): 248-261.

[14] Yue K Q, Zhao ZH J, Shen L. Blind source separation method based on negative entropy and Intelligent optimization algorithm[J].Computer Engineering, 2010, 36(4): 250-252.

[15] Zhao L Q, Jia Y F. Research of improved fast independent analysis[J]. Computer Engineering and Applications, 2010, 46(27): 128-130.

[16] 张贤达,保铮.盲信号分离[J].电子学报,2001,29(12A): 1766-1771.

[17] Zhang Xianda, Zhu Xiaolong, Bao Zheng.Grading learning for blind source separation[J]. Science in China, 2003, 46(1): 31-44.

[18] 游荣义,陈忠.一种基于 ICA 盲信号分离快速算法[J].电子学报,2004,32(4): 669-672.

[19] 李良敏.基于遗传算法的盲源分离算法[J].西安交通大学学报,2005,7(39): 740-743.

[20] 高丽,张天骐,侯瑞玲,等.基于改进 EASI 算法的 DS-CDMA 信息码与伪码盲估计[J].电讯技术,2012,52(B): 1275-1281.

[21] 梅铁民.盲源信号分离时域与频域算法研究[D].大连:大连理工大学,2005.

[22] Mei T M, Yin F L, Wang J. Blind source separation based on cumulants with time and frequency non-

properties[J]. IEEE Transaction on Audio, Speech & Language Processing, 2009,17(6):1099-1108.

[23] Mei T M, Mertins A, Yin F L, et al. Blind source separation for convolutive mixtures based on the joint diagonalization of power spectral density matrices[J]. Signal Processing, 2008,88(B): 1990-2007.

[24] Cichocki A, Ehlers F. Advances in bfind source separation[J]. Eurasip Journal on Advances in Signal Processing, 2007,2007(1): 1-3.

[25] Fasong Wang, Linrang Zhang, Rui Li,et al. Harmonic retrieval by multi-resolution sparisty BSS method [J].Advanced Science Letters, 2012,7: 561-564.

[26] Gao J B,Zhu X,Lin H.Independent component analysis based semi-blind I/Q imbalance compensation for MIMO OFDM systems[J]. IEEE Transactions on Wireless Communications,2010, 9(3): 914-920.

[27] Khosravy M, Asharif M R, Khosravi M. An optimum pre-filter for ICA based multi-input-multi-output OFDM system[J].International Journal of Innovative Computing Information and Control,2011,7(6): 3499-3508.

[28] hosravy M K,Asharif M R,Yamashita K.An efficient ICA based approach to multiuser detection in MIMO OFDM systems[J].LNEE,2009,41(1):47-56.

[29] Sarperi L,Nandi A K,Zhu X.Multiuser detection and channel estimation in MIMO OFDM system via blind source separation[C].Fifth International Symposium on Independent Component Analysis and Blind Signal Separation,Granada,Spain,2004:1189-1196.

[30] Y.F.Jiang,Xu Zhu,E.G.Lim.ICA Based Joint Semi-Blind Equalization and CFO Estimation for OFDMA Systems[C].IEEE Global Communications Conference,Austin,2014:3518-3522.

[31] T.Ma,X.Zhu,Y.F.Jiang.Validation of a Green Wireless Communication System with ICA Based Semi-Blind Equalization[C].Asia-Pacific Signal&Information Processing Association Annual Sumit and Conference, Hollyword,2014:1-5.

[32] M. G. S. Sriyananda, Jyrki Joutsensalo, Timo Hämäläinen. Blind Source Separation for OFDM with Filtering Colored Noise and Jamming Signal[J]. Jounal of Communications and Networks,2012, 14(4): 410-417.

[33] M. G. S. Sriyananda, Jyrki Joutsensalo, Timo Hämäläinen. Signal Detection for OFDM and DS-CDMA with Gradient and Blind Source Separation Principles[J]. Wseas Transactions on Signal Processing, 2012, 8(3): 100-110.

[34] M. G. S. Sriyananda, Jyrki Joutsensalo, Timo Hämäläinen. Blind Principles based Interference and Noise Reduction Schemes for OFDM[J]. Wireless Personal Communications, 2013, 71(3): 1633-1647.

[35] M. G. S. Sriyananda, Jyrki Joutsensalo, Timo Hämäläinen. Performance of OFDM with Blind Interference Suppression Schemes [C]//International Conference on New Technologies. Mobility and Security, Istanbul, 2012:1-6.

[36]孙守宇.盲信号处理基础及其应用[M].北京:国防工业出版社,2010.

[37] He Z S, Xie S L, Ding S X, et al.Convolutive blind source separation in the frequency domain based on sparse representation[J]. IEEE Trans on Audio, Speech and Language Processing, 2007,15(5): 1551-1563.

[38] 苗志敏.非线性混合信号的盲源分离研究[D].哈尔滨:哈尔滨工程大学,2011.

[39] 安静.非线性盲源分离及其应用技术研究[D].成都:电子科技大学,2012.

[40] 付永庆,郭慧,苏东林,等.基于源数估计的无约束欠定盲源分离算法[J].哈尔滨工程大学学报,2015,36(5):1-6.

[41] 李丽娜,曾庆勋,甘晓晔,等.基于势函数与压缩感知的欠定盲源分离[J]. 计算机应用,2014,34(3):658-664.